本书获得山东省中华优秀传统文化传承创新工程项目
“儒家哲学研究丛书”经费支持

本书获得青年泰山学者项目资助

本书获得山东社会科学院出版资助

儒家哲学研究丛书

山东社会科学院国际儒学研究与交流中心主办

涂可国　主编

宋代《大学》思想演变研究

张兴　著

中国社会科学出版社

图书在版编目（CIP）数据

宋代《大学》思想演变研究 / 张兴著．—北京：中国社会科学出版社，2021.8

（儒家哲学研究丛书）

ISBN 978-7-5203-8788-0

Ⅰ.①宋… Ⅱ.①张… Ⅲ.①儒家②《大学》—研究 Ⅳ.①B222.15

中国版本图书馆 CIP 数据核字（2021）第 147060 号

出 版 人　赵剑英
责任编辑　韩国茹　刘亚楠
责任校对　张爱华
责任印制　张雪娇

出　　版　中国社会科学出版社
社　　址　北京鼓楼西大街甲 158 号
邮　　编　100720
网　　址　http://www.csspw.cn
发 行 部　010-84083685
门 市 部　010-84029450
经　　销　新华书店及其他书店

印　　刷　北京明恒达印务有限公司
装　　订　廊坊市广阳区广增装订厂
版　　次　2021 年 8 月第 1 版
印　　次　2021 年 8 月第 1 次印刷

开　　本　710×1000　1/16
印　　张　18
插　　页　2
字　　数　233 千字
定　　价　109.00 元

凡购买中国社会科学出版社图书，如有质量问题请与本社营销中心联系调换
电话：010-84083683

《儒家哲学研究丛书》编委会

总　序

重建儒家哲学

在当代世界经济政治文化不断向全球化与本土化双向扩展的历史背景下，加强儒家哲学研究是发展中国哲学事业的迫切要求与重要途径。儒家哲学自从孔子创立以来经历了两千多年的发生发展演变过程，其内容随着不同历史时期儒家人物的不断诠释与重构，愈来愈丰富多样、博大精深；其叙述方式与主题形态也不断发生着改变。虽然儒家哲学的系统化研究从上个世纪初伊始已达一百多年的历史，但是当今加强儒家哲学研究仍然“任重而道远”。

一　儒家哲学的基本内涵及主要特征

在我看来，“中国哲学”大致具有广义、中义和狭义三种指向。狭义的“中国哲学”主要是指近代以前的中国古代哲学；中义的“中国哲学”是指由中国学人通过创造性思维所生发出来的各种哲学思想，包括从古到今的各种哲学如先秦儒家哲学、两汉经学、魏晋玄学、宋明理学、现代新儒学，以及近代以来中国哲学家自身所提出来的各种哲学创新性理论（如新时期在中国本土上所发展起来的人学、社会哲学、价值哲学、经济哲学、政治哲学等）；而广义的“中国哲学”除了包括中义中国哲学所容纳的各种哲学思想外，还包括作为研究形态的外国哲学（主要是西方哲学）和马克思主义哲学。同样地，儒家哲学也有广义、中义和狭义之分。狭义的儒家哲学单指中国古代不同历史时期儒家所创立的哲学思想，中义的儒家哲学不仅包括古典儒家哲学理论，还包括现代新儒家所创造的各种哲学思想，广义儒家哲学则在中义儒家哲学基础上还容纳了各种儒家哲学研究成果。应当承认，古典儒家哲学文本尚没有发现有系统化的哲学理论建构，而现代新儒家有许多站在理论理性层面提出了较为体系化的哲学思想。

从儒家哲学的基本内容和逻辑结构来看，按以往哲学分类，它包括以天人合一为特质的本体论、以知行合一为特征的认识论、以阴阳五行为基本内容的辩证法和以以民为本为主体内涵的社会历史观。笔者曾在《社会哲学》一书中提出，如果按照哲学对象来构建哲学理论体系，那么可以把它看作是由一总（即研究整个世界一般本质和普遍规律的本体论哲学）、二分（即自然哲学和社会哲学）构成的知识体系。自然哲学包括物理哲学、化学哲学、宇宙哲学、自然辩证法等分支。而社会哲学也即广义社会哲学，它包括历史哲学、人类哲学和中义社会哲学，中义社会哲学则由文化哲学（文艺哲学、宗教哲学、科技哲学、语言哲学……）、狭义社会哲学（经济哲学、政治哲学、法律哲学、管理哲学……）所组成。广义社会哲学也可称为普通社会哲学（或一般社会哲学），其它社会哲学则可称为分支社会哲学①。根据上述对一般哲学内容的规定，儒家哲学大致应包括儒家自然哲学、历史哲学、道德哲学、人类哲学、文化哲学、经济哲学、政治哲学、法律哲学、管理哲学、宗教哲学、教育哲学等。由邵汉明等主编的《儒家哲学智慧》（吉林人民出版社 2005 年出版）也对儒家哲学进行了全面的梳理，把儒家哲学分为儒家政治哲学、自然哲学、认识哲学、人生哲学、道德哲学、历

① 参见涂可国《社会哲学》，山东人民出版社 2001 年版，第 4—5 页。

史哲学、教育哲学、艺术哲学、军事哲学十个方面。

对于儒家哲学的主要特征，前贤已作了大量有价值的分析与概括，我认为它大致表现在以下几个方面。

一是社会性。在某种意义上可以说，儒家哲学即是社会哲学，这一点，南开大学已故中国哲学史家刘文英教授早已指出。尽管儒学体系中并没有排除对宇宙自然的沉思，如天道学说，但是，一则儒家对天道的追问是为了推演人道及社会历史的常道常理，二则儒家往往把自然之天伦理化、人道化、社会化，三则儒家致思的重心与进路主要放在对人伦政治与理想社会的构建上。历代儒家不断提出各种有关经济的、政治的、社会的或伦理的观点，孔、孟、荀先秦儒家阐发了仁政德治、轻敛薄赋、礼乐教化、安邦定国等政治制度与施政原则，汉代经学也提出了社会体制之学，因而儒家哲学从总体上表现为社会政治哲学。

二是人文性。作为一种弱宗教人学或强人文文化，儒家哲学不同于西方文艺复兴时期与正统神学和中世纪宗教相颉颃的强世俗化人文主义，而在不否定神文的前提下致力于人生哲学的阐释。在价值世界与现实世界的关系上，儒家哲学呈现为内在超越型，而区别于西方外在超越型。在天人关系上，儒家哲学在“天人合一”主题上辩证地认识到天人分立，并把人道置于天道之上。儒家哲学的人文性质还表现在：在致思方式方面侧重于直观、体验、顿悟等人文学方法的运用；在对人的文化心理结构的思考方面，偏重于情感、信念、理想等非认知方面而忽视生物本能、欲望及理知层面；致力于伦理型知识的探寻，不大追求纯粹的知识论体系；缺乏科学理性精神，而人文精神较为发达，等等。儒家哲学的主体形态是人学。正如杜维明先生所指出的，儒学一定意义上就是人学。作为中华文化的主干与核心，儒家哲学源远流长、博大精深，其中最主要的包括两个方面：一是政治哲学思想。历代儒家人物提出了大量关于国家与社会的治道、政道、为政之道等政治智慧。二是人学思想。儒学提出并阐发了极为丰富的有关人生哲学、人生哲理等人生智慧思想。这其中最引人注目的是儒学所提出来的关于为什么要做人、做什么样的人以及如何做人等人学思想。从哲学上说，儒家所阐发的做人思想深刻揭示了做人的意义、目的、理想、途径、方法等为人之道，它展现了人为何存在、向何存在、怎样存在等涉及到人的生存与发展问题。在儒家看来，真正的学问就是学做人，从某种意义上说儒学就是为人之学，其理论的基本旨趣就是讲述做人的道理。历朝历代儒家人物把主要精力放在对心性、天人、情欲、身心、境界、修养、生死、待人、处世等人的根本性问题思考上。

三是伦理性。这一点可以从以下几个方面进行理解：首先，儒学本质上是一种以家族主义伦理为核心的道德哲学，由《四书》《五经》所凸现出来的根本命题就是以伦理为本位，以成就圣贤、君子、大丈夫、大人等道德人格为旨归，从而展现出泛伦理主义的思想倾向；其次，儒家道德哲学在整个儒学体系中内容最丰、创获最大、影响最具，它最为广泛地阐述了诸如仁、义、礼、智、信、诚、孝、亲、敬、忠等伦理范畴，深刻地提出了仁者爱人、忠恕而行、见利思义、诚以待人、孝亲为大、和而不同、存理灭欲等道德规范，其伦理学说对儒家文化圈乃至西方世界产生了很大影响；再次，儒家把伦理推及于整个社会生活领域，尤其是儒家哲学致力于政治伦理化与伦理政治化，在为政之道上，它强调“德治”和“礼治”，强调外王必须立足于内圣，强调齐家治国平天下应以诚心正意修身为根基。

四是直观性。作为生长在中华民族国度里的本土哲学，儒家哲学自有其特有的治学传统、思维模式、文化土壤与社会基础。与西方哲学注重于知识性的论证和概念性的思辨不同，儒家哲学具有以下独特的性格：（1）儒家哲学实践理性发达，侧重于生活实践，极力倡导人的圆善智慧与待人处世之道这类现实品格修行，追求知行合一、学行合一，因而可名之为生命的学问；（2）儒家哲学的运思方式凸显直观性与模糊性，讲究随机点拨，注重运用自己民族特有的符号系统与言、象、意之辨，经验直观地去把握和领会对象的底蕴，强调感悟、直觉与体知，而不太注重概念的清晰性和逻辑性，尽管儒家也大量运用如阴阳、动静、心性、善恶、理气、一多、内外、常变等哲学对偶范畴，对宇宙人生的常道常理进行理性思考，但缺乏概念的逻辑推演；（3）如果说西方哲学侧重于强调主客二分的两极思维模式的话，那么儒家哲学则更加注重天、地、人、物、我之间的相互感通与整体和谐，强调天、人、物、我主客身心的相依相待与相济相成，致力于把天与人、身与心、自然与名教、个体与整体、生命与意境有机结合起来；（4）儒家哲学宗教性特征较为明显。在传统中国社会，儒学虽然不是严格意义上的宗教，但它承担着宗教的功能，可以视之为准宗教和亚宗教。尽管子不语怪力乱神，并提出"未知生，焉知死"、"未能事人，焉能事鬼"等论断，后世儒家也较为排斥道佛等宗教，但是在儒家哲学思想体系中也容纳了一些天命论、神道论等宗教神学内容，特别是宋明理学吸收了道家、佛家等宗教义理的内容，况且，儒家也提出了一些类似于宗教教义、用于指导人安身立命的终极关怀和道德信仰思想，这些都表明儒家哲学具有宗教性特点。

二　重建儒家哲学的必要性和可能性

自从中国哲学学科创立以来，中国哲学的合法性就遭到一些人的怀疑与否定。进入新世纪，中国哲学合法性重新被提了出来。在中国哲学合法性危机的语境下，提出重建儒家哲学是否必要与可能，是一个值得深思的问题。

我认为，重建儒家哲学具有极其重要的意义，这主要表现在以下三个方面：

一是有助于丰富与完善中国哲学体系。儒家哲学尽管是从属于中国哲学的三级学科，但它是主干，具有悠久的历史性和丰富的多样性，历代儒家根据特定的思想传统、文化资源、社会条件与历史背景推动着儒家哲学的发展。在先秦，儒学即为显学，儒家学派就成为中国哲学思想史中最重要的学派。儒学以强势的道德意识及政治理想成为贯穿中华民族历史的主流价值观。儒家的创始者孔子教导“为仁”的原理以后，各个时代的儒家学者都对人类自我修养及超越的可能提出各种设计，他们所共同承认并以此为基础而发展其本身的思想观点，即是透过这些人类自身由内而外的功夫修养，追求并达到儒家理想的社会政治体制和文化理想。原始儒家是继承中华远古文明思想而来，并特别重视国家社群的维护及个人修养的实践。先秦儒学的理论重点在于思想生活化的落实（如孔子的《论语》与儒家社会哲学精神之提出，孔子的礼乐教化思想，及孟子的行仁政观点等）。简言之，《论语》标出圣人境界的理想，《孟子》说出修养功夫哲学及性善主张的人性论观点。《中庸》明确提出化天道为有德的德性本体论主张，而《易传》即基于上述的德性思想而提出宇宙论世界观。汉儒在解经的过程中加入了当时的科学知识所提供的宇宙论观点，强调天人的互动性。汉以后儒家理论衰微，中国哲学思想的主要课题转向道家与道佛两教的宗教哲学之中。北宋五子的出现，反映了整个时代的精神生活文明已回到儒家本位中来。儒学发展至当代，当代新儒家熊十力、牟宗三、唐君毅等哲学家在经历西方哲学挑战之后重建理论体系，成为当代中国哲学发展中最具有创造力的一套哲学思想，现代新儒家的哲学思想如新理学、新道学等本身就构成了儒家哲学的现代形态。同时，加强对儒家哲学的研究，不仅可以为马克思主义哲学和西方哲学的研究提供参照系、精神动力和思想资源，还可以为中国哲学各分支学科的发展提供思想素材、知识背景与方法规范。

二是有助于推动儒家哲学事业的发展。对儒家哲学文本进行创造性解读与分析，可以为儒家哲学重建提供丰富的思想资源。现有的儒家哲学研究也存在着许多薄弱环节与问题：除邵汉明等人编著的《儒家哲学智慧》之外，对儒家哲学进行系统化、体系化的研究论著还比较少；对儒家许多二线思想家哲学思想的挖掘还有待于进一步开拓；有关儒家哲学的一些范畴、命题、概念、观点也没有真正做到客观的认知与真切的把握，例如《论语》中的“仁”字到底是否是“人”字的误用还存在很大的争议。为此，儒家哲学的重建工作就成为一个较为迫切的时代课题。虽然中国大陆学者把儒家哲学作为信仰体系来加以倡导和构建的人不多，但是把儒家哲学研究作为终身职业却被越来越多的人所接受，而这本身即有力地促进了儒家哲学的发展。

三是为当代人提供人生智慧、道德规范、行为指导和精神动力。儒家哲学并不是无用的过时的哲学，它对于当前的社会发展与个人发展都具有现实作用。这主要取决于以下两点：首先，儒家哲学具有普世性。对儒家哲学普世性的品格，中国社会科学院李存山先生作了系统阐发。我认为，儒家哲学之所以具有普遍性特质，是因为儒家哲学虽然生长在中国传统的自然经济和小农经济基础之上，然而它所要面对和解决的问题如天人、身心、善恶、己他、公私、义利、贫富等，在当代仍在困扰哲人心智；无论是古人还是今人都具有共同的实践结构、社会关系结构和社会环境结构，这些反映到哲学思想中来，使得传统儒家哲学的思想内容在当代仍具有借鉴和启发作用，仍可以为当代人更好的生存和发展提供人生智慧、行为规范和精神动力；哲学的最大特点就在于传承性、抽象性和普遍性，为儒家哲学所创造和运用的各种哲学范畴与原理仍然可以为当代人进行合理的思维和实践活动提供世界观背景和方法论规范。其次，儒家哲学具有丰富性。儒家哲学历史悠久、博大精深、学派林立——孔子之后，儒分为八，从纵向上看，儒家哲学也经历了先秦儒学、汉代经学、魏晋玄学、宋明理学、清代朴学以及现代新儒学等不同的发展形态，这些都为儒家哲学宝库增加了丰富的思想内涵。如前所述，儒家哲学包含着对自然、社会、历史、人生、文化、教育、科技、法律、政治、道德、管理等众多问题的形而上思考，提出了多种多样的哲学命题、哲学范畴与哲学观点，这些至今仍闪耀着真理的光辉，仍是值得吸取的宝贵精神财富，如儒家的民本思想、忠恕之道、礼让情怀、仁义精神、天地境界、诚信观念、求实风格、经世思想、权变态度、中庸方法、贵和理念等，对于现实人生导向与社会理想构建都具有普遍的指导意义。

那么，重建儒家哲学具有多大的可能性呢？

第一，儒学思想体系中包含着大量的哲学知识。在今天，许多人主张要远离乃至抛弃儒家哲学的研究范式，而专注于中国儒家思想；有的主张应从儒家哲学回归到儒家研究，以对儒家经史子集的研究代替儒家哲学研究。我认为，对儒家思想与儒家经学的研究，既无必要也无可能排斥对儒家哲学的研究，这两方面可以并行不悖、共同发展。要知道，在儒学体系中，本身就包含着极为丰富的哲学思想。在我看来，任何对自然、宇宙、人生、文化等对象领域根本性与普遍性问题（本原、规律、过程、结构等）进行概念、逻辑、理性和抽象式思考、体念与追溯，都可以构成为哲学。按此理解，不仅儒家对一些普遍性概念、理念、范畴的探讨是一种哲学，而且儒家对一些社会人生大课题的思考也可以构成为哲学。就辩证法而言，儒家哲学的主体内容不是自然辩证法，而是社会历史辩证法、人生辩证法和实践辩证法。既然传统儒家所提出来的哲学思想已成为既成性的事实，那么以此为对象和基础进行儒家哲学重建工作就具有先在的前提与条件。况且，儒家哲学作为生成性的开放事业也处在不断的发展过程之中，特别是现代新儒家所创建的哲学新形态为我们重建儒家哲学提供了现实的资源。

第二，近代以来许多哲学家、哲学史家对儒学进行了深入研究。早在上世纪初，梁启超先生不仅提出了“儒家哲学”概念，而且对此进行了较为系统的整理，胡适的《中国哲学史大纲（上）》、冯友兰先生的《中国哲学史》、张岱年的《中国哲学大纲》都涉及到了儒家哲学问题，例如胡适的《中国哲学史大纲（上）》专门探讨了孔子的哲学思想。解放以后出版的各种中国哲学史论著，都把儒家哲学作为主要内容进行阐述，并对孔子哲学、孟子哲学、荀子哲学、二程哲学、阳明哲学进行了分门别类的研究。纵观近百年来儒家哲学的研究，大体呈现出以下情形和特点：（1）儒家哲学得到了不同层面与维度的研究，既有立足于中国哲学通史和断代史角度对儒家哲学的重塑与重构，其代表性著作有冯友兰的《中国哲学史新编》、任继愈主编的《中国哲学发展史》、冯契的《中国古代哲学的逻辑发展》等，以及从专题方面对儒家哲学进行研究，其中有葛荣晋的《中国哲学范畴史》、张立文的《中国哲学范畴发展史（天道篇）》、张岱年的《中国古典哲学概念范畴要论》、方立天的《中国古代哲学问题发展史（上下）》、庞朴的《儒家辩证法研究》等；还有从儒学学术或儒家文化维度展开对儒家哲学的研究，如赵吉惠等的《中国儒学史》、刘蔚华等主编的《中国儒家学术思想史》、姜林祥主编的7卷本《中国儒学史》等，同时还有直接从儒家哲学思潮、人物、文本、断代史、专题方面进行探索，如梁启超的《儒家哲学》、兰自我的《孔门一贯哲学概念》、蔡尚思的《孔子哲学之真面目》、杨大膺的《孔子哲学研究》、杨荣国的《孔墨的思想》、胡适的《戴东原的哲学》、邹化政的《先秦儒家哲学新探》、杨泽波的《孟子性善论研究》、李景林的《教养的本原——哲学突破期的儒家心性论》、刘宗贤的《陆王心学研究》、董根洪的《儒家中和哲学通论》等。(2)儒家哲学研究呈现阶段性特点。上世纪初，胡适、冯友兰等人开创了儒家哲学的新事业，进入二十世纪二十年代以后，随着西学的传入，人们纷纷从科学主义、人文主义、马克思主义角度研究儒家哲学，实现了儒家哲学研究的现代转换。从科学主义经验论哲学角度研究儒家哲学的代表人物是胡适，而立足于人文主义思潮探讨儒家哲学的代表人物是梁漱溟，借用马克思主义唯物辩证法模式研究儒家哲学的代表人物是范寿康。新中国成立以后，从五十年代到改革开放之前，儒家哲学研究侧重于在马克思主义理论范式下得以进行，并主要从唯物主义与唯心主义、辩证法与形而上学角度探讨儒家哲学的内容、作用、性质、地位、属性等问题，这一时期，儒家哲学研究的开创性成果并不多，只是在资料和文献方面有了一些新进展。改革开放以来，儒家哲学研究逐渐呈现出繁荣的局面，不仅拓展了儒家哲学研究的新领域、新问题，系统化理论化的儒家哲学研究成果不断涌现，儒家哲学研究水平也不断提高，儒家哲学还参与到与西方哲学、马克思主义哲学的对话与交流当中。儒家哲学研究的重点，既涉及到孔孟荀哲学，也涉及到董仲舒、朱熹、王阳明哲学，而儒家人生哲学、道德哲学、心性哲学、价值哲学等成为关注的焦点。应当指出，中国儒家哲学研究一直以来主要采用西方哲学（马克思主义哲学在一定意义上也是一种西方哲学）的概念、范畴、命题、原理进行分析、诠释、重构，这虽然带来了简单化、片面化、去本土化等弊端，但是它毕竟为儒家哲学研究提供了较为合理的理论研究框架，使研究者能够较好的揭示、澄明儒家哲学的概念、命题、学说中的内在理论意蕴，赋予它可以理解、讨论的形式，并进一步激发当代儒学工作者的哲学沉思①，同时提供了极为丰富的儒家哲学研究成果，有力地推动了儒家哲学研究事业，从而为我们进一步重建儒家哲学打下了良好的学术基础。

第三，儒家哲学的丰富多样性为我们重建儒学提供了可能。毫无疑问，按照现代学科分类体系，对儒学分别进行哲学、文学、政治学、社会学、经济学、史学、伦理学、美学等方面的研究，难免有断章取义、削足适履、片面割裂等局限性，但是一则儒家思想体系内容极为庞杂丰富，包含着多种学科的内容，它为我们从不同学科角度进行研究提供了理论基础，二则作为认识主体，儒学研究者具有抽象能力、分析能力与理论建构能力，完全可以从儒家思想中剥离出哲学思想加以专门研究。儒家哲学的研究并不排斥从一般高度对儒家思想的探讨，也不排斥对儒家经史子集的传统研究方式，完全可以把多种对儒学的研究方式有机整合起来。

三　重建儒家哲学的基本方略

为了更好地重建儒家哲学体系，从而更有力地促进儒家哲学的现代发展，应采取以下几种方略。

其一，深入挖掘儒家文献与儒家思想中的哲学内涵。儒家经典文本是传达儒家哲学思想的重要载体，要实现儒家哲学的重建必须对儒家文本进行客观的理解与科学的解读，做好小学功夫，要在训诂的基础之上深刻揭示儒家哲学的丰富义理，尤其是要对新发现的儒家地下考古资料如荆门竹简与上博竹简进行认真解读。由于儒家哲学思想同其他思想往往融为一体，因而既要注意把一些非儒家哲

① 参见杨国荣《中国哲学：一种诠释》，《天津社会科学》2004 年第 1 期。

学思想纳入儒家哲学对象域之中，又要防止对儒家哲学思想的遗漏。

其二，不断丰富儒家哲学研究者的理论素养。要对儒家哲学进行深入、客观、科学的探索，既要有深厚的国学修养，又要具备西学知识背景，同时也要对哲学的基本原理有较好的把握与了解，这就要求从事儒家哲学的研究者要注重培养立体式的、多方面的哲学涵养与知识储备。现代新儒家之所以能够在儒家哲学研究方面有创造性的贡献，就在于他们不仅有中学的底蕴，还具有西方哲学的涵养。

其三，从不同的理论层面加强儒家哲学研究。我们既要立足于中国哲学史这一二级学科背景把儒家哲学作为重要的组成部分加以研究，还要从儒家哲学的思潮、人物、文本、专题、通史、断代史等角度进行深入的研究。应当说，现有的儒家哲学研究成果在专门性方面有了相当的进展，如对儒家的心学、理学、气学、礼学、仁学等的研究已经出版了大量的有分量的论著，但是也存在着许多不足，正如北京大学教授陈来先生所指出的，我们对宋代张载和明清之际王夫之的思想仍然没有真正理解。为了更好地推进儒家哲学研究事业，就要构建儒家自然哲学、历史哲学、道德哲学、人类哲学、文化哲学、经济哲学、政治哲学、法律哲学、管理哲学、宗教哲学、教育哲学等，以实现儒学适应现代化诉求的创造性转换和创新性发展。

其四，采用不同的理论范式。首先要运用各种人文社会科学如社会学、文化学、政治学、经济学、人类学等理论成果，对儒家哲学进行实证考察与理论探索，例如我们可以利用社会学的研究方法做到“知人论世”，深入探讨儒家哲学发生发展的历史渊源、社会背景、历史作用、主要内容等问题。其次，要采用西方哲学新的理论成果对儒家哲学进行新的诠释与解读。这几年，许多学者运用西方现象学、解释学的范式对儒家哲学进行了认真探讨，提出了一些很有价值的儒家哲学新形态，如成中英的本体诠释学、陈来的仁学本体论、吴光的民主儒学、黄玉顺的生活儒学、干春松的制度儒学以及我和韩星、谢晓东创建的社会儒学等。再次，采取不同的理论范式和路径对儒家哲学进行多角度的探讨。存在的就是合理的。一百多年来，中国学者采用西方哲学的模式研究儒家哲学取得了丰硕的成果，这一点具有相当的合理性与现实性，在目前西方文化成为强势文化的背景下，对这种研究范式不应加以简单否定。当然，我们也应该倡导“我注六经”、回归元典的经学致思模式，对儒家哲学进行“内在的理解”与“客观的呈现”①。

除上述之外，我们还应具有世界性的眼光，把儒家哲学作为世界哲学的重要构成部分来加以研究，努力促进儒家哲学与西方哲学、马克思主义哲学的互动、互释、互渗，在本土化与全球化的双极之间保持必要的张力②，努力推动儒家哲学为世界哲学作出贡献。

涂可国

① 参见陈来《“中国哲学“学科的建设与发展的几个基本问题》，《天津社会科学》2004 年第 1 期。

② 参见郭齐勇《中国哲学：保持世界性与本土化之间的必要的张力》，《天津社会科学》2004 年第 1 期。

序

《大学》一篇，在宋代以前一直存在于小戴《礼记》之中。据考证，宋仁宗天圣八年赐进士王拱辰《大学》一轴，《大学》才开始脱离《礼记》而独立。后来，登第者皆赐以《儒行》《中庸》《大学》等篇。北宋司马光著《大学广义》一卷并与人合著《六家大学解义》一卷，《大学》首次有了单行本。司马光对《大学》文本中的“格物致知”进行了详细的解释。

在司马光之后，二程改定《大学》文本，将《大学》提到了孔子遗经的地位，尤其强调“格物致知”，遂成为宋儒的基本论题。吕大临、杨时加以阐发，至朱熹集其大成，而《大学》之地位遂告奠定。二程的弟子及再传弟子们继承师说，以《大学》作为家学教育子弟，如武夷胡氏、五峰胡氏、广汉张氏、蓝田吕氏、东莱吕氏、延平杨氏等。周敦颐、邵雍、王安石等对《大学》亦有研究。北宋学者的《大学》学，着重义理的阐发，开始了对《大学》文本的细读与分析，也更加注重考察《大学》所展现出的古代教育制度及其教育思想。

南宋时期的《大学》学更为发达，东南三贤、象山陆氏兄弟，还有永康、永嘉学派，都重视对《大学》的学习与研究。朱子是两宋《大学》学研究的集大成者。朱熹移文补传，对《大学》文本进行了改造和诠释。经过朱熹改造和诠释的《大学》具有了全新的生命力，由通论礼意或与礼有关的学术思想，变成“为学次第之书，即物穷理之学”，其宗旨在于“格物致知”“即物穷理”“修己治人”，并获得了“四书之首”的地位，其地位远高于汉唐时期的五经。

程朱的《大学》观点得到宋明学者的普遍响应，即使如王阳明等，虽然与朱熹在“格物”“新民”等问题上存在较大分歧，但也都承认《大学》是圣贤所传，这样，宋、元以后，《大学》成为学校官定的教科书和科举考试的必读书，对古代政治、教育产生了深刻的影响。随着后来“四书”成为科举考试的必考内容，《四书章句集注》成为考试定本，朱熹关于《大学》的理解就更加深入人心了。可以说，《礼记》本的《大学》很重要，而朱熹的《大学章句》本更重要。

纵观目前国内外相关资料发现，学界对宋代《大学》思想演变的研究主要集中在以下四个方面：

首先，文本问题研究。关于《大学》文本问题的研究主要集中在三个方面：一是《大学》的作者问题，大部分研究者认为《大学》是曾氏之儒的作品。这种观点与宋以后的主流观点相吻合。梁涛先生在《〈大学〉早出新证》一文中，在新的材料基础上再一次提出《大学》“应成于曾子或其弟子之手”。二是宗旨（或者性质）问题。关于《大学》的宗旨或者性质，唐文治先生强调《大学》的主旨是建立在周文王之道基础上的大学之教。还有部分学者认为《大学》是儒家的一篇政治论文。三是学派归属问题。学术史上最常见的两种划分就是荀学说和孟学说。冯友兰先生主张“荀学说”，徐复观先生则主张“孟学说”。

其次，从诠释学的角度对《大学》进行专门研究。可分为三种：第一种是诠释注解类著作，这类的著作更多地是从中国传统的经学角度进行解释阐发的。学者主要有钱基博先生、傅斯年先生、钱穆先生、梁漱溟先生、熊十力先生等，其中以钱穆先生成果较多；第二种是诠释方法类著作，主要是从现代诠释学的角度重新考察朱子的经解著作，这一全新的诠释方法的运用可谓是近三十年来研究朱子《大学》的一个关键转变。其代表人物就是牟宗三先生。第三种是结合经学与理学研究朱子著作。这类著作从经学史和思想史的视角，结合诠释学和理学，有的着重研究朱子经学，有的着重研究朱子理学。如蔡方鹿的《朱熹经学与中国经学》，陈来的《朱子哲学研究》。

再次，个案研究成为重点。岳麓书院周之翔的《朱子〈大学〉经解研究》一文，是一篇专门对朱子《大学》经解作个案研究的博士论文。此外，河北大学张伟的《朱熹“四书学”思想研究》一文，主要以朱熹“四书学”的诠解思想为核心，向着探析朱熹“内圣外王”的理论目标出发，以儒家修养工夫论的视角作为问题的切入点，对朱熹的“四书学”进行了比较笼统、模糊的解读。此外还有部分硕士论文，如陈美容的《朱熹〈大学〉思想研究——从解释学的角度出发》、李思远的《论朱熹的〈大学〉研究》等，都从不同的角度对朱子的《大学》学作了诠释。

最后，从比较研究的角度进行研究。比如，曾军先生就从经学与理学比较的视角进行研究，曾先生认为《四书》中的《大学章句》、《礼记》中的《大学》篇，它们各自的思想渊源是不同的，只能属于不同的思想体系，不能混为一谈，在研究的时候要区别对待。对前人《大学》注解的比较研究是一个重点，这些论文主要集中在对郑玄、孔颖达、朱熹、王阳明解《大学》的对比上。这些论文对同一个问题，不同学者的诠释，作了比较深入的研究，分别对郑玄、孔颖达、朱熹、王阳明等人从不同的视角进行了对比，包括对“格物致知”诠释的理解，朱熹“新民”与阳明“亲民”说的比较，还包括朱熹、王阳明《大学》研究的得失等问题。

可以说，学界对于宋代《大学》学史的研究既有重大的成果，同样也存在着较大的遗憾。对以朱子为代表的《大学章句》学及“四书学”的研究比较多，但对于《大学》在两宋时期思想的发展演变研究则存在着较大的空白。除了部分文章会涉及《大学》地位的历史变迁及二程到朱子《大学》学的转变以外，无论是从宋代《大学》典籍的整理方面，还是《大学》思想在两宋时期的演变发展及其派别研究都存在着不足，本书将从古籍整理、哲学、历史学等角度进行专题研究和系统阐释。

目　　录

第一章

宋代《大学》著作概述

《大学》本是汉代小戴《礼记》中的第四十二篇，东汉郑玄曾经为之作注，唐代的孔颖达曾经为之作疏，也就是我们现在所看到的《礼记正义》，这是《大学》最古老的版本。此版本在宋代之时也是存在的，学界一般称之为《礼记》注疏本。然而，由于种种原因，《大学》在宋代还产生了其他的版本，最重要的便是二程的《大学》改本和朱熹的《大学章句》改本。

第一节 宋代《大学》改本著作

一 二程的《大学》改本

自二程开始，就认为《大学》文本存在着错简问题，因此二程开始了对《大学》注疏本做出改正。程颢所改定的《大学》改本名称为“明道先生改正大学”，程颐所改定的《大学》改本称为“伊川先生改正大学”。目前，程颢、程颐各自的《大学》改正都保存在《河南程氏经说卷第五》之《礼记》篇中，原文参见《二程集》①。

二程的《大学》改本都对《大学》注疏本中的文字顺序进行

① （宋）程颢、程颐：《二程集》，中华书局1981年版，第1126—1132页。

了调整。程颢的《明道先生改正大学》主要调整了一处文字的顺序。

这一处程颢将：

> 《康诰》曰："克明德。"《太甲》曰："顾諟天之明命。"《帝典》曰："克明峻德。"皆自明也。汤之《盘铭》曰："苟日新，日日新，又日新。"《康诰》曰："作新民。"《诗》曰："周虽旧邦，其命维新。"是故君子无所不用其极。《诗》云："邦畿千里，惟民所止。"《诗》云："缗蛮黄鸟，止于丘隅。"子曰："於止知其所止，可以人而不如鸟乎？"《诗》云："穆穆文王，於缉熙敬止。"为人君止于仁，为人臣止于敬，为人子止于孝，为人父止于慈，与国人交止于信。①

这部分文字调整到了《大学》开头第一章"大学之道，在明明德，在亲民，在止于至善。知止而后有定，定而后能静，静而后能安，安而后能虑，虑而后能得。物有本末，事有终始，知所先后，则近道矣"的后边，"古之欲明明德于天下者，先治其国，……此谓知本，此谓知之至也"一段的前面。

程颐的《伊川先生改正大学》主要调整了两处文字的顺序以及两处对文字的改动。

第一处调整顺序，程颐将：

> 子曰："听讼吾犹人也，必也使无讼乎！"无情者不得尽其辞，大畏民志，此谓知本。②

---

① （宋）程颢、程颐：《二程集》，第1126页。
② （宋）程颢、程颐：《二程集》，第1130页。

放在了“其所厚者薄而其所薄者厚，未之有也”一句与“此谓知本，此谓知之至也”一句中间。并且认为“无情者不得尽其辞，大畏民志，此谓知本”中的“此谓知本”四字为“衍文”①。

第二处调整顺序，程颐将：

> 《康诰》曰：“克明德。”《太甲》曰：“顾諟天之明命。”《帝典》曰：“克明峻德。”皆自明也。汤之《盘铭》曰：“苟日新，日日新，又日新。”《康诰》曰：“作新民。”《诗》曰：“周虽旧邦，其命惟新。”是故君子无所不用其极。《诗》云：“邦畿千里，维民所止。”《诗》云：“缗蛮黄鸟，止于丘隅。”子曰：“於止知其所止，可以人而不如鸟乎?”《诗》云：“穆穆文王，於缉熙敬止。”为人君止于仁，为人臣止于敬，为人子止于孝，为人父止于慈，与国人交止于信。②

这部分文字调整到了“大学之道，在明明德，……此谓知本，此谓知之至也”的后面，“所谓诚其意者，毋自欺也”一段的前面。

此外，程颐按照自己的意思擅自将《大学》文本中的“亲民”改为“新民”，即“亲，当作新”③。将《大学》文本中“身有所忿懥则不得其正”中的“身”改为“身当作心”④，变成了“心有所忿懥则不得其正”。认为“所谓齐其家在修其身者”⑤中的“其”字为衍文，即“其字衍”。⑥

---

① （宋）程颢、程颐：《二程集》，第1130页。
② （宋）程颢、程颐：《二程集》，第1130页。
③ （宋）程颢、程颐：《二程集》，第1129页。
④ （宋）程颢、程颐：《二程集》，第1130页。
⑤ （宋）程颢、程颐：《二程集》，第1130页。
⑥ （宋）程颢、程颐：《二程集》，第1130页。

以上是程颢、程颐两位理学大师对于《大学》文本的改正，这些改正从一方面的确反映出《大学》注疏本确实存在一些解释上的问题，但是从另一方面说却是引发了后来学者擅自改经的风气，尤其是对朱子《大学章句》改本的影响以及日后明代出现的众多改本。

明代的很多改本基本上都是沿袭了程颢《大学》改本的思路与方法，在没有新的文献依据的情况下，只是依靠自己的独特理解和意见，从具体的文本入手，对其进行调整，努力使其合理化。这些不同的改动都体现了不同改动者独特的思想，也都体现出不同改动者所理解的不同的“理”。

二 朱子的《大学章句》改本

朱熹的《大学章句》改本是我们目前所见到的以及使用最广泛的《大学》改本，甚至于一提起《大学》很多人理所当然地认为其就是指朱子的《大学章句》，一提起《大学》大家首先想到的就是《大学》的“三纲领”“八条目”，这所有的一切都源自于朱子《大学章句》对于《大学》注疏本的改动。朱子对于《大学》注疏本的改动可以从形式与内容两个方面进行考察。

从形式上来看，朱子的《大学章句》区分了经文与传文，将《大学》注疏本从形式上划分为“经文一章，传文十章”。在朱子之前，《大学》的改本只有程颐、程颢两种。正如笔者前面所说，二程对于《大学》文本的改动也仅限于个别字句顺序的调整，以及个别文字的改动，但却没有认为《大学》文本存在一个经文与传文的区别。事实上，二程最多只是提出《大学》文本存在“脱简错文”，而对于《大学》文本经文与传文相互区分的问题没有做出过相关评论。而朱子则是在二程“脱简错文”的基础上，首先提出了《大学》文本存在经文与传文二分的情况。这就打破了自汉唐以来一直认为《大学》为《礼记》中的“记文”的传统认识，为《大学》一文由“记文”升为“经文”做好了前提与铺垫。

所谓的“经文一章”是指从“大学之道，在明明德，在亲民，在止于至善”开始，到“其本乱而末治者否矣，其所厚者薄而其所薄者厚，未之有也”一段为经文部分，单独作为一章存在。朱子还就这段经文的作者问题进行了阐述，朱子说：“右经一章，盖孔子之言，而曾子述之。凡二百五字。”①

所谓的“传文十章”就是朱子将《大学》注疏本剩下的内容划分为十章，这十章的内容分别是“释明明德”“释新民”“释止于至善”“释本末”“释格物、致知”“释诚意”“释正心修身”“释修身齐家”“释齐家治国”“释治国平天下”。朱子将这部分内容分为十章传文，称：“其传十章，则曾子之意而门人记之也。旧本颇有错简，今因程子所定，而更考经文，别为序次如左。凡千五百四十六字。”②朱子所划分的“经文一章，传文十章”实际上就对应了“三纲领”“八条目”，“经文一章”即是指“三纲领”中的“明明德”“新民”“止于至善”；“传文十章”即是指“八条目”中的“格物”“致知”“诚意”“正心”“修身”“齐家”“治国”“平天下”。

从内容上看，朱子还对“传文十章”中传文部分的顺序进行了调整，并按照己意补写了他所理解的“格物致知”传文，这样一来，《大学》文本中“三纲领”“八条目”，无论是从顺序来看，还是从内容来看都有了明确的阐释。

朱子对“传文十章”中的传文部分顺序的调整，基本上是沿袭了程颐的做法，只是在此基础上又进行了一些微调，在此不再赘述。我们来重点看一下朱子所补的“格物致知”传文，朱子说：

① （宋）朱熹：《四书章句集注》，中华书局2011年版，第5页。
② （宋）朱熹：《四书章句集注》，第5页。

> 所谓致知在格物者，言欲致吾之知，在即物而穷其理也。盖人心之灵莫不有知，而天下之物莫不有理，惟于理有未穷，故其知有不尽也。是以《大学》始教，必使学者即凡天下之物，莫不因其已知之理而益穷之，以求至乎其极。①

朱子所补的“格物致知”传文可谓是朱子对《大学》文本所做的最大改动，正是对于“格物致知”工夫的诠释，朱子将《大学》的宗旨由郑玄所理解的为政者的“博学为政”之学转向了学者的“修己治人”之学，无论是从《大学》的受众主体，还是具体的修养工夫都发生了巨大的转变。当然，这同时也是朱子在承袭二程理学思想的基础上进一步创新而得来的，尤其是对于“亲民”当作“新民”的承袭，到朱子的《四书章句集注》草成，《四书》体系的最终建立，也就标志着《大学》由原来的“记文”正式变成了儒家的“经文”。

第二节 宋代《大学》诠释著作

宋代最早将《大学》文本从《礼记》中单独摘出来是在北宋天圣八年，即公元1030年，当时的皇帝宋仁宗赐予新科进士王拱辰等《大学》一书，后来登第的士人也都被赐以《大学》《中庸》《儒行》等篇。

一 司马光的《〈大学〉广义》和《致知在格物论》

北宋时期，真正将《大学》别出单行并进行研究的则是司马光，其对“格物致知”的解释是“格物”诠释史上不可忽略的一种，陈振孙在《直斋书录题解》中记载司马光著有《〈大学〉〈中

① （宋）朱熹：《四书章句集注》，第8页。

庸〉广义》一书，但是很不幸，这本书在其成书后不久就被遗失了。目前所能看到的司马光《〈大学〉广义》的部分内容存在于南宋卫湜所编的《礼记集说》中的《大学集说》篇的解说中。从《礼记集说》所收录的司马光的解说内容来看，司马光只是对《大学》文本进行了局部解说。郑州大学魏涛先生借助于卫湜《礼记集说》的相关版本对司马光的《〈大学〉广义》佚书进行重新整理形成辑本，并根据司马光文集及其相关的著作对辑本进行了相应的校勘，这对于《大学》诠释史的研究具有非常重要的价值。详情参见魏涛先生的司马光佚书《〈大学〉〈中庸〉广义》辑考一文。

司马光对于《大学》文本诠释还有另外一文，即《致知在格物论》。这一文献应当是司马光在其《〈大学〉广义》一文的基础上所作的。司马光在唐代李翱“物格于外”思想的基础上，在宋代儒者中对于“格物致知”进行了最早的诠释：

> 《大学》曰致知在格物，格犹捍也，御也。能捍御外物，然后能知至道矣。①

而在卫湜的《礼记集说》中则是：

> 《大学》曰：“致知在格物”，格犹扞也，御也，能扞御外物，然后能知至道矣。②

除了“扞”与“捍”的具体写法不同之外，两段文字的解释是一致的。在这里，司马光将“格物”看作是“扞御外物”，事实

① （宋）司马光：《司马文正公传家集》卷 65《格物致知论》，商务印书馆 1937 年版。

② （宋）卫湜：《礼记集说》卷 149，文渊阁四库全书本。

上是在说君子只有在能够有效抵御外在物欲的干扰之后，才能够知道并达到“至道”，明确将“物”视为一种外在物质的干扰与诱导，明显跟朱子将“物”理解为“事事物物”是不同的。根据魏涛先生的辑考，司马光是北宋时期首先将“格物致知”作为“正心”的一种基本修养方法提出来的，其开创之功不可磨灭。基于司马光特殊的政治身份和独特的学术影响力，司马光对《大学》的重视和研究阐发，对于二程从理论构建上依托于《大学》产生了一定的影响，对于《四书》体系的构建有着非常重要的促进作用。

此外，虽然张载并没有专门的诠解《大学》的著作流传下来，但是其对“格物致知”是有解释的：

> 又曰：“虚心则能格物，格物则能致知。其择善也，必尽精微，无毫发之差，无似是之疑。原始要终，知不可易，然后为至也。”又曰：“致知在格物。格，去也。格去物，则心始虚明，见物可尽，然后极天下之虑而能思善也。致知者，乃为学之大本。夫学之始，亦必先知其一贯之道。其造则固有序也。格物，外物也。外其物则心无蔽，无蔽则虚静，虚静故思虑精明而知至也。”①

应该说张载的“格物”解释与司马光对于“格物”的解释有相同的地方，两人都将“格物”理解为“去物”“外物”，并且双方明显是从心性修养的角度对“格物致知”进行诠释。

二　程颢、程颐与《二程集》

在司马光之后，较早研究《大学》文本的便是程颢、程颐二兄

① （宋）卫湜：《礼记集说》卷149，文渊阁四库全书本。

弟，而此时对《大学》的研究出现了不同于郑注孔疏的特点，取得了较高的研究成果。

程颢首先提出《大学》作于孔子之手的说法：“《大学》乃孔氏遗书，需从此学，则不差。”程颐继承了程颢的说法，并进一步指出：“修身当学《大学》之序，《大学》圣人之完书也。”此后，《大学》的作者问题成为历代学者讨论的重点，后世很多学者都认同《大学》是孔子所作说。

三　朱子与《朱子语类》《大学或问》

《大学章句》是朱子最重视的《大学》文本，朱子的核心思想就集中于《大学章句》中。可以说，《大学章句》耗尽了朱子毕生的精力，直到去世之前三天依然在修改《大学章句》，这也是笔者在后面的章节中研究的重点，兹不赘言。

除《大学章句》外，黎靖德所编写的《朱子语类》一书中也使用了特别多的篇幅记载了朱子弟子和其他学者询问朱子《大学》的相关情况，而朱子的应答也比较仔细，内容也比较充足，已经远远超过《大学》原文以及《大学章句》本身的字数，这是朱子《大学》研究的重要补充材料。

此外，朱子还有《四书或问》一书，其中的《大学或问》分为两部分，《大学或问上》和《大学或问下》，这也是理解朱子《大学》思想的重要补充材料。

四　吕大临的《大学解》

吕大临的《大学解》是其《礼记解》中的一篇，现在所能看到的《大学解》主要存在于卫湜的《礼记集说》之中。卫湜的《礼记集说》对于宋代《礼记学》的重要文献价值，在当今学界已经开始被学者普遍关注到。今人陈俊民先生就从卫湜的《礼记集说》中辑出了吕大临的《礼记解》，收入其辑校的《蓝田吕氏遗著辑校》一书中。而《礼记解》中的第四十二篇正是《大学解》，有赖于此，我们能够了解吕大临的《大学》思想。详情可参见《蓝田吕氏遗著辑校》① 一书。

作为二程的学生，吕大临的《大学解》既有承袭二程观点之处，亦有自己独特的见解，可以分别从形式与内容、思想传承三方面来考察。

第一，从形式上来看，吕大临的《大学解》所依据的《大学》版本是《大学》注疏本。由于吕大临的《大学解》辑自于卫湜的《礼记集说》，而卫湜的《礼记集说》则是按照《大学》注疏本的文本顺序而来的，也就是说吕大临的《大学解》其所依据的《大学》版本是《大学》注疏本。但是，吕大临在其《大学解》中说：

> 自此至“骄泰以失之”，宜在“平天下在治其国”一章后。②

吕大临此处所说的“自此”是指从“《康诰》曰：‘惟命不于常！’道善则得之，……舅犯曰：‘亡人无以为宝，仁亲以为宝’”到“秦誓曰：‘若有一介臣’……必忠信以得之，骄泰以失之”一段文字放到“是故君子先慎乎德。……货悖而入者，亦悖而出”一段文字的前面。这是吕大临对于《大学》注疏本文字顺序的调整，但基本上可以认为其是遵照了《大学》注疏本。这是吕大临唯一一处对《大学》文本顺序进行的改动，虽然他的改动内容明显不同于二程，但考虑到吕大临是二程的学生，那么可以推断，吕大临对于《大学》文本顺序的调整明显是受到二程认为《大学》文本存在

---

① 陈俊民：《蓝田吕氏遗著辑校》，中华书局 1993 年版，第 370—386 页。

② 陈俊民：《蓝田吕氏遗著辑校》，第 380 页。

“错简”思想观念的影响。

第二，从内容来看，吕大临对于《大学》有着自己独特的看法。

其一，吕大临认为《大学》是大人之学，是大人穷理尽性的过程：

大学者，大人之学也，穷理尽性而已。①

其整体思想依然是在理学的概念之下，重点突出了“诚”的重要性。吕大临在注解“止于至善”时说：

盖学至于诚，则天之道也，非有我之得私也，故不勉而中，不思而得，从容中道。②

吕大临将“诚”字重点凸显出来了，强调学者无论是学习还是做事，一定要“学”到了“诚”的程度才能有所成。因此，吕大临进一步强调：

夫学至于诚，则莫非天道之自然，盛行不加，穷居不损，先圣后圣，若合符节，可以不勉不思，自中于道，岂容人之智力措于其间哉?③

吕大临将“诚”上升到天道自然的层面，认为“学至于诚”是先圣与后圣所到达的程度，是真正的大人之学，将“诚”的地位提高到一种非常高的境界。在这里，吕大临有援引《中庸》诠释

① 陈俊民：《蓝田吕氏遗著辑校》，第371页。
② 陈俊民：《蓝田吕氏遗著辑校》，第372页。
③ 陈俊民：《蓝田吕氏遗著辑校》，第372页。

《大学》的痕迹。

其二，吕大临所理解的“本末终始”与朱子所理解的“本末终始”有着较大的差别。吕大临说：

> 穷理，则本末终始莫不有序，昭然成列，而不可乱也。知天下皆吾体也，则不得不以吾身为本，以天下为末；知尽性者，必以明明德于天下为主，则不得不以致知为始，以明明德于天下为终。知此，则可以进道，故曰“近”。①

吕大临所认为的“本末终始”为“吾身为本，天下为末”“致知为始，明明德于天下为终”，其对应的是大人的“穷理”与“尽性”，而朱子所认为的“本末终始”为“明德为本，新民为末。知止为始，能得为终”②，存在着明显的不同。这可能跟朱子所理解的“格物”为学者修己治人工夫的起点有较大的关系，而吕大临则认为“致知”是大人修养工夫的开始。

第三，吕大临的《大学解》深受二程思想的影响。

这主要体现在两个方面：

其一，其对《大学》文本的改动，显然是受到了二程认为《大学》文本存在“错简”思想的启发。众所周知，吕大临最早授业于张载，在张载去世之后，又授业于二程，而二程对于《大学》文本的改动则启发了吕大临对于《大学》文本的改动。前文已述，兹不赘言。

其二，在《大学解》的具体文字阐释上承袭了二程的说法。吕大临说：

---

① 陈俊民：《蓝田吕氏遗著辑校》，第372页。

② （宋）朱熹：《四书章句集注》，第4页。

“致知在格物”，格之为言至也，致知，穷理也。穷理者，必穷万物之理，同至于一而已，所谓“格物”也。合内外之道则天人物我为一；通昼夜之道，则生死幽明为一；达哀乐好恶之情，则人与鸟兽鱼鳖为一；求屈伸消长之变，则天地山川草木人物为一。……故知天下通一气，万物通一理。此一也，出于天道之自然，人谋不与焉。故《大学》之序，必先致知，致知之本，必知万物同出于一理，然后为至。①

其中“格之为言至也”则是明显承袭了二程的观点，二程说“格，至也，言穷至物理也”（《二程集》），吕大临虽然没有直接说“格就是至”，但是他仍然以声训的形式承袭了二程的观点。

综上所述，宋代的《大学》改本以及《大学》著述主要集中在二程、朱子等人身上，司马光、张载、吕大临等人的《大学》相关解说都因为各种原因佚失，目前所能看到的相关注解都保存在南宋卫湜《礼记集说》中的《大学集说》部分。因此，需要对卫湜的《大学集说》有一个系统的了解。

① 陈俊民：《蓝田吕氏遗著辑校》，第373页。

第二章

《大学章句》与学者修己治人

朱熹，号晦庵，南宋集大成的理学家，后世一般尊称其为朱子。朱子对于《大学》文本的诠释与注解可谓是历代《大学》学著作中最为重要的。朱子对于《大学》的诠释主要集中在《四书章句集注》中的《大学章句》《大学或问》以及《朱子语类》中的部分章节，此外，还有部分内容存在于朱子与友人的书信往来之中，但最重要的内容依然集中在《大学章句》之中，尤其是朱子的《大学章句·序》。

第一节 《大学》为学者修己治人工夫

众所周知，朱子所理解的《大学》无论是在文本上，还是在内容结构上都与汉唐学者所注解的《礼记·大学》篇存在较大的差异。在二程之前，没有人怀疑《礼记·大学》篇存在文本顺序、错简之类的问题，到二程时首次提出《礼记·大学》篇存在文本问题，并且程颐、程颢两夫子分别给出了自己的《大学》改本。朱子对于《大学》的理解首先是承袭了二程对于《大学》的理解，尤其是对于二程改编《大学》所发扬的意义，即“古者大学教人之法、圣经贤传之指，粲然复明于世”[①] 表示出极大的赞同。而这也

① （宋）朱熹：《四书章句集注》，第3页。

正是朱子将《大学》分为“三纲领、八条目”最重要的原因。

一 学者为《大学》的行为主体

在历代关于《大学》的诠释中，《大学》的思想主旨一般是学者关注的重点，这是自然而然的事情。但是，无论是汉唐学者还是宋明学者，虽然他们对于《大学》行为主体的理解从字面上来看，一般都是将其理解为君子，但是关于君子具体内涵的理解是有较大差异的。郑玄与孔颖达一般将其理解为“为政者”，而宋明时期的朱子与阳明则将其理解为学者，尤其是朱子，不仅仅是将《大学》的行为主体视为学者，扩而言之，《中庸》的行为主体，甚至整个四书的行为主体都被其认为是学者，而且是有道德的学者。

首先，《大学》为学者初学入门之书。

朱子在对《大学》的篇题“大学”二字作注解时认为《大学》一书体现了古人的为学次第，学者必须由此而学习。这是朱子在《大学章句》中第一次将“学者”视为《大学》的行为主体。朱子说：

> 子程子曰：“《大学》，孔氏之遗书，而初学入德之门也。”于今可见古人为学次第者，独赖此篇之存，而《论》、《孟》次之。学者必由是而学焉，则庶乎其不差矣。①

朱子这段话语说明了三个问题。一是承袭了程子的《大学》为孔子遗著的观点，并承袭了程子将《大学》作为学者进入圣德之门的重要地位。二是《大学》体现了古人为学的顺序，学者为学之时要以《大学》作为开始，接着读《论语》《孟子》。三是在论证了

---

① （宋）朱熹：《四书章句集注》，第4页。

前面的基础上，提出学者为学必须由《大学》开始，只有这样才能差不多。无论是程子所说的“初学入德”，还是朱子在这里所说的“学者必由是而学”，都体现出了《大学》的受众对象为“学者”。

而关于学者“初学”，朱子还在《中庸》中数次提道，如：“虽于道统之传，不敢妄议，然初学之士，或有取焉，则亦庶乎行远升高之一助云尔。”① 朱子认为，自己所作的《中庸章句》对于道统的传承不敢妄自加以议论，但是对于初学之士来说，应该是有所帮助的，尤其是对于学者以后的行动发展有所帮助。

其次，学者当因其所发而明之以复其最初之明德。

朱子在注解“大学之道，在明明德，在亲民，在止于至善”时，再一次阐发了学者作为《大学》行为主体的观念，《大学章句》载：

> 大学者，大人之学也。明，明之也。明德者，人之所得乎天，而虚灵不昧，以具众理而应万事者也。但为气禀所拘，人欲所蔽，则有时而昏；然其本体之明，则有未尝息者。故学者当因其所发而遂明之，以复其初也。②

朱子认为，所谓“大学”，就是指大人之学。所谓“明德”，是指上天所赋予每一个人的，宁静淡泊而又充满明亮智慧的本性，它包含着众多道理的同时能够应对各种事情。但是，由于个体在禀受上天所赋予的本性之时受困于自身气质的拘束，再加上人自身欲望的遮蔽，那么，人所禀受于上天的宁静淡泊而又明亮的智慧就有可能变得昏暗了；但是人本体所具有的明德，就从来没有熄灭过。因此，学者就应该因其所发而明之，以复其最初之明德。在这一段

① （宋）朱熹：《四书章句集注》，第18页。
② （宋）朱熹：《四书章句集注》，第4页。

的注解当中，朱子可以说是将“明明德”的行为主体完全视为学者，可以说，这是朱子重新撰写《大学章句》一个非常重要的改变。

为什么朱子将“明明德”的行为主体完全视为学者就非常重要呢？原因就在于朱子《大学章句》最核心的观点是“三纲领”“八条目”，而在“三纲领”当中，朱子又认为“明德为本，新民为末。知止为始，能得为终”①，即是将“明明德”视为了根本，而此根本正是学者之“明明德”，由此来看，朱子将《大学》的行为主体看作学者，突出了学者作为《大学》行为主体的重要作用。因此，理解朱子《大学章句》一定要抓住学者这个最重要的行为主体，才能深刻理解朱子《大学章句》的内涵。

而朱子在补格物致知传之时，更是直接说明了学者与《大学》所教以及格物穷理之间的关系。朱子在《大学章句》中说：

> 间尝窃取程子之意以补之曰：“所谓致知在格物者，言欲致吾之知，在即物而穷其理也。盖人心之灵莫不有知，而天下之物莫不有理，惟于理有未穷，故其知有不尽也。是以《大学》始教，必使学者即凡天下之物，莫不因其已知之理而益穷之，以求至乎其极。至于用力之久，而一旦豁然贯通焉，则众物之表里精粗无不到，而吾心之全体大用无不明矣。此谓物格，此谓知之至也。”②

朱子承袭程子的思想，再加上自己的想法，对格物致知之义进行了补充完善。致知在格物，这是说学者想要达到致知的境界，必须要经过即物而穷其理。由于人心有灵因此有知，同时天下之物又

① （宋）朱熹：《四书章句集注》，第4页。

② （宋）朱熹：《四书章句集注》，第8页。

都有其理，故人能知于天下之物之理。然而天下之物何止千千万万，对于物之理必有未穷之处，因此人心之知也有未尽之处。这也就意味着，人因为心之灵的存在能够知物之理，同时由于物之理众多，人即使能知也无法做到尽知。因此，《大学》在最开始教育人之时就已经意识到，一定要使学者就着全天下之物，一定要因循着学者已经知道的物之理而更加穷格物之理，以此来追求到达物之理的极端之处。在这里，朱子所说的“必使学者即凡天下之物”就重点突出了学者作为《大学》行为主体的含义，从而也就更加突出了“三纲领”中“明明德”的含义，即学者当因其所发而明之以复其最初之明德。

再次，格物致知与诚意为学者初学之要。

《大学》的行为主体为学者，尤其是学者之中的初学者或者初学之士。《大学》的“三纲领”“八条目”都十分重要，但是这里面最重要的就是“八条目”之中的“格物致知”与“诚意”。朱子说：“凡传十章：前四章统论纲领指趣，后六章细论条目功夫。其第五章乃明善之要，第六章乃诚身之本，在初学尤为当务之急，读者不可以其近而忽之也。”① 在《大学章句》中，朱子将《大学》文本分为经文一章，传文十章，“右经一章，盖孔子之言，而曾子述之。凡二百五字。其传十章，则曾子之意而门人记之也。旧本颇有错简，今因程子所定，而更考经文，别为序次如左。凡千五百四十六字。”② 朱子认为，《大学》经文一章，是孔子的语言，而由曾子叙述下来。《大学》传文十章，是曾子的思想，而由其门人记录下来。传文的前四章是整体论述《大学》的纲领与宗旨，分别用来释明明德、释新民、释止于至善、释本末。传文的后面六章是从部分的角度仔细探讨“八条目”的功夫，分别释格物致知之义、释诚

① （宋）朱熹：《四书章句集注》，第14页。
② （宋）朱熹：《四书章句集注》，第5页。

意、释正心修身、释修身齐家、释齐家治国、释治国平天下。而在这后六章条目功夫之中，释格物致知之义的第五章作为学者的明善之要与释诚意的第六章作为学者的诚身之本，对于学者或者初学之士尤为重要，甚至是初学者的当务之急，初读《大学》的学者不能因为它距离学者最近而忽略掉它，否则，后面的一切就容易成为空中楼阁。

格物致知是诚意之基，学者为学之序不可乱。朱子在诠释“诚意”时说：

> 右传之六章。释诚意。经曰：“欲诚其意，先致其知。”又曰：“知至而后意诚。”盖心体之明有所未尽，则其所发必有不能实用其力，而苟焉以自欺者。然或已明而不谨乎此，则其所明又非己有，而无以为进德之基。故此章之指，必承上章而通考之，然后有以见其用力之始终，其序不可乱而功不可阙如此云。①

《大学》在经一章中两次提到“欲诚其意，先致其知”“知至而后意诚”，这些都说明致知在诚意之前。由于学者的心体之明为物欲所遮蔽，未能尽明，而学者此时所发之意也就不能实用其功力，也只能是自欺欺人。即使学者的心体已经尽明，但却不谨慎于所发之意的话，那么学者所明之心体也就不是自己所拥有的了，也就无法作为进德的根基了。《大学》诚意章的宗旨一定要承接格物致知章之义通篇考察，如此才能分辨出学者用力的开始与结束，格物致知的次序是不能混乱的，先格物致知后诚意的功夫也是不能欠缺的。这也就意味着，学者格物致知的功夫是诚意功夫的根基，学

① （宋）朱熹：《四书章句集注》，第9页。

者在为学修身进德之时一定不能混乱这种次序。

二 《大学》为学者修己治人工夫

朱子对于《大学》文本的理解，充分体现在朱子的《大学章句·序》中。《大学》一书，自有其主旨。历代以来，儒家学者对于《大学》主旨的理解有着较大的差别。如汉代郑玄就认为《大学》是“以其记博学可以为政也”[①]，郑玄和孔颖达都认为《大学》的主旨是在讲为政者如何治理国家的。

首先，《大学》的主旨为古代的大学教育人的方法。

朱子在《大学章句·序》中说：“《大学》之书，古之大学所以教人之法也。”[②] 朱子认为，《大学》这本书，是古代的大学用来教育人的方法。而这里面就涉及了古代大学教人的五方面内容，即究竟具体是为什么要教人，要让什么人教，教什么人，教什么内容，以及取得什么样的效果。《大学章句·序》中载：

> 盖自天降生民，则既莫不与之以仁义礼智之性矣，然其气质之禀或不能齐，是以不能皆有以知其性之所有而全之也。一有聪明睿智能尽其性者出于其间，则天必命之以为亿兆之君师，使之治而教之，以复其性。此伏羲、神农、黄帝、尧、舜所以继天立极，而司徒之职、典乐之官所由设也。[③]

在朱子的这段话语之中，朱子主要阐述了三方面的内容，一是人由于气禀的原因大多数不能尽其仁义礼智之性，这是指出了为什么要教人，其原因就在于人不能尽其性。二是能尽其性者为君师，

---

① （汉）郑玄注，（唐）孔颖达疏：《礼记正义》，上海古籍出版社2008年版，第2236页。

② （宋）朱熹：《四书章句集注》，第2页。

③ （宋）朱熹：《四书章句集注》，第2页。

使之治而教之，这是指出了要让什么人教，是要让那些能够尽其性的人并成为亿兆之民君师的人，使之治，从而教育之。这些“治而教之”的人分为两种，一种是受天之命的君主，像伏羲、神农、黄帝、尧、舜一样的君主；另一种是围绕在君主身边，辅助君主治理国家的官员，如司徒、典乐之类的官职。三是要“以复其性”，即要取得使人以复其仁义礼智之性的效果。朱子指出，正是由于人不能尽其性，故天命能尽其性的君师来教人，以此达到使人复其性的效果。抛开朱子所说的为什么要教人，以及要取得什么样的效果，其使君师“治而教之”是符合三皇五帝时代，中国古代社会发展历程的。紧接着，朱子又详细阐述了古代学校的教育内容与大小划分，《大学章句·序》载：

> 三代之隆，其法寖备，然后王宫、国都以及闾巷，莫不有学。人生八岁，则自王公以下，至于庶人之子弟，皆入小学，而教之以洒扫、应对、进退之节，礼乐、射御、书数之文；及其十有五年，则自天子之元子、众子，以至公、卿、大夫、元士之適子，与凡民之俊秀，皆入大学，而教之以穷理、正心、修己、治人之道。此又学校之教、大小之节所以分也。①

朱子的这段话语主要从古代学校的划分与所教内容的不同进行阐述。朱子认为，古代的学校分为小学与大学。三代之时，国家强盛，其教育之法非常完备，在王宫、国都、闾巷周围遍布学校。小学所教的人，既包括王公贵族的孩子，也包括普通百姓的孩子，等他们满八岁之后，都要进入小学进行学习，而所学习的内容主要包括洒扫、应对、进退之类的礼节，礼乐、射御、书数之类的文化。

① （宋）朱熹：《四书章句集注》，第2页。

而大学所教之人以及所教内容都跟小学有着极大的不同。首先，大学所教的人主要包括天子的嫡子、众子，以及公、卿、大夫、元士这些人合适的孩子，和百姓中非常优秀的孩子，等他们满十五岁之后，都要进入大学进行学习，而所学习的内容主要包括穷理、正心、修己、治人之道。由此来看，小学是所有的孩子，只要年满八岁就可以进入小学学习，而大学则是天子、公、卿、大夫、元士合适的孩子和百姓中优秀的孩子才有资格进入的，所学习的内容包含着穷理、正心、修己、治人四项，穷理、正心，都可以归入修己之中，因此，在朱子的理解中，大学所教的内容主要是修己与治人两项。

其次，《大学》是圣经贤传之旨。

正是由于三代之时大学、小学的设置，教育的内容、节次又是如此的详细，无论是人君的教化，还是学者按其职分各尽其力，因此当时国家的治理都非常好，远非后世所能比得上。但是，这样的情况，到了周代末期就发生了变化。《大学章句·序》中载：

> 及周之衰，贤圣之君不作，学校之政不修，教化陵夷，风俗颓败，时则有若孔子之圣，而不得君师之位以行其政教，于是独取先王之法，诵而传之以诏后世。若《曲礼》、《少仪》、《内则》、《弟子职》诸篇，固小学之支流余裔，而此篇者，则因小学之成功，以著大学之明法，外有以极其规模之大，而内有以尽其节目之详者也。三千之徒，盖莫不闻其说，而曾氏之传独得其宗，于是作为传义，以发其意。及孟子没而其传泯焉，则其书虽存，而知者鲜矣！①

① （宋）朱熹：《四书章句集注》，第3页。

朱子在这段话语中阐述了三个问题。一是到了周朝末年，由于像尧、舜那样的贤圣之君主不再出现，从而导致了小学、大学的教育不能正常运行，国家的教化衰退，民众的风俗败坏。这从事实上强调了贤圣之君主之于国家教化的重要性。二是《大学》乃是圣经贤传。所谓“圣经”，即孔子所传之经文；所谓“贤传”，即曾子所作之传文。面对周朝末年礼崩乐坏的社会现实，孔子取先王之法传之后世，《大学》之明法也因此显著于后世。而孔子的弟子曾子所作的传文独得孔子之宗，能发明《大学》之意。三是自从孟子去世之后，《大学》的传承就泯灭了，《大学》其书虽存，但却不被后人所熟知。而《大学》不为人知的后果也是极其严重的，最显著的一点就是君子、小人各不得其道，国家社会坏乱之极。《大学章句·序》中载：

> 自是以来，俗儒记诵词章之习，其功倍于小学而无用；异端虚无寂灭之教，其高过于大学而无实。其他权谋术数，一切以就功名之说，与夫百家众技之流，所以惑世诬民、充塞仁义者，又纷然杂出乎其间。使其君子不幸而不得闻大道之要，其小人不幸而不得蒙至治之泽，晦盲否塞，反覆沉痼，以及五季之衰，而坏乱极矣！①

朱子认为，正是由于《大学》一书不为世人所知，大学之教也就在后世不为人所知，俗儒功倍而无用，佛教高过而无实，其他诸家以功名为重，这就导致了君子与小人各不得其道，君子不能闻贤圣之至德要道，小人不能享受圣君治理国家的恩泽，国家社会治理坏乱到了极致。在这里，朱子事实上是承袭了汉代郑玄对于《大

① （宋）朱熹：《四书章句集注》，第3页。

学》的理解，郑玄在注解《大学》文本"《诗》云：'於戏前王不忘！'君子贤其贤而亲其亲，小人乐其乐而利其利，此以没世不忘也"一段经文时说："圣人既有亲贤之德，其政又有乐利于民，君子小人各有以思之。"① 郑玄认为，《大学》文本中主要出现了三类人——前王、君子、小人，在郑玄的理解中，前王、国君都可以理解为圣人，可以称之为圣王。笔者在《经学视野下的〈大学〉学史研究》一书中提到"郑玄所理解的'前王'是指'圣人'，且是圣人之'德'与'政'于民有利。在郑玄的理解中，能够使君子、小人都不愿忘记的'前王'，只有'圣人'才能做到。而'圣人'必须同时具备'德'与'政'两种能力，才能使君子、小人各得其所，各有能够思念的东西。"② 而在朱子的理解中，大学所教育的对象主要是针对君子，而小学所教育的对象主要是针对小人，而这些都跟郑玄所理解的君子、小人对应起来。这也就意味着，从先秦到汉唐，再到宋代，《大学》所面对的教育对象主要是君子，这一点都没有发生过变化，只是在朱子的表述上，君子转变为了学者，成为《大学》最重要的教育对象。而由于教育对象的转变，则直接导致了教育内容的转变。

最后，《大学》为学者修己治人之方。

面对后五代以来的国家社会衰落，朱子致力于恢复《大学》的宗旨。《大学章句·序》载：

> 天运循环，无往不复。宋德隆盛，治教休明。于是河南程氏两夫子出，而有以接乎孟氏之传。实始尊信此篇而表章之，既又为之次其简编，发其归趣，然后古者大学教人之法、圣经贤传之指，粲然复明于世。虽以熹之不敏，亦幸私淑而与有闻

① （汉）郑玄注，（唐）孔颖达疏：《礼记正义》，第2238页。

② 张兴：《经学视野下的〈大学〉学史研究》，第66页。

焉。顾其为书犹颇放失，是以忘其固陋，采而辑之，间亦窃附己意，补其阙略，以俟后之君子。极知僭逾，无所逃罪，然于国家化民成俗之意、学者修己治人之方，则未必无小补云。①

朱子在这段序言中阐述了四件事情，一是宋朝国运昌隆，国家拥有良好的社会治理与民众教化，而这就为二程表彰《大学》和朱子撰写《大学章句》提供了良好的社会条件。二是河南程氏表彰改编《大学》，使《大学》教人之法、圣经贤传之指再次复明于世。三是朱子认为二程的书还存在问题，朱子又按照自己的意思进行了格物致知传的补写。四是对自己《大学章句》的功与过进行了阐述。朱子认为，自己撰写的《大学章句》的确是僭越了《礼记·大学》篇的原貌，也不太符合汉唐儒者的诠释，这个过错是无法逃避的，也逃避不了，这是朱子撰写《大学章句》的过错。同时，朱子认为，自己撰写《大学章句》对于国家教化民众、形成良好的社会风俗、学者们修己治人的方法，则或许有所帮助。但朱子对于《大学》的诠释重点在于"学者修己治人"，并不是"国家化民成俗"，正如笔者在《经学视野下的〈大学〉学史研究》一书中所说："朱子所作的《大学章句》之于国家、之于学者都是有好处的。但是，朱子虽然这样说了两方面的作用，但事实上，朱子强调的重点绝不在于国家的'化民成俗'，其重点在于学者个人的'修己治人'方面，国家之'化民成俗'只是一种顺其自然的事情，也不是朱子论述的重点。"②

综上所述，朱子将《大学》的行为主体视为学者，扩而言之，《中庸》的行为主体，甚至整个四书的行为主体都被认为是学者，而且是有道德的学者。这种改变是巨大的、前所未有的，着重体现

① （宋）朱熹：《四书章句集注》，第3页。
② 张兴：《经学视野下的〈大学〉学史研究》，第149页。

在三个方面：首先，《大学》为学者初学入门之书。其次，学者当因其所发而明之以复其最初之明德。最后，格物致知与诚意为学者初学之要。与此同时，朱子认为《大学》为学者修己治人工夫包含三方面的内容：首先，《大学》的主旨为古代的大学教育人的方法。其次，《大学》是圣经贤传之旨。最后，《大学》为学者修己治人之方。

第二节　格物致知为学者修己工夫

朱子在《大学章句》中说“及其十有五年，则自天子之元子、众子，以至公、卿、大夫、元士之適子，与凡民之俊秀，皆入大学，而教之以穷理、正心、修己、治人之道”①，由此来看，朱子所理解的学者修己工夫主要包括穷理、正心、修己三个方面，这在三纲领中属于“明明德”的范畴，而在八条目中则是格物、致知、诚意、正心、修身五个方面，其中格物致知即是穷理的同一意思，诚意、正心、修身都可以归入修己之中，由于格物致知的工夫是学者修己最重要的基础，因此格物致知补传的内容、含义以及相关的工夫就成为朱子所理解的学者修己工夫最重要的内容了。其所理解的学者治人之道主要包括三纲领中的“新民”，而在八条目之中则包含齐家、治国、平天下三个方面。对于朱子所理解的学者治人之道，限于篇幅的限制，兹不赘言。

一　格物致知补传的承袭及内容

朱子的格物致知补传并非是其自身臆想的结果，而是有所传承的。

① （宋）朱熹：《四书章句集注》，第2页。

首先，朱子的格物致知补传承袭于二程。朱子在承袭二程《大学》改本意义的基础上，又发现二程的《大学》改本“顾其为书犹颇放失”①，这里所说的“犹颇放失”主要是指二程的《大学》改本并没有将《大学》核心的“三纲领、八条目”的结构框架指出，也就是对于《大学》文本经传二分的编排体例没有提出问题，尤其是没有对“格物致知”这些条目进行补充，于是朱子“是以忘其固陋，采而辑之，间亦窃附己意，补其阙略，以俟后之君子”②，其中“补其阙略”最重要的便是对《大学》“格物致知”进行补传。

其次，朱子格物致知补传的内容。朱子在《大学章句》“右传之五章”中的“格物致知补传”中说：

> 右传之五章，盖释格物、致知之义，而今亡矣。此章旧本通下章，误在经文之下。间尝窃取程子之意以补之曰：“所谓致知在格物者，言欲致吾之知，在即物而穷其理也。盖人心之灵莫不有知，而天下之物莫不有理，惟于理有未穷，故其知有不尽也。是以《大学》始教，必使学者即凡天下之物，莫不因其已知之理而益穷之，以求至乎其极。至于用力之久，而一旦豁然贯通焉，则众物之表里精粗无不到，而吾心之全体大用无不明矣。此谓物格，此谓知之至也。”③

朱子认为，格物、致知的含义在当代已经亡佚了。朱子根据程子的思想对格物致知的含义进行了补充。朱子认为，对“致知”的要求是“即物而穷其理”。也就是说，对“格物”的要求就是“即物

① （宋）朱熹：《四书章句集注》，第3页。
② （宋）朱熹：《四书章句集注》，第3页。
③ （宋）朱熹：《四书章句集注》，第8页。

而穷其理"，这也就意味着"格物"首先是"即物"，然后是"穷其理"。人心之灵有知，天下之物有理，因此人能"穷理"。只是因为物之"理有未穷"，就会存在人心之灵"知有不尽"的情况，所以这就要求《大学》在开始教育之时就要使学者能够"即凡天下之物"，也就是说要在接触事物的基础上，借助于人心之灵所获得的"已知之理"又必须"益穷之，以至乎其极"，即更加地进行穷格，以达到其极至之处，因此"格物"的内涵在前面"即物""穷其理"的基础上又包含"至其极"的一面。需要指出的是，"格物"与"穷理"的含义在朱子的认识之中基本是相同的，这也就是说，"格物致知"等同于"穷理"，包含着即物、穷其理、至其极三个层面。

二　格物致知的过程

首先，学者"即物"之"物"是指自然与社会中的事事与物物。

在朱子的理解中，"格物致知"不仅仅是"八条目"中的两条，而且还是一个贯穿学者"修己治人"思想的系统工夫过程。"格物"既然是一个系统的工夫过程，包含着即物、穷其理、至其极三方面，那么，首先需要了解"即物"之"物"所指的内涵究竟是什么。从《朱子语类》的相关记载来看，"即物"之"物"是指天下所有的物，包含着"事事"与"物物"两个方面。《朱子语类》载：

> 所谓穷理者，事事物物，各自有个事物底道理，穷之须要周尽。若见得一边，不见一边，便不该通。穷之未得，更须款曲推明。盖天理在人，终有明处。①

① （宋）黎靖德编：《朱子语类》卷第十五，中华书局1986年版，第289页。

在这里，朱子所理解的“物”首先是指天下之“物”，且此“物”包含着“事事”和“物物”，这也就是“即物”之“物”的范围与对象。对于“物物”而言，是指一件件的具体实物，这跟我们现在的理解基本一致。那么“事事”又具体包含哪些方面呢？事，一般是指自然界与人类社会中的一切活动与现象，比如事务、现象、情况等。应该说，朱子所说的“事事”既包含自然界中发生的现象与活动，同时也包含着人类社会中所发生的现象与活动。也就是说，“事事”包含着自然界与人类社会中所发生的一切现象与活动。由此来看，朱子所理解的“即物”之“物”的范围十分全面。当然，这就跟朱子所说的“必使学者即凡天下之物”[①]来解释“格物致知”相一致了。

然而，朱子所说的“事事”固然是包含着自然界与人类社会中所发生的一切现象与活动。但是，一个人的力量毕竟是有限的，精力也是有限的，这必然会存在一个“格物”优先选择的问题。从朱子后面对于“正心、诚意”等的诠释来看，此“事事”所包含的更多的是指人类社会中的现象与活动，不仅包括人类所从事的各项具体活动，而且也应当包含人类所特有的思维活动。朱子说：“‘明诸心，知所往’，穷理之事也。‘力行求至’，践履之事也。穷理，非是专要明在外之理。如何而为孝弟，如何而为忠信，推此类通之，求处至当，即穷理之事也。”[②]便是最好的证明。

由此来看，朱子所说的“格物”之“物”不仅包括具体的实物，而且还包括自然界与人类社会中的活动现象和思维活动。而人类的思维活动其实主要是指人“心”的活动，可以说朱子的“格物”说包含“格心”说的内容，但这只是朱子“格物”说中的一个方面而已，并不能将朱子的“格物”说理解为“格心”说。后世阳明对朱子学

① （宋）朱熹：《四书章句集注》，第8页。
② （宋）黎靖德：《朱子语类》卷第三十，第776页。

的批评多着眼于朱子"格物"多求之于外物，而不是求之于内心，这明显是有失偏颇的。相比阳明完全转向"格心"，充分发挥人心的认识作用，朱子的"格物"说显得更加圆融、全面。

其次，学者"穷其理"之"理"是指充分发挥人心认识事事物物之理的能力。

学者在接触自然界与人类社会中所发生的"事事物物"的时候，必然要"穷其理"。朱子认为，穷其理的原因在于"盖人心之灵莫不有知，而天下之物莫不有理，惟于理有未穷"①。穷其理之"理"应该从两个角度来理解。其一，"理"是指天下事事物物本身所固有的"理"，无论学者是否进行穷格，其"理"都是一种客观的存在，就像事事物物作为一种客观存在一样。其二，学者们要想穷格此"理"或者说获得此"理"，就必须要充分发挥人"心"的认识作用，充分发挥人"心"的智慧或者充分发挥人"心"认识事事物物之"理"的能力。对此，朱子与学生进行了相关的探讨：

> 或问："所谓'穷理'，不知是反己求之于心？惟复是逐物而求于物？"曰："不是如此。事事物物皆有个道理，穷得十分尽，方是格物。不是此心，如何去穷理？不成物自有个道理，心又有个道理，枯槁其心，全与物不接，却使此理自见！万无是事。不用自家心，如何别向物上求一般道理？不知物上道理却是谁去穷得？……"②

有学生问朱子："您所说的'穷理'，不知道是返回自身求之于我们的心呢？还是要追逐外在的事事物物而求之于外物呢？"朱子回答说："这样理解是不对的。每一件事事物物都有自己独特的

① （宋）朱熹：《四书章句集注》，第8页。
② （宋）黎靖德编：《朱子语类》卷第一百二十一，第2940页。

道理，学者们只要将每一件事事物物的独特道理都穷格得十分透彻了，这才是真正的格物。如果不充分使用自己的心去理解每一件事事物物，你又怎么能够穷得这些事事物物独特的道理呢？难道说每一件事事物物都有自己独特的道理，学者的心又存在一个独特的道理，只是让自己的心干枯憔悴，却根本不接触外在的事事物物，但又想让事事物物的道理显现出来！根本不会有这样的事情存在。如果不尽力使用学者自己的心，即充分发挥人心的智慧与认识作用，又怎么能够向外在的事事物物追求其道理呢？不知道事事物物的道理究竟是由谁去穷得呢？"

朱子认为，学者要使用自己的"心"去穷格事事物物之"理"，最后使人"心"能够认识事事物物之"理"。由此来看，被学者的"心"所认识、所理解的"理"已经不再是原来的客观存在的"理"了，而是与人"心"合而为一之"理"。事事物物之"理"与学者的"心"合而为一之"理"就是"义理"，即宋明理学中所常说的"天理"在学者身上的反映。在宋明理学中，有一个重要的观点就是"存天理，灭人欲"，而"存天理"很重要的一个表现就是要充分发挥人心的智慧与认识作用去认识客观存在的事事物物之"理"，将学者的"心"与事事物物之"理"（物理）与"天理"合为"义理"，这才是"格物"的重要内涵之所在。学者们只有通过了"即物""穷其理"的步骤才能真正将天理、事事物物之理（物理）、义理变成一个统一的东西存在于学者身上。"穷其理"的工夫是无论如何都不可缺少的，一旦缺少了"穷其理"的过程，"格物"学说也就不再是一个完整的工夫。

最后，学者"至其极"之"极"是指学者要到达事事物物之"理"的极端之处。

正如前文所言，由于"理有未穷"，便会存在"知有不尽"的情况，所以这就要求学者们在"即凡天下之物"，也就是"即物"

的基础上，借助于“已知之理”又必须“益穷之，以至乎其极”。即在经过了“即物”“穷其理”的内容之后，还要做到“至其极”。“至”字，就是“到”的意思。“极”就是极端处，也就是朱子所说的“周尽”。朱子在《朱子语类》中说：

> 所谓穷理者，事事物物，各自有个事物底道理，穷之须要周尽。①

朱子认为，所谓的格物穷理，每一件事事物物都有其独特道理，对于这些事事物物独特的道理，学者们在穷格之时一定要尽可能地全面、周尽。故此，“至其极”的意思就应当理解为到达事事物物之“理”的极端之处。由此来看，朱子的“至其极”可以理解为：人“心”要穷格事事物物之“理”，以求使人“心”的认识能力与此事物之“理”合二为一，即“义理”。且在此基础上，还要不断穷格其他事事物物之“理”，务必要周尽一些、全面一些，或者说要穷格这些事事物物之“理”到达一定的境界与极至处。

综上所述，朱子“格物”说的内涵主要包含三方面的内容，“即物”“穷其理”“至其极”。用现代通俗的语言来说，首先，要有一些具体的事事物物放在那里，这些事事物物都有其“理”存在，不论这些事事物物是具体的实物还是抽象的思维的东西，接下来学者就要接触这些事事物物，而接触这些事事物物最重要的便是人“心”；其次，通过人“心”所具有的智慧与认识能力来穷格事事物物之“理”，使人“心”能够跟事事物物之“理”合而为一，即得到了“义理”；最后，在此基础上，由于“理有未穷”，因此还要不断穷格其他事事物物之“理”，务必要周尽一些，或者说要

① （宋）黎靖德编：《朱子语类》卷第十五，第289页。

穷格这些事事物物之“理”到达一定的境界与极至处，使“天理”、事事物物之“理”与人“心”的认识能力合在一起，得到“义理”。这才是朱子“格物”学说的完整内涵。

三 格物的原则性与变通性

虽然朱子肯定了格物致知作为学者修己的工夫过程，但是学者在具体的穷理过程中肯定会遇到各种各样的困难。而这些困难又都是切实存在的，比如说在关于格物对象的难易选择上、格物对象的先后选择上，这些都是朱子与其老师、朋友、学生探讨的重点，而这些内容主要集中在《朱子语类》中，对于学者全面理解朱子的“格物”学说有着重要的价值和意义。

首先，关于学者格物对象难易的选择问题。对于这个问题，程颐与朱子的老师李侗便存在着较大的差异。学生在向朱子讨教“致知”问题时就曾引用程颐（即伊川先生）的话说：

> 伊川论致知处云：“若一事上穷不得，且别穷一事。”[①]

而学生在向朱子探讨“致知”时亦曾引用李侗（即延平）的话语，学生问：

> 问：“延平谓：‘为学之初，且当常存此心，勿为他事所胜。凡遇一事，即当且就此事反复推寻以究其极。待此一事融释脱落，然后别穷一事，久之自当有洒然处。’与伊川‘今日格一件，明日格一件’之语不同，如何？”曰：“这话不如伊川说‘今日明日’恁地急。这说是教人若遇一事，即且就上理

① （宋）黎靖德编：《朱子语类》卷第十八，第397页。

会教烂熟离析，不待擘开，自然分解。久之自当有洒然处，自是见得快活。某常说道，天下事无他，只是个熟与不熟。若只一时恁地约摸得，都不与自家相干，久后皆忘却。只如借得人家事一般，少间被人取将去，又济自家甚事!"①

伊川先生在探讨致知时说，当学者穷格事物之理时，如果有一件事情暂时不能穷得其理，那么学者就可以先放下这件事情，先去穷格别的事情；而朱子的老师李侗（即延平先生）则认为，学者在最开始为学的时候，应当时常保存学者之心，不要被别的事情吸引注意力。学者只要遇到一件事情，就应当在这件事情上面反复地推究这件事情的道理，直到这件事情你能完全理会，接下来你才能去穷格别的事物之理。这样不断地积累下去，到达一定程度之后，心中自然会有洒然贯通之处。伊川先生与延平先生的观点可以说都有其自身的道理。然而学者在格物穷理之时所面对的这些困难之中，有些是能像延平先生所说的那样，经过"反复推寻"探究其理的，但有的事情则是比较困难的，是像伊川先生所说的那样暂时"穷不得"其理的，学者们在面对这样的困难之时将如何选择？

其次，面对如此难题，朱子强调，学者在穷格事物之理之时，既要有一定的原则性，又要有合理的变通性。朱子在《答李尧卿四》一文中说：

程子之言诚善，然穷一事未透，又便别穷一事，亦不得。彼谓有甚不通者，不得已而如此尔，不可便执此说，容易改换，却致工夫不专一也。②

---

① （宋）黎靖德编：《朱子语类》卷第十八，第422页。

② （宋）朱熹：《答李尧卿四·晦庵先生朱文公文集卷五十七·朱子全书》，上海古籍出版社、安徽教育出版社2002年版，第2706页。

朱子认为，程颐的这些言语是非常好的，但需要进行分辨。学者未能穷格一件事情的道理，却又接着去穷格另外一件事情的道理，这是要不得的。如果你认为这件事情非常难以知晓其中的道理，没有办法才去穷格别的事情的道理，学者最好不要以此为借口（最好还是要努力坚持穷格一下当前事物的道理），这样虽然容易改换学者所要穷格事物的对象，但是也会导致格物穷理的工夫不专一，最终也就无法有效达到“格物”的效果了。从这段话语中可以看出，朱子虽然赞同程子“别穷一事”的观点，但是却看到了程子这种观点容易导致格物穷理的工夫不专一，从而无法达到良好的穷理效果。也就是说，程颐“别穷一事”的观点是学者在穷理不得之时的一种变通性手段，是一种不得已而为之的做法，而不是一种常态。

在《朱子语类》中，朱子对于穷理之时伊川先生与延平先生的不同观点进行了深入阐释，尤其是“穷不得”之时，学者应该如何做进行了详细的说明：

> 仁甫问：“伊川说：‘若一事穷不得，须别穷一事’，与延平之说如何？”曰：“这说自有一项难穷底事，如造化、礼乐、度数等事，是卒急难晓，只得且放住。且如所说《春秋》书‘元年春王正月’，这如何要穷晓得？若使孔子复生，也便未易理会在。须是且就合理会底所在理会。延平说，是穷理之要。若平常遇事，这一件理会未透，又理会第二件；第二件理会未得，又理会第三件，恁地终身不长进。”①

① （宋）黎靖德：《朱子语类》卷第十八，第397—398页。

朱子的学生仁甫问朱子伊川与延平关于格物之说应该如何取舍。朱子回答说，学者格物穷理这件事情必然会面临着难以穷格的事情，比如说造化、礼乐、度数等事情，这些事情都是短时间内很难知晓的，面对这些事情，学者只能是暂时将其放在一旁，不进行穷格。再比如说《春秋》一书中一开始出现的“元年春王正月”这几个字，学者是无论如何也难以穷格知晓的！即使是让孔子复生，这几个字也是很难在短时间之内就理解知晓清楚的。学者在穷格事物之理时，一定要就着事物之理中合理的道理进行穷格，而不是上面所说的这些难以知晓的事物之理。延平先生之说，是学者格物穷理的关键。在一般情况下，应该像李侗（即延平先生）所说的那样“反复推寻”，遇到一件事情尽可能将这件事情弄明白，然后再去穷格另一件事情。如果不这样做的话，就可能导致学者逃避困难，导致学者的工夫无法专一，这样就不能长久地进行事事物物之“理”的积累，“脱然贯通”之处也就变得遥遥无期，不能实现了。但是，如果学者在格物之时真的遇到非常难以攻克的困难，即出现程颐所说的“穷不得”之时，就可以按照程颐所说的“且别穷一事”，先将这个非常困难的事情放一放，将其他相对简单的事情先穷格，等到有了一定积累之后再来穷格这些“穷不得”的事物。

由上可知，朱子在对待格物对象的难易选择时，强调要因事物的不同而采取不同的方法与手段。朱子认为，在穷格一般的事情之理时，最好按照李侗的说法去做，这样就能避免学者逃避困难，保持学者工夫的专一；当穷格非常困难的事情之理时，即遇到“穷不得”之时，最好按照程颐的说法去做，先穷格相对简单的事情，等有所积累之后再穷格那些“穷不得”的事物之理，既要有一定的原则性，同时也要有合理的变通性。

最后，朱子格物穷理的原则性与变通性对于我们当今社会实践的指导意义。这种原则性与变通性对于我们今天的社会实践依然有着重要的指导意义。我们在平常做事情的时候，就应该按照延平先生的说法，尽力去做，即使有一些难度也应该想尽办法去解决，这样我们才会有更快的成长；当我们的确遇到了一些暂时无法解决的事情时，我们应该暂时将这些事情放一放，先从别的容易的事情做起，等到我们有了相关的积累之后再去解决这些目前无法解决的事情，如此一来，我们所解决的事情，所取得的成绩才会越来越多，能力才会越来越高，能承担的责任也才会越来越大。

四 格物的目的在于明善

既然格物对象有难易的选择，那么也必然会有先后的顺序选择。学者在选择所穷之物的对象时是有轻重缓急的，要按照格物的主要目的进行选择。朱子所理解的“格物”的主要目的主要承袭于二程。

朱子所讲的“格物”说，从其出发点与最终目的来看：

> 人患事紧累，思虑蔽固，只是不得其要。要在明善，明善在乎格物穷理。穷至于物理，则渐久后天下之物皆能穷，只是一理。①

即朱子认为，学者格物穷理最重要的目的是要“明善”。从朱子对于《大学章句》的诠释来看，朱子所承袭于二程的格物穷理的目的在于“明善”，此处的“明善”基本可以理解为“止于至善”，是《大学》“三纲领”之中的最后一个纲领。朱子在《大学章句》中对“止于至善”进行诠释时说：

① （宋）程颢、程颐：《二程集》河南程氏遗书卷十五，中华书局2004年版，第144页。

止者，必至于是而不迁之意。至善，则事理当然之极也。言明明德、新民，皆当至于至善之地而不迁。盖必其有以尽夫天理之极，而无一毫人欲之私也。此三者，大学之纲领也。①

既然朱子认为格物致知之要在于明善，朱子又认为至善是指事物之理之极致，换句话说就是学者所要穷格的事物之理达到极致之境界就是至善，就是明善。

朱子对许多事物都有浓厚的兴趣，也曾经广泛地研究过很多事物，这让他成为一个具有多方面成就、学识渊博的学者。就朱子个人的实践而言，他的“格物”说，虽然在最终的目的上是为把握“天理”，但就穷理的具体对象来说，则大量涉及具体事物的性质与规律。朱子从始至终都是主张从认识具体的事物之理着手。正如前文所言，朱子对于“格物”的主要目的有明确的阐述，那就是要“明善”。因此，如果学者将自己格物之“心”放在了一草一木之上，将格物穷理理解为研究自然事物的方法，那就直接违背了朱子所规定的格物穷理的主要目的了。因此，朱子说：

夫学者之所以用功，则必有先后缓急之序、区别体验之方，然后积习贯通，驯致其极，岂以为直存心于一草一木一器用之间，而与尧舜同者无故忽然自识之哉?②

朱子认为，学者在格物穷理之时所用的工夫，一定是有所区别的。其区别在于首先要有先后顺序、轻重缓急顺序、不同的区别体验方法等等；其次，学者要充分发挥人心的认识作用，努力积累自

① （宋）朱熹：《四书章句集注》，第4页。

② （宋）朱熹：《吕氏大学解·晦庵先生朱文公文集卷七十二·朱子全书》，第3493页。

己格物穷理所获得的义理，慢慢地达到事物之理的极端之处；最后，学者如果将自己心的认识作用放在那些花草树木生活器用上，从而指望自己平白无故、忽然之间就能够达到尧舜那样的圣人境界，这是绝对不可能的。由此也可以看出，朱子所说的“明善”目标直指历代圣贤而非具体的生活器用，与孔子“君子不器”的观点是高度一致的。

当然，朱子所说的“明善”目标不仅仅是直接指向历代圣贤，还包括一系列的事物之理。因此，朱子进一步指出：

> 且如今为学而不穷天理、明人伦、讲圣言、通世故，乃兀然存心于一草一木一器用之间，此是何学问?①

前文已述，朱子所理解的《大学》的行为主体为学者，学者即是初学之士、为学之人。作为一个学者，从事于学问之道却不将工夫放在“穷天理”“明人伦”“讲圣言”“通世故”方面，而是将自己认识事物之理的心放在了花草树木、生活器用之上，这根本就不是学者的学问之道。朱子将草木之器的穷格放在了“天理”“人伦”“圣言”“世故”之后，并不是说一草一木一器用之类不可穷格，而是说学者不应该将自己的主要精力都投向草木器用的钻研上，因为还有更重要的事事物物之“理”在等着学者去穷格。虽然朱子认为草木器用也应该穷格，但是要注意穷格之时不可以没有先后次序。后来，朱子更多的是说草木器用也应该穷格，但是学者要注意穷格之时不可以没有先后顺序，即学者用功“必有先后缓急之序”②。故此，朱子在《朱子语类》中强调：

---

① （宋）朱熹：《答陈齐仲·晦庵先生朱文公文集卷三十九·朱子全书》，第1756页。

② （宋）朱熹：《吕氏大学解·晦庵先生朱文公文集卷七十二·朱子全书》，第3493页。

博学，谓天地万物之理，修己治人之方，皆所当学。然亦各有次序，当以其大而急者为先，不可杂而无统也。①

朱子强调“格物”的重点在于“读史书”“应事物”，② 而草木器用之理也应该进行研究，但却是处于次要地位。朱子在《朱子语类》中曾多次提到“格物”的重点首先要放在“读史书”“应事物”，这是朱子对“格物”对象的先后顺序所做的规定。

综上所述，朱子的“格物致知补传”是朱子《大学章句》诠释的核心，而“格物”思想则是其最重要的内容了。朱子的“格物”说是一套非常严密的思想体系，不仅有着丰富的内涵，而且也是一套系统的工夫，这套工夫就是学者的修己工夫。这就需要学者对朱子“格物”说的内涵、过程、目的、选择有一个全面的了解。从其内涵来看，包括即物、穷其理、至其极三个方面；从其选择来看，则包括格物对象的难易选择与先后选择，从其目的来看，朱子的“格物”思想，首先在于“明善”，“格物”的重点首先要放在“读史书”“应事物”上。

---

① （宋）黎靖德编：《朱子语类》卷第八，第142页。

② （宋）朱熹：《答吴伯丰一·晦庵先生朱文公文集卷五十二·朱子全书》，第2420页。

第三章

陆九渊“求放心”与湖湘学派

陆九渊是南宋时期心学的开创者，其核心思想观念便是将“本心”作为其学说的核心。一说起宋代理学，大家很容易就会想到程朱理学与陆九渊心学，这当然是宋代理学的重要派别。除此之外，湖湘学派也是宋代的重要理学派别，尤其是宋朝南渡之后最大的理学学派。湖湘学派的重要性体现在上接二程的学术思想，下启永嘉学派、金华学派和武夷学派，在宋代思想史，甚至是中国思想史上都具有重要的地位。本章主要探讨陆九渊的《大学》学以及《大学》与湖湘学派之间的关系。需要指出的是，本章所列举的湖湘学派的主要代表人物胡宏与胡安国所生活的年代比朱子陆九渊等人都要早，将湖湘学派与陆九渊放在一起主要是因为两家诠释《大学》的角度主要是从“心学”的视角出发，跟朱子有一个比较明显的区别。当然，胡安国与胡宏的年龄比陆九渊要大得多，原本应该在陆九渊之前，但基于陆九渊的“求放心”思想比湖湘学派的创立者思想影响要大，同时便于跟朱子思想进行对比，因此就将陆九渊放在了湖湘学派前面，但事实上湖湘学派的创建以及对于《大学》的诠释远远早于朱子与陆九渊，此点需学者注意。

第一节 《大学》与陆九渊“求放心”

陆九渊深受孟子思想影响，将“本心”作为其核心学说，认为学者应该求其“本心”。在这一思想的影响下，陆九渊所理解的《大学》“格物致知”的关键不在于“物”，而在于“心”，虽理能自明，但是需要做到“隆师亲友”，即努力做到向老师学习，向好友请教。陆九渊所理解的“格物”具体方法包含着读书亲师友的为学之法、慎思于己的思考之法、审问与明辨的问辨之法三个层面。陆九渊反对朱子的“支离”学说，强调本心的“贯通”。

在陆九渊的认识中，人的本心是一个人所固有的东西，他说：“本心非外铄，当时岂不和平安泰，更无艰难。”[①] “此心之灵，此理之明，岂外铄哉？明其本末，知所先后，虽由其学。及其明也，乃理之固有，何加损于其间哉？”[②] 这是陆九渊《与詹子南》书信中的最后一句话。此外，陆九渊承袭了孟子的“四端之心”说，将“四端之心”理解成人所共有的“心”。并主张人应该求其“本心”，正是在“求心”学说的指引下，陆九渊对《大学》中的“格物致知”的理解明显不同于二程、朱子。

一　对“格物”的理解

二程将“格物”的“格”字训解为“至”“穷”，而朱子则将“格物”的“格”字训解为“至”“尽”。在二程和朱子看来，格物就是为了穷至事物的道理。而陆九渊则说：

> 格、至也，与穷字、究字同义，皆研磨考索，以求其至耳。学者孰不曰“我将求至理”，顾未知其所知果至与否耳。所当辨、所当察者，此也。[③]

① （宋）陆九渊著，钟哲点校：《陆九渊集》，中华书局1980年版，第51页。

② （宋）陆九渊著，钟哲点校：《陆九渊集》，第96页。

③ （宋）陆九渊著，钟哲点校：《陆九渊集》，第253页。

上面这段文字来源于陆九渊的《格矫齐说》。所谓的“格矫”就是指《大学》文本中的“格”字与《中庸》文本中的“矫”字，陆九渊将“格”字与“矫”字放在了一段文章中进行注解，因此称之为“格矫齐说”。

在这里，陆九渊将“格物”的“格”字理解为“至”字、“穷”字、“究”字，都是仔细考查探究的意思，其目的就是为了探求其最佳之意。每一位学者都在大声呼喊，我将要探求“至理”，察看自己未能知晓之处的知，是否真的达到了其极致。学者们所应当辨识，所应当觉察的地方，正是在于此处。

此外，陆九渊说：“学问之初，切磋之次，必有自疑之兆；及其至也，必有自克之实，此古人物格、知至之功也。”[①] 陆九渊认为，古人在格物之时，首先会对自己的不足之处产生怀疑，此是学问、切磋之始，等到知至之时，一定会有自己克服自己不足之处的事实，而这正是知至之功效。由此来看，格物知至是有其真实的功效在其中。

陆九渊对于“格”字的注解，看起来跟二程、朱子的理解并没有本质上的区别。的确也是如此，但是我们所不能忽视的是，陆九渊所理解的“格物”的“物”字与二程，尤其是与朱子所理解的“物”有着本质的不同。陆九渊在《陆九渊集·卷三十五·语录下》中回答学生伯敏的问题时曾说：

> 伯敏问云：“以今年校之去年，殊无寸进。”先生云：“如何要长进？若当为者有时而不能为，不当为者有时乎为之，这个却是不长进。不恁地理会，泛然求长进，不过欲以己先人，此是胜心。”伯敏云：“无个下手处。”先生云：“古之欲明明

① （宋）陆九渊著，钟哲点校：《陆九渊集》，第8页。

> 德于天下者，先治其国；欲治其国者，先齐其家；欲齐其家者，先修其身；欲修其身者，先正其心；欲正其心者，先诚其意；欲诚其意者，先致其知；致知在格物。格物是下手处。”伯敏云：“如何样格物？”先生云：“研究物理。”伯敏云：“天下万物不胜其繁，如何尽研究得？”先生云：“万物皆备于我，只要明理。然理不解自明，须是隆师亲友。”①

陆九渊的学生伯敏陈述说自己今年跟去年相比，没有任何的长进。陆九渊回答说，一定要区分好长进与胜心的差异。当为不为，不当为为之，这才是不长进。泛泛而求长进，只不过是想自己领先于别人，这是好胜心的表现，而并不是不长进的体现。于是，伯敏问他哪里才是下手之处？陆九渊回答说，欲明明德于天下是《大学》的目的，其下手之处就是“格物”。那究竟怎样“格物”呢？陆九渊认为，“格物”就是“研究物理”。在陆九渊的理解之中，“格物”的“格”字就是“研究”之意，“格物”的“物”字，就是“物理”。如果仅仅从“物理”两个字来看，陆九渊所谓的“格物”跟二程、朱子的“格物”之说基本上是相同的。但是，当伯敏再一次问陆九渊怎么样研究天下万物的物理之时，陆九渊却回答说“万物皆备于我，只要明理”，这也就是说，陆九渊所理解的“物理”不在于“物”，而在于“我”，所谓的“明理”明的不是外在“物”之理，而是明本就在“我”身上的理。同时，又认为，理是不用解释自己就能自明的，但是需要做到“隆师亲友”，即努力做到向老师学习，向好友请教。突出了老师与朋友在学者为学道路上的重要意义。

笔者在《经学视野下的〈大学〉学史研究》一书中阐明，陈

① （宋）陆九渊著，钟哲点校：《陆九渊集》，第440页。

来先生认为朱子所理解的“理”至少是分为“性理”“物理”“义理”三个层面①，而“理学”之所以被称为“理学”则是因为客观“天理”的存在，陆九渊所理解的“我”身上的“理”，明显跟朱子所理解的“天理”与“物理”是相反的。而这也正好说明，陆九渊的心学视角是从人的自我“本心”出发，而不是从外在的“天理”与“物理”出发的。

对于如何“格物”一事，陆九渊对此有过较为详细的解说。陆九渊认为要多读书，多看古注。陆九渊说：

> 今人读书，平易处不理会，有可以起人羡慕者，则着力研究。古先圣人，何尝有起人羡慕者？只是此道不行，见有奇特处，便生羡慕。自周末文弊，便有此风。如唐虞之时，人人如此，又何羡慕？所以庄周云：“臧与谷共牧羊，而俱亡其羊。问臧奚事？曰：博塞以游；问谷奚事？曰：挟策读书。其为亡羊一也。”某读书只看古注，圣人之言自明白。且如“弟子入则孝，出则弟”。是分明说与你入便孝，出便弟，何须得传注。学者疲精神于此，是以担子越重。到某这里，只是与他减担，只此便是格物。②

陆九渊说，现在人读书，对于古书中平易之处不去理会，而对于书中那些可以使人羡慕之处则愿意花费大量的时间去研究。古代的先贤圣人，从来没有专门研究那些使人羡慕之处。很可惜，古圣先贤此道并不行于世，现世之人看到书中所包含的奇特之处，于是就产生了羡慕之心。自从周末文弊产生以来，就一直是这种读书风尚。陆九渊列举了唐虞之时与臧谷亡羊的事情，以此来说明读书不

---

① 张兴：《经学视野下的〈大学〉学史研究》，第159页。

② （宋）陆九渊著，钟哲点校：《陆九渊集》，第441页。

当求羡慕之处，更应该关注其平易之处。陆九渊认为，自己读书之时，只读古人的注解，圣人之言自然就会明白看懂。同时，列举了《论语》中的“弟子入则孝，出则弟”所包含的意思，认为圣人之意就如同其字面意思一样，在家庭之内要孝，在外面要弟，不需要借助各种传记和注文就都能明白。而现在的学者正是将自己的主要精力放在了历代的传记与注文之上，因此读书的担子就会越来越重，反而离圣人之言越来越远。到了陆九渊这里，就是要将这些增加学者负担的传记与注文减省掉，而这就是所谓的格物。

由此来看，陆九渊认为读书看古注是了解圣人之言最快的途径，也是最有效的方法，对于那些很多解释古文的传记与注文则选择不去读，因为这些只会增加学者的疲惫，反而无法有效理解圣人之言。但这里又存在一个问题，如果只是读古注就可以了，那怎么判断自己的所得就一定符合古圣先贤之意呢？很明显，这又回到了陆九渊特别重视的“求其本心”，既然“万物皆备于我”，事实上是万物皆备于我的“本心”，因此，“格物”在某种程度上也是“求其本心”的过程。

二　格物方法

前文已经具体阐述了陆九渊对于“格物”的理解，在此基础上，陆九渊对于“格物”的方法也有自己独特的理解。《大学集说》中所征引的陆九渊关于《大学》解说只有下面这句话：

> 象山陆氏曰：此言《大学》指归。欲明明德于天下是入大学标的。格物致知是下手处。《中庸》言博学、审问、慎思、明辨，是格物之方。《学说》①

① （宋）卫湜：《礼记集说》卷149，文渊阁四库全书本。

所谓的象山陆氏即是指陆九渊。卫湜所征引的陆九渊的这段引文，出现在卫湜对于《大学》篇题二字的征引。但事实上这句话并不是陆九渊对于《大学》篇题的注解，而是对于《大学》经文“大学之道，在明明德，在亲民，在止于至善”的注解。而卫湜却将其放在了对于《大学》篇题的注解，这并不符合陆九渊的原意，而且在“格物之方”后并没有“学说”二字，是卫湜自己增入的。事实上，陆九渊这一段对于《大学》经文的注解一共出现了两处，一处是陆九渊在《陆九渊集·卷三十四·语录上》中，另一处是陆九渊在《陆九渊集·卷二十一·杂著》中。卫湜在“格物之方”后出现的“学说”两字正是点明了卫湜的此段征引来自于《陆九渊集·卷二十一·杂著》中的《学说》一文。这两段引文的原文略有不同，现罗列如下。陆九渊在《陆九渊集·卷三十四·语录上》中说：

> 古者十五而入大学，“大学之道，在明明德，在亲民，在止于至善”，此言大学指归。欲明明德于天下是入大学标的。格物致知，是下手处。《中庸》言博学、审问、慎思、明辨，是格物之方。①

陆九渊认为，古代的优秀学生在十五岁之时就会进入大学学习，《大学》文本中的首章“大学之道，在明明德，在亲民，在止于至善”一段经文，这是在讲《大学》的主旨。想要明明德于天下是进入大学学习的目的。为了完成这一目的，格物致知就是学者们具体的下手之处。《中庸》文本中所讲的博学、审问、慎思、明辨这四项内容，则是学者如何格物的具体方法。这也就意味着，博

① （宋）陆九渊著，钟哲点校：《陆九渊集》，第411页。

学、审问、慎思、明辨是学者们进行格物的具体方法，格物致知则是学者们达到目的的真实下手之处，其目的就是为了明明德于天下。

陆九渊在《陆九渊集·卷二十一·杂著》中的《学说》一文中说：

> 古者十五入大学。《大学》曰："大学之道，在明明德，在新民，在止于至善。"此言大学指归。欲明明德于天下是入大学标的。格物致知是下手处。《中庸》言博学、审问、慎思、明辨，是格物之方。读书亲师友是学，思则在己，问与辨皆须在人。①

陆九渊认为，古代孩童在十五岁之时就会进入大学学习。《大学》文本一开头的三句话"大学之道，在明明德，在亲民，在止于至善"，这是在说《大学》的主旨和意向。"欲明明德于天下"是学习《大学》的目的，"标的"一词原是指箭靶子，引申为目标或目的。也就是说，学习《大学》最终目的是为了"明明德于天下"，也就是"平天下"。既然知道了学习《大学》的最终目的，那么学习《大学》的下手之处在哪里呢？陆九渊认为，格物致知就是学习《大学》的下手之处。其下手之处就是具体的格物方法，就是《中庸》文本中所说的"博学、审问、慎思、明辨"。陆九渊对于学、问、思、辨之间的区别进行了分辨，他认为，学者读书、隆师亲友都属于学，或者称为博学；思考问题则在于自己，或者说慎思取决于自己；审问与明辨则都必须有其他人与自己一起，必须依靠他人参与进来。这也就意味着，陆九渊所理解的格物具体方法事

① （宋）陆九渊著，钟哲点校：《陆九渊集》，第262—263页。

实上包含着读书亲师友的为学之法、慎思于己的思考之法、审问与明辨的问辨之法三个层面。

（一）读书、隆师亲友的为学之法

从陆九渊的这段话中可以看出，陆九渊所理解的《大学》的最终目的是为了“明明德于天下”或者“平天下”，而其下手处正是格物致知。而陆九渊则认为《大学》中所说的格物之方就是《中庸》文本中所说的博学、审问、慎思、明辨，用《中庸》中的思想来解释《大学》的格物之方。事实上，在陆九渊的理解之中，博学、审问、慎思、明辨也是他所提倡的为学之法。

第一，陆九渊非常重视为学。他曾经数次提到为学：

> 圣哲之言，布在方册，何所不备。①
>
> 人之不可以不学，犹鱼之不可以无水，而世至视若赘疣，岂不甚可叹哉?②
>
> 自古圣人亦因往哲之言，师友之言，乃能有进。况非圣人，岂有自任私知而能进学者?然往哲之言，因时乘理，其指不一。方册所载，又有正伪、纯疵，若不能择，则是泛观。欲取决于师友，师友之言亦不一，又有是非，当否，若不能择，则是泛从。泛观泛从，何所至止?③

“圣哲之言”一段文字来源于《陆九渊集·卷七·书》中的《与颜子坚》一文。“人之不可以不学”一段文字来源于《陆九渊集·卷十二·书》中的《与黄循中》一文。“自古圣人亦因往哲之言”一段文字来源于《陆九渊集·卷二十一·杂著》中的《学说》

① （宋）陆九渊著，钟哲点校：《陆九渊集》，第92页。
② （宋）陆九渊著，钟哲点校：《陆九渊集》，第170页。
③ （宋）陆九渊著，钟哲点校：《陆九渊集》，第263页。

一文。陆九渊认为，古代圣哲的言论都已经记载在方册之中，方册就是简牍、典籍之类，是非常完备的，人只要通过学习圣哲所流传下来的典籍就可以知道圣哲的思想。因此，人是不可以不学习的，就像是鱼儿不能没有水而存在。这种广博学习圣哲的言论就是博学，而在这种博学的过程之中，必然会存在正伪、纯疵、是非、当否之类的问题，自然而然就会存在审问、慎思、明辨的过程。

第二，陆九渊非常重视为学的先后顺序。

关于为学路径，陆九渊十分重视为学的先后顺序，陆九渊在《与詹子南》的回信之中说："为学有本末先后，其进有序，不容躐等。"[①] 陆九渊认为，学者的为学路径有本末与先后的区别，为学的进路是有一定顺序的，不能不按照顺序而来。"学问固无穷已，然端绪得失，则当早辨，是非向背，可以立决。"[②] 陆九渊在《与包详道》一书"其三"中说："为学固无穷也，然病之大端不可不讲。常人之病多在于黠。逐利纵欲，不向理道，或附讬以售其奸，或讪侮以逞其意，皆黠之病也。求诸痴者，固无是矣。然眩于所听而不明乎择，苟于所随而不审于思，觊觎于非所可得，僭妄于非所能至，失常犯分，贻笑召侮，则痴之为病，又可胜言哉？"[③] 陆九渊所说的早辨端绪得失，即是其重视为学的先后顺序。由此也可以看出，狡黠与痴傻是为学过程之中应当早日分辨的重要问题。

众所周知，无论是二程还是朱子，他们都非常重视为学。从表面看来，二程、朱子与陆九渊均重视为学，而其为学的具体途径也非常类似，然而从本质上而言，陆九渊与二程、朱子所理解的为学之道存在着较大的差别。而这正可能是因为陆九渊对于"理"的不同理解所造成的。陆九渊在《陆九渊集·卷一·书》中之《与曾

---

① （宋）陆九渊著，钟哲点校：《陆九渊集》，第 96 页。

② （宋）陆九渊著，钟哲点校：《陆九渊集》，第 2 页。

③ （宋）陆九渊著，钟哲点校：《陆九渊集》，第 82—83 页。

宅之》一文中，在探讨“存诚”与“持敬”二语之不同时说：

> 只“存”一字，自可使人明得此理。此理本天所以与我，非由外铄。明得此理，即是主宰。真能为主，则外物不能移，邪说不能惑。所病于吾友者，正谓此理不明，内无所主；一向萦绊于浮论虚说，终日只依藉外说以为主，天之所与我者反为客。主客倒置，迷而不反，惑而不解。坦然明白之理可使妇人童子听之而喻；勤学之士反为之迷惑，自为支离之说以自萦缠，穷年卒岁，靡所底丽，岂不重可怜哉？使生在治古盛时，蒙被先王之泽，必无此病。惟其生于后世，学绝道丧，异端邪说充塞弥满，遂使有志之士罹此患害，乃与世间凡庸恣情纵欲之人均其陷溺，此岂非以学术杀天下哉？①

陆九渊认为，只要有“存诚”之一个“存”字，就可以使人能够明得此理。在“心即理”的思维框架之下，陆九渊认为此理本来就是上天所赋予我的，不是由外在的事物赋予我的。如果人们能明得这个道理，也就知道了自己内在的主宰（心的主宰）。真能够作为自己内在的主宰，那么我的心就不会被外在的事物所影响，也不会被异端邪说所迷惑。陆九渊说自己认为曾宅之错误的地方，就在于不明白这个道理。如果不明白这个道理，那么自己的内心就会没有主宰，就会受到浮论虚说的影响，从而使外在的学说来主宰我，反而使上天所赋予我的“理”成为一种客体的存在。本来作为身之主宰的心却与外在浮论虚说相互颠倒，只能是迷途而不知返，迷惑而不能解脱。在此，陆九渊明确地提出来反对为学中的“支离”，强调为学过程中“本心”作为主宰的重要性，强调为学过程

① （宋）陆九渊著，钟哲点校：《陆九渊集》，第4页。

中“贯通”的重要性，强调先王教化的重要性，其整体性思维比较突出。

根据笔者在《经学视野下的〈大学〉学史研究》一书中对于朱子“格物”说的系统解读[①]，朱子强调在“格物”之时要有一个渐进的过程，首先主张一件事物，一件事物的去“穷格”，朱子说：

> 愚按伊川先生尝言，“凡一物上有一理，物之微者亦有理。”又曰：“大而天地之所以高厚，小而一物之所以然，学者皆当理会。”……程子之为是言也，特以明夫理之所在无间于大小精粗而已。若夫学者之所以用功，则必有先后缓急之序，区别体验之方，然后积习贯通，驯致其极。岂以为直存心于一草木器用之间，而与尧舜同者无故忽然自识之哉？[②]

在朱子的理解中，“格物”存在一个逐渐积累而至贯通的过程。但这种渐渐“格物”的过程却是陆九渊所不认同的，因为陆九渊认为朱子的这种“格物”学说就是一种“支离”之学，所以陆九渊在《与舒西美》一书中说：

> 今时学者，悠悠不进，号为知学耳，实未必知学；号为有志耳，实未必有志。若果知学有志，何更悠悠不进。事业固无穷尽，然古先圣贤未尝艰难其途径，支离其门户。夫子曰：“吾道一以贯之。”孟子曰：“夫道一而已矣。”曰：“塗之人可以为禹。”曰：“人皆可以为尧舜。”曰：“人有四端，而自谓不能者，自贼者也。”人孰无心，道不外索，患在戕贼之耳，放失之耳。古人教人，不过存心、养心、求放心。此心之良，

① 张兴：《经学视野下的〈大学〉学史研究》，第154—170页。

② （宋）朱熹：《朱子全书》，第3792页。

人所固有，人惟不知保养而反戕贼放失之耳。苟知其如此，而防闲其戕贼放失之端，日夕保养灌溉，使之畅茂条达，如手足之捍头面，则岂有艰难支离之事？今曰向学，而又艰难支离，迟回不进，则是未知其心，未知其戕贼放失，未知所以保养灌溉。此乃为学之门，进德之地。得其门不得其门，有其地无其地，两言而决。得其门，有其地，是谓知学，是谓有志。既知学，既有志，岂得悠悠，岂得不进。①

陆九渊说，现在的一些学者，长期以来没有进步，却号称自己是知道如何学习的人，实际上他未必知道如何学习；号称自己是有志向的人，实际上他未必是有志向的人。如果是真的知道如何学习并有志向，那为什么还会长期以来没有进步呢？对于事业的追求本来就是没有穷尽的，然而古先圣贤未曾使其途径变得艰难，使其门户变得“支离”。人都有其心，而道也不是向外求索的，患在于自我戕害、自我偷盗、自我放失其心也。古代人教人，其目的就是为了让人懂得存心、养心和求放心，因此陆九渊推崇孔孟所说的“贯通”，尤其反对“支离”学问。今天的学者们在为学之时普遍存在支离的情况，这正是未知其心的表现，而知其心才是学者为学之门，入德之地。学者知其心，然后存其心，养其心，求其放心才是知学、有志，才能真正有所长进。

从这段引文也可以看出，陆九渊深受孟子的影响，孟子“求其放心”“求其本心”“反求诸己”的思想深刻影响到了陆九渊对于《大学》思想主旨以及为学路径的理解。由此来看，陆九渊是以“求其本心”作为自己理解《大学》的思想主旨，强调本心的“贯通”，而不是将精力分散于传记与注文之上。

① （宋）陆九渊著，钟哲点校：《陆九渊集》，第63—64页。

陆九渊明确提出学者应当扞格支离，精求方略。对于所有的“支离”学说予以严肃批评。陆九渊说：“道丧之久，异端邪说，充塞天下，自非上知，谁能不惑？人之难得，亦其理然也。‘鸟兽不可与同群，吾非斯人之徒与而谁与？’当其扞格支离，只得精求方略，庶几或悟耳。”① 陆九渊认为，由于道已经丧失很久了，异端邪说充塞于天下，在这样的情况之下，哪个学者能够不产生困惑呢？人们很难求得其本心，也是理所当然的事情。但是，人就是人，就是无法同鸟兽一样，学者们应当尽力抵触“支离”，在精求方略上下工夫，如此一来，才可能会有所开悟。

第三，学者当隆师亲友。

隆师亲友是陆九渊的为学之法中非常重要的一项内容。陆九渊认为，学者在为学之中，应当寻求朋友的帮助，其原因就在于独学容易被困。陆九渊在《与侄孙濬》一书中说：“其后二三信，虽是仓卒，终觉不如初信，岂非困于独学，无朋友之助而然？得失之心未去，则不得；得失之心去，则得之。”② 陆九渊对他的侄孙濬说，我看到了你给我邮寄来的书信，但是对于后面的这两三封信所阐述的思想感觉远远不如第一封信好，难道不是受困于独自学习，没有朋友帮助的缘故？未能去掉你的得失之心，你就无法得到自己的本心；如果去掉了你的得失之心，那么你就能得到自己的本心。而朋友之间的帮助，能让你摆脱独学的困扰，有助于你去掉得失之心，从而得到自己的本心。

学者应当隆师亲友的另外一个原因就在于学者之戕贼其心之弊。陆九渊在《与高应朝》一书中说：“大抵学者各倚其资质闻见，病状虽复多端，要为戕贼其本心，则一而已。作书多不能详，要之详亦未必有益。苟有根本自能不懈怠不倦，与同志切磋，亦何

① （宋）陆九渊著，钟哲点校：《陆九渊集》，第 11 页。
② （宋）陆九渊著，钟哲点校：《陆九渊集》，第 12 页。

患不进学。”[①] 陆九渊指出了学者们在为学过程之中会产生各种各样的问题，但其根本问题则在于戕贼其本心，这对于广大的学者而言都是一样的。学者们面对各种复杂的弊端，最根本的是能够存养自己的本心，若能真正存养本心，就不会产生懈怠、厌倦。再加上与志同道合的朋友切磋，自然而然就会增进学问。由此来看，正是由于学者普遍所存在的戕贼其本心的弊端，陆九渊才强调存养本心的重要性，而存养本心一个重要的方法就是与朋友切磋，而这又跟陆九渊所倡导的隆师亲友密切联系在了一起。

“人生而不知学，学而不求师，其可乎哉?”[②] 人自出生之后就应该知晓学习，学习之后就应该知晓拜求老师，如此才是入学之门。

当然，陆九渊所说的亲师求友依然是建立在求其本心的基础上的，要求学者学习古圣先贤无穷的亲师求友之心。陆九渊在《与黄元吉》一书中说：“道广大，学之无穷，古人亲师求友之心亦无有穷已。以夫子之圣，犹曰‘学不厌’，况在常人，其求师友之心，岂可不汲汲也!”[③] 学问之道广大无穷，古圣先贤亲师求友的心也是无穷的。就是像孔子那样的圣人，还在说学而无厌，更何况是我们这些普通人，怎么能没有急切的亲师求友之心呢?

亲师与求友，事实上包含着两个层面，一个是老师，一个是朋友。陆九渊有时候将两者混在一起说，有时候单独将其罗列。实际上，亲师与求友是两个不同层面的事情，它们所要解决的问题也是不同的。求友所要解决的问题是心不正的弊端，如陆九渊在《与潘文叔》一书中说：“何适而非此心，心正则静亦正，动亦正；心不正则虽静亦不正矣。若动静异心，是有二心也。此事非有真实朋友

① （宋）陆九渊著，钟哲点校：《陆九渊集》，第64—65页。
② （宋）陆九渊著，钟哲点校：《陆九渊集》，第14页。
③ （宋）陆九渊著，钟哲点校：《陆九渊集》，第43—44页。

不可。”[1] 陆九渊认为，无论是静中的工夫，还是动中的工夫，都是说的人之本心。如果人的心是正的，那么静中的工夫是正的，动中的工夫也是正的；如果人的心是不正的，那么即使是静中的工夫也是不正的；如果动与静中的工夫不是同一个心，那么就是在说人有二心，即心不正。此心不正所产生的弊端，即二心的问题，这个问题的弊端，如果没有真正的朋友帮助你，是难以解决的。再比如，陆九渊在《与吴伯颙》一书中说：“遇着真实朋友，切磋之间，实有苦涩处，但是‘良药苦口利于病’，须是如此，方能有益，不可不知也。”[2] 遇见真实的朋友是不容易的，在相互的切磋之间，必然会有苦涩、痛苦之处，即便如此，也应该继续坚持切磋，如此才能于己有所收获，解决“心不正”的问题。由此可见，求友所要解决的一个重要问题就是“心不正”，即求心正。

学者为学须有志。陆九渊多次提到“志”之于学者为学的重要性。陆九渊说：“道非难知，亦非难行，患人无志耳。及其有志，又患无真实师友，反相眩惑，则为可惜耳。”[3]“道之将坠，自孔孟之生，不能回天而易命，然圣贤岂以其时之如此而废其业、隳其志哉?”[4] 陆九渊认为，学者们知道并非难事，行道也并非难事，关键的问题在于学者们是否有志。有志是古代圣贤所具备的基本特征，自从周末文弊以来，道就处于堕落之境，即使是孔子与孟子也无法改变这种天命。但是，面对这种时局的艰辛，孔孟也没有荒废自己的事业、堕落了自己的志向。学者也应当继承孔孟圣贤之志。如果学者们有志，就又要担心有没有真实的老师和朋友帮助自己一起进步，如果因此而受到无真实的师友迷惑的话，那就太可惜了。陆九渊强调了学者有志是学者为学知道、行道的第一步，紧接着是

---

① （宋）陆九渊著，钟哲点校：《陆九渊集》，第 57 页。
② （宋）陆九渊著，钟哲点校：《陆九渊集》，第 87 页。
③ （宋）陆九渊著，钟哲点校：《陆九渊集》，第 13 页。
④ （宋）陆九渊著，钟哲点校：《陆九渊集》，第 12 页。

有良好的师友帮助自己，解答自己的疑惑。后面所突出的正是良好师友的重要作用。此外，陆九渊还提出了“大学之志”的说法，陆九渊说：“诚有大学之志者，敢不少自强乎?”[①] 这即是以《大学》作为标的，作为学者的志向所在，自立自强，奋发有为。

（二）慎思于己的思考之法

陆九渊所理解的慎思于己的思考方法主要包含以下几个方面的内容。

第一，学者要能自省。陆九渊在《与胡达材》一书中说：“夫道若太路然，岂难知哉？道不远人，自远之耳。若的实自息妄见，良心善性，乃达材固有，何须他人模写，但养之不害可也。作此不暇详稽，然说得多亦徒说，要达材自省耳。”[②] 陆九渊认为，道就像大路一样，是非常容易知晓的。道不会远离于人，是人自己远离于道而已。如果学者的目标非常确切，自然能够熄灭自己的妄见，良心与善性，本来就是你自己本身所固有的，根本就不需要别人描写，只要自己去修养自己的良心善性，不去妨害自己的良心善性，也就可以了。对于这个问题，别人说得再多也是徒然，你一定要能自省，自己反省才可以。由此来看，学者要能自省是慎思于己的思考方法之一。此一方法，亦是基于自己的良心善性所固有而来。

陆九渊此处理解的学者要能自省是一件非常实际的事情，而并非仅仅是反思自己。如陆九渊在《与吴叔有》一书中就批评吴叔有为学之时所存在的问题，并给出了自己的解决方法，陆九渊说：“信至，但疑曲深思实者，有不合处，写来力辩，乃见足下长进处。若但随人言语转，却是自家更无主人，何以为学？观至此，或已失了精彩，却须且放下此信，整冠肃容，自振迅精神，从实端的自省。须要清健明白，却再取此信观之，有不合处，不可强合，须精

---

① （宋）陆九渊著，钟哲点校：《陆九渊集》，第13页。

② （宋）陆九渊著，钟哲点校：《陆九渊集》，第56页。

思熟考，写来辩之乃善。”① 吴叔有来信怀疑陆九渊的“曲深思实”一说，但是并不是经过自己仔细思考的结果，而是跟随着别人的言语来附和，根本就没有自己的见解，这样是根本无法为学的。陆九渊认为吴叔有应该首先整理自己的衣冠，严肃自己的容貌，快速地振奋自己的精神，从实际的端的来反省自己。

第二，学者要勇于改过迁善。陆九渊在《与胡达材》一书“其二”中说：“接事时，但随力依本分，不忽不执，见善则迁，有过则改，若江海之浸，膏泽之润，久当涣然冰释，怡然理顺矣。”② 陆九渊认为，学者在遇到事情之时，只要依着自己的本分去做，不去忽视，不去执着，见到善就要主动靠近，自己有过错就要主动改正，就像是被江海所浸润，被膏泽所滋润，长久以后就会涣然冰释，其理也会变得顺畅。陆九渊在《与傅全美》一书“其二”中说：“过者，虽古之圣贤有所不免，而圣贤之所以为圣贤者，惟其改之而已。不勇于改，而徒追咎懊悔者，非某之所闻也。”③ 陆九渊所理解的见善则迁，有过则改，对于速度是有所要求的，而不仅仅是知晓见善则迁，有过则改，而是说见善要速迁，有过则速改。陆九渊在《与刘淳叟》一书中说：“学固不欲速，欲速固学者大患，然改过迁善，亦不可迟回。”④ “诚知其过，顿弃勇改”⑤ “宜勇改之，毋蹈此辙”⑥。陆九渊认为，学者在求学之时不应当追求快速，追求快速是学者为学的一大患，但是对于改过迁善而言，追求快速则是应该的，而不重视、慢慢改正则是不应该的。

按照陆九渊的理解，学者的确应当勇于改过迁善，但前提条件

① （宋）陆九渊著，钟哲点校：《陆九渊集》，第 89 页。
② （宋）陆九渊著，钟哲点校：《陆九渊集》，第 57 页。
③ （宋）陆九渊著，钟哲点校：《陆九渊集》，第 75—76 页。
④ （宋）陆九渊著，钟哲点校：《陆九渊集》，第 53 页。
⑤ （宋）陆九渊著，钟哲点校：《陆九渊集》，第 53 页。
⑥ （宋）陆九渊著，钟哲点校：《陆九渊集》，第 53 页。

是能知善、知恶，而善与恶也不是一时半会所能尽知的，即使是圣贤之人也无法在短时间之内尽知善与恶。陆九渊在《与傅子渊》一书中跟傅子渊进行探讨之时说："书尾'善则速迁，过则速改'之语，固应如是，然善与过恐非一旦所能尽知。贤如蘧伯玉，犹欲寡其过而未能。圣如夫子，犹曰'加我数年，五十以学《易》，可以无大过矣'。《论语》载夫子称颜子好学，《易·大传》称其有不善，未尝不知，知之未尝复行。颜子有不善未尝不知，知之未尝复行，乃自其好学而能然。今子渊所谓迁善改过，虽无一旦尽知之心，然观其辞意，亦微伤轻易矣。"① 傅子渊认为，学者应当速迁善、速改过，陆九渊认为从整体上来看，也应该是如此。但是，这样做的前提是能尽知善、尽知过，然而即使是像孔子、蘧伯玉之类的圣贤依然会有过，如果说一有善就能迁，一有过就能改正，这难免不符合事实，将迁善改过想得太轻松容易了。

（三）审问与明辨的问辨之法

学问分为已知与未知，已知主要包括知善、知过；未知则主要包括所未知之善、所未知之过。如何求得未知，则需要学问思辨以求之。陆九渊在《与傅圣谟》一书"其三"中说："已知者，则力行以终之；未知者，学问思辨以求之；如此则谁得而御之？"② 学问思辨所孜孜以求的是学者所未知之事，在得其未知之后，就当力行以终之。

学者为学应当注意审问与明辨之法，而问辨之法则包含以下三个方面。

第一，早辨端绪得失。只有尽早分辨学问中的端绪得失，才能知晓事情的是非向背。陆九渊在《与邵叔谊》一书中说："学问固

① （宋）陆九渊著，钟哲点校：《陆九渊集》，第76—77页。

② （宋）陆九渊著，钟哲点校：《陆九渊集》，第79页。

无穷已，然端绪得失，则当早辨，是非向背，可以立决。”① 陆九渊认为，学者对于学问的追求是无穷的，但是对于学问的头绪得失，则应该尽早地进行分辨，只有如此才能知晓其中的是非与向背，在遇到事情之时才可以随时做出决断。陆九渊与朱子一样，都认识到了“物理”是不可能被穷尽的。因此，陆九渊说：“人情物理之变，何可胜穷，若其标末，虽古圣人不能尽知也。”② 人情与物理的变化，是不可能被完全穷尽的，就像是事物的标的与末了，即使是古代的圣人也不可能全部知晓。由此来看，学者在穷格事物之理时，更应该早点分辨端绪得失。陆九渊在《与诸葛诚之》一书中说：“讲学固无穷，然须头项分明，方可讲辩。若自交加糊涂，则须理会得交加糊涂处分明，方可讲辩。”③ 对于学问的讲辩是无穷的，但是首先要能分辨出头项之间的差别，如果这些都不能分辨清楚，那么学者就无法开展学问的讲辩。而此处的“头项”就等同于“端绪”。

既然端绪得失如此重要，如果不能早点分辨，又会产生哪些严重的危害呢？陆九渊认为，这会耗费学者大量的精力而无所收获，从而本末全失。陆九渊说：“物有本末，事有终始，知所先后，则近道矣。于其端绪知之不至，悉精毕力求多于末沟浍皆盈，涸可立待，要之其终，本末俱失。”④ 陆九渊援引《大学》文本之“物有本末，事有终始，知所先后，则近道矣”来阐释早辨端绪的重要性，并且提出不仅要能早知端绪，而且要知端绪之至，即深刻了解事物的端绪得失。如果不重视端绪得失，而只是将全部的精力用在于事物之末，就像是那些田间小道之中，即使是充满了水，如果源头的大河之中没有水，那么这些田间小道也会立即干涸的。等到最

① （宋）陆九渊著，钟哲点校：《陆九渊集》，第2页。

② （宋）陆九渊著，钟哲点校：《陆九渊集》，第2页。

③ （宋）陆九渊著，钟哲点校：《陆九渊集》，第50页。

④ （宋）陆九渊著，钟哲点校：《陆九渊集》，第2页。

后，事物的本与末都将一起丧失。由此来看，陆九渊对于学问重要性的等级是存在着不同看法的，尤其应当重视其端绪得失。

第二，重视书问与所作文字的讲习稽考。陆九渊在《与曾宅之》一书中提道，学者们之间的问辨存在着以己意揣度他人思想的弊端。因此，陆九渊说："示谕与章太博问答，其义甚正。其前述某之说，又自援据反覆，此则是足下病处。所述某之言亦失其实。记录人言语极难，非心通意解，往往多不得其实。前辈多戒门人无妄录其语言，为其不能通解，乃自以己意听之，必失其实也。相去之远，不得面言，不若将平时书问与所作文字讲习稽考，差有据依。若据此为辨，则有案底，不至大讹舛也。"① 陆九渊说，告知跟章太博之间的书信问答，其义非常正确。其前面叙述我的学说，又自己反复引证，这正是你的不足之处。你所叙述的关于我的语言也存在着失实之处。正确记录别人的语言是非常困难的，如果不是记录人跟讲话人之间的心意能够互通，其所记录下来的语录大多是失实的。前辈学者们多次告诫自己的门人不要随意记录自己的语言，因为记录者们往往不能充分理解讲话人的意思，于是就按照自己的意思来理解讲话人的意思，其所记录的一定是失实的。讲话人与记录人意思之间的差距相差很远，两者不能够见面进行相互沟通，那样的话就不如将平时与师友之间的书信问答和自己所创作的文字讲习进行考核，这样即使存在着差异，也有依据。如果是根据这样的文字进行考辨，那么就会有相应的文字记录，不至于出现大的讹误。可以说，历代以来学者们所进行的问辨一直都存在着记录者失其实的问题，而陆九渊这种重视考察书信问答与所作文字讲习的看法，虽不能完全解决讲话者与记录者意思之间的差距，但是，可以大大缩小两者之间讹误的产生，即使产生讹误，也可以做到有

① （宋）陆九渊著，钟哲点校：《陆九渊集》，第3页。

文字记录可以考证察看，而这不失为一种非常好的问辨之法。

第三，平心定气与人辩论。与人辩论是非常难的，其难处就在于论辩的双方都是各持己见，很难平心定气地与人论辩，而陆九渊则鲜明地指出了这其中的问题所在。陆九渊在《与彭世昌》一书中说："与人商论，固不贵苟从，然亦须先须虚心，乃至听其言；若其所言与吾有未安处，亦须平心思之；思之而未安，又须平心定气与之辩论。辩论之间，虽贵伸己意，不可自屈，不可附会而亦须有惟恐我见未尽，而他须别有所长之心乃可。"① 陆九渊说，学者与人沟通商讨，固然不能够随意苟从于别人的观点，但是也应该先要虚心听取别人的言语。如果别人所说的话语跟自己的理解有不一致的地方，也应该平心静气地进行思考。如果努力进行了思考还是觉得不够稳妥，也应该平心定气地跟别人进行辩论。与别人进行辩论之时，虽然最主要的是要表达自己的思想，不可以随意屈从于别人的观点，也不可以随意附会别人的观点，但是也应该存有"恐怕自己的见解也有未尽之处而别人的观点也一定有其长处"的心态。而陆九渊所说的这种问辨之法尤其难能可贵。

三　格物与致知的关系

前文提到，陆九渊既然认为"格物致知"是《大学》目的"下手处"，那么，格物与致知的含义是否是完全一样的呢？答案显然是否定的。陆九渊对于"格物"与"致知"的关系进行了相关的阐释，陆九渊在《与彭子寿》的书信中说：

> 大抵讲明、存养自是两节。《易》言："知至至之，可与几也；知终终之，可与存义也。"《大学》言："物格而后知

① （宋）陆九渊著，钟哲点校：《陆九渊集》，第58页。

至，知至而后意诚，意诚而后心正，心正而后身修。”《孟子》言：“始条理者，智之事也，终条理者，圣之事也。”皆是圣贤教人，使之知有讲学，岂有一句不实头。①

言固难以尽意，而达之以书问尤难。盖学之不讲，物未格，知未至，则其于圣贤之言必未能昭晰如辨苍素、数奇耦之审也。凡所引用，往往失其本旨。②

陆九渊认为，圣人讲明明德与学者存养其心是两件不同的事情。陆九渊分别列举了《易》《大学》《孟子》文本中的相关话语来说明古代的圣贤教人，使之知圣人讲明明德，是有其具体步骤的，是要分先后顺序的。在陆九渊的理解当中，语言本来就是难以完整地表达意思，而通过书信之间的问答来表达就更加困难了。如果不讲学，未能格物，未能至知，那么就无法清晰地理解圣贤的语言、分辨数字的奇偶。即使是在引用圣贤之言，也往往会丢失其本意。“致知”的前提与基础是“格物”，如果“物”没有格，那么“知”就不可能达到“至”。“格物”在前，“致知”在后，“格物”是“致知”的前提与基础。

而在朱子看来，“格物致知”的过程就是“穷其理”，朱子说：“所谓致知在格物者，言欲致吾之知，在即物而穷其理也。盖人心之灵莫不有知，而天下之物莫不有理，惟于理有未穷，故其知有不尽也。是以《大学》始教，必使学者即凡天下之物，莫不因其已知之理而益穷之，以求至乎其极。至于用力之久，而一旦豁然贯通焉，则众物之表里精粗无不到，而吾心之全体大用无不明矣。此谓物格，此谓知之至也。”③ 朱子将“格物致知”理解为“即物穷

① （宋）陆九渊著，钟哲点校：《陆九渊集》，第91页。

② （宋）陆九渊著，钟哲点校：《陆九渊集》，第91页。

③ （宋）朱熹：《四书章句集注》，第8页。

理”，而陆九渊则认为“格物致知”应当理解为“尽心知性”。陆九渊在《武陵县学记》一篇记文中说：

> 所谓格物致知者，格此物致此知也，故能明明德于天下。《易》之穷理，穷此理也，故能尽性至命。《孟子》之尽心，尽此心也，故能知性知天。学者诚知所先后，则如木有根，如水有源，增加驯积，月异而岁不同，谁得而御之？若迷其端绪，易物之本末，谬事之终始，杂施而不逊，是谓异端，是谓邪说，非以致明，只以累明，非以去蔽，只以为蔽。后世之士，有志于古，不肯甘心流俗，然而苦心劳身，穷年卒岁，不为之日休，而为之日拙者，非学之罪也。学绝道丧，不遇先觉，迷其端绪，操末为本，其所从事者非古人之学也。古人之学，其时习必悦，其朋来必乐，其理易知，其事易从。不贰于异说，不牵于私欲，造次于是，颠沛于是，则其久大可必。《孟子》曰：“原泉混混，不舍昼夜，盈科而后进，放乎四海。”此古人之学也。①

与朱子将“格物”的“物”字理解为“事事物物”不同的是，陆九渊所理解的“格物致知”是指“格此物致此知”，都是从人“心”的角度而言的，而不是朱子所理解的各种客观实在的事物。他所说的《易》之“穷理”，《孟子》之“尽心”，也都是从人“心”的角度而言的。陆九渊所说的学者诚能知所先后，就是通过“格此物”“穷理”“尽心”来达到“致此知”“尽性至命”“知性知天”的境界。而这也正是朱子与陆九渊所不同之处，就如张立文先生所说：

① （宋）陆九渊著，钟哲点校：《陆九渊集》，第 238—239 页。

> 陆九渊"格物"的宗旨是与程、朱有异的。如果说程、朱"格物"是"穷理"，则陆九渊为"至心"、"正心"。[①]

张立文先生正是看出了朱子与陆九渊基于对"理"与"心"不同的解释其所产生的差异。但是，这种说法不是很精确。陆九渊的确是非常重视"心"，但陆九渊所理解的"格物"更多的是"存心"与求"本心"。即："本心非外铄，当时岂不和平安泰，更无艰难。"[②]"此心之灵，此理之明，岂外铄哉？明其本末，知所先后，虽由于学。及其明也，乃理之固有，何加损于其间哉"[③]而并非只是"至心""正心"。且程朱之"格物"虽是"穷理"，而其所穷之理也是需要"心"积极参与进来，所穷之理既包含自然事物之理，也包括社会规律之理，还包括人内在的心理活动。

四　陆九渊格物思想评价

基于以"心"为本体论的观点，陆九渊在对《大学》文本中"格物致知"进行诠释时，侧重于从"心"的角度进行诠释而忽略了对外在具体事物的"穷格"。在陆九渊的理解中，"心"才是具有本体的意义，"理"则处于次要地位，而对"格物致知"的理解更多的是从认识论的角度进行诠释，"格物致知"的最终目的是"存心"、求"本心"，而不是二程和朱子所说的对于天理、物理、心理的认识。

应该说，朱子对于"格物"的理解是比较全面的，包括对于天理、事事物物之理、人的心理三方面的认识，而陆九渊同阳明一样，都是偏重于从"心"理的角度去认识和诠释"格物"，从而忽略了对

① 张立文：《走向心学之路——陆象山思想的足迹》，中华书局 1992 年版，第 166 页。

② （宋）陆九渊著，钟哲点校：《陆九渊集》，第 51 页。

③ （宋）陆九渊著，钟哲点校：《陆九渊集》，第 96 页。

于具体事物之理的认识。但是，正如陆九渊所反对朱子“支离”的问题一样，其所提倡的求“本心”的“格物致知”思想能够用“心”将周围的事物贯穿起来，也就是能够“贯通”，这对于充分发挥人“心”的认识作用，充分发挥人的主观能动性具有积极的意义。

最后，我们也要看到，虽然朱子与陆九渊存在着较大的不同，但他们依然是在宋明理学的框架之下进行探讨，依然是在“心即性即理”的框架下进行阐释，尤其是晚年的陆九渊，其核心思想已经与朱子没有太大的差别了，这是需要引起学者们注意的地方。

此外，陆九渊所理解的“格物致知”跟湖湘学派的“格物致知”论非常接近，其所提倡的“存心”“求放心”与胡安国、胡宏所提倡的“求放心”、张栻的“格心”论几乎一致。由此可以看出，宋代《大学》思想演变的基本轨迹。不仅仅存在着以程朱为代表的“修己治人”的格物穷理思想体系，而且也存在着以陆九渊、湖湘学派为代表的“存心”“求放心”的心学思想发展体系。

第二节 《大学》与湖湘学派

近些年来，学术界对于湖湘学派的研究越来越多，出现了一批高水平的研究著作，这些研究著作分别从不同的视角、不同的层面对湖湘学派进行了研究，成绩斐然。[①] 湖湘学派的主要代表人物有胡安国、胡宏等人，这些学者在建构湖湘学派之时充分利用了《大学》的思想，有必要对他们的《大学》阐释进行研究。

一 胡安国：以心、理为本体下的穷理与求放心

胡安国（公元1074—1138年），又名胡迪，字康侯，号青山，

① 详情参见蔡方鹿的《张栻及其哲学》（巴蜀书社1990年版）、朱汉民的《湖湘学派史论》（湖南大学出版社2004年版）。

谥号文定，学者称其为武夷先生，后世称胡文定公。胡安国是湖湘学派的创始人，作为宋代理学家中的一员，他非常重视心、理，并视心、理为本体。“心者，身之本也。正心之道，先致其知而诚意。”① 胡安国说：

> 无所不在者，理也；无所不有者，心也。物物致察，婉转归己，则心与理不昧；故知循理者，士也。物物皆备，反身而诚，则心与理不违；故乐循理者，君子也。天地合德，四时合序，则心与理为一，无事乎循矣。故一以贯之，圣人也，岂易言哉！②

在胡安国的理解中，理是无所不在的，心是无所不有的，理与心是本体。知道遵循理的人是“士”，其修养境界是能达到心与理“不昧”；乐于遵循理的人是“君子”，其修养境界是能达到心与理“不违”；无为而遵循理的人是一以贯之的“圣人”，其修养境界是能达到心与理“为一”。胡安国此处所提到的士、君子、圣人的三种境界，都跟理与心有着对应关系。在胡安国的理解中，本体包括理和心两个方面，理作为一种客体性的本体而存在，心作为一种主体性的本体而存在，心与理应该是统一相合的存在。正是在这种以心与理二元为本体论的前提下，胡安国所理解的个人道德修养存在两种不同的路线。

卫湜《礼记集说》中《大学集说》部分关于胡安国诠释《大学》的条目只有一条，其详情如下：

> 武夷胡氏曰：格，度也，犹曰品式也，所谓物之则也。

① （清）黄宗羲原著，（清）全祖望补修，陈金生、梁运华点校：《宋元学案》，中华书局1986年版，第1175页。

② （宋）卫湜：《礼记集说》卷149，文渊阁四库全书本。

又曰：夫穷理尽性，乃圣门事业。物物而察，知之始也，中人所可能者。一以贯之，知之至也，非上知不与焉。是故以子贡之明达，犹疑于其师，以为多学而识之也，且置是事而以致知格物为先。物物而察，则知益明、心益广，道可近矣。然物物而察者，又岂逐物而不知反哉？又岂以己与物为二哉？察于天行以自强也，察于地势以厚德也，察于云雷以经纶也，察于山泉以果行也，察于日月通昼夜也，察于尺蠖明屈伸也。远察诸物，其略如此；察于耳目身舌，克私心也。察于辞貌颜色，尊德性也。察于洒扫应对，兼本末也。察于心性四体，养浩然之气也。近察诸身，其要如此，无所不在者，理也。无所不有者，心也。物物致察，宛转归己，则心与理不昧，故知循理者，士也。物物皆备，反身而诚，则心与理不违。故乐循理者，君子也。天地合德，四时合序，则心与理为一，无事乎循矣。故一以贯之，圣人也。岂易言哉？释氏虽有了心之说，然疑有未了者，正谓不先穷理，反以理为障也。故穷大而失其居，失其居则旅人也，故无地以崇其德。儒者，则以致知为始，以穷理为要，知至理得，不昧本心，如日方中，万象皆见，则不疑其所行而内外合也。故自修身至于天下国家，无所处而不当矣。夫适千里者，必得路头，而路有险夷、通塞，故知穷理，心如户牖，既夷且通；息念坐禅，心如墙壁，既险且塞，择斯二者，将孰从乎？安国①

需要指出的是，胡安国关于《大学》文本的诠释，主要存在于三个地方，一个是笔者前文所提到的卫湜《礼记集说》中的《大学集说》部分，另一个是《崇正辩·斐然集》中也有部分诠释

① （宋）卫湜：《礼记集说》卷149，文渊阁四库全书本。

“格物致知”的资料存在，还有一个是《宋元学案》中的《武夷学案》部分。

1. 穷理：外求的道德修养路线

在二程与朱子的理解中，他们所认为的理，尤其是天理是具有客观性的，在这一点上，胡安国与他们的理解是极为相似的。在《大学集说》中，胡安国说：

> 夫穷理尽性，乃圣门事业。物物而察，知之始也，中人所可能者；一以贯之，知之至也，非上知不与焉。①

胡安国认为，穷理尽性是圣门最重要的事业。能够做到物物而察，是知之开始，中人就能够做到；能够做到一以贯之，是知之极至，如果不是上智之人，是根本做不到这些的。而这也就意味着，穷理尽性就是圣门最重要的事业。

胡安国在《武夷学案》之《胡氏传家录补》一文中说：

> 学以立志为先，以忠信为本，以致知为穷理之门，以主敬为持养之道。②

胡安国将圣人的学问归结于“穷理尽性”上，而“穷理尽性”的前提则是《大学》文本中所提到的“致知”，胡安国说：

> 儒者，则以致知为始，以穷理为要，知至理得，不昧本心，如日方中，万象皆见，则不疑其所行而内外合也。故自修

---

① （宋）卫湜：《礼记集说》卷149，文渊阁四库全书本。

② （清）黄宗羲原著，（清）全祖望补修，陈金生，梁运华点校：《宋元学案》，第1173页。

> 身至于天下国家，无所处而不当矣。夫适千里者，必得路头，而路有险夷、通塞，故知穷理，心如户牖，既夷且通；息念坐禅，心如墙壁，既险且塞，择斯二者，将孰从乎？安国①

胡安国认为，儒者是将“致知”作为自己道德修养的开始，以“穷理”作为道德修养的关键，至极其知，得到其理，不昧于儒者的本心，就像是太阳正在天顶之时，宇宙内外一切事物都显现出来了，那么儒者就不会怀疑自己的行为，其心与其理都能够合而为一。而“穷理”作为儒者为学的关键所在，其实现的途径和方法就在于“致知”。当儒者至极其知以后，也就是对于理的认识能够达到至极的境界之后，才能使儒者主体的心与客体的理合而为一。因此，胡安国说从修身到天下国家，每一处都是恰到好处的。对于那些要去千里之外的人而言，必定要有一个目的地，而路途中既有危险又有平安、既有堵塞又有畅通，而儒者的心就像是窗户一样，既平坦又通畅。

与此同时，在对“穷理”进行诠释的时候，胡安国也对佛教的“息念坐禅”修养方式进行了批评，认为这种修养方式只会导致儒者的心像墙壁一样，其道路既崎岖又阻塞，根本行不通。此外，胡安国还说：“释氏虽有了心之说，然疑有未了者，正谓不先穷理，反以理为障也。”② 胡安国认为，佛教虽然有了心的说法，然而却存在有没了的疑问，明确反对佛教“不穷理，以理为障”的弊端。

正是由于客体性的理是一种外在性的客观存在，因此，胡安国的“穷理”说就是一种外求的修养方式。

2. 求放心：内求的道德修养方式

正如笔者前面所提到的，胡安国所认为的本体既包括理，又包

① （宋）卫湜：《礼记集说》卷149，文渊阁四库全书本。

② 《崇正辩·斐然集》第557页。转引自潘斌博士论文《宋代礼记研究》，四川大学。

括心，而其所倡导的“求放心”则是一种向内探求的修养方式。胡安国说：

> 四端五典，起灭心也。有所谓自本自根，自古以固存者。夫自本自根，自古以固存者，即起灭心是也。不起不灭心之体，方起方灭心之用。体用一源，显微无间，能操而常存者，动亦存，静亦存，虽百起百灭，心固自若也。放而不知求者，静亦亡，动亦亡，燕居独处，似系马而止也。①

“自本自根，自古以固存”者，原本是《庄子》论“道”的言语。胡安国认为，这就是人的起灭心，作为本体而存在的心之体，它是“不起不灭”的，而作为心之用，他是“方起方灭”的，正是因为其“方起方灭”的特征，所以才需要儒者进行操持，操持其心就是“求放心”，如果不求放心，那么心之用也就会变得荡然无存。

综上所述，胡安国所理解的“穷理”是学者向外探求的道德修养方式，“求放心”则是学者向内探求的道德修养方式。因此，胡安国所走的道德修养路线其实是二元性的。在胡安国的认识中，心与理都是宇宙万物的本体，通过求放心的向内探求和穷理的向外探求才能实现“心与理为一”的境界。在心、理二元本体论的思想前提下，胡安国所倡导的内求和外求的道德修养方式才能是合一的。

3. 对佛教的批评

但是，我们也应该看到，虽然胡安国所理解的道德修养方式是二元性的，即既主张内求，又主张外求，然而相对而言，胡安国对于外求的道德修养道路更加重视一些。胡安国说：

---

① 《崇正辩·斐然集》第 557 页。转引自潘斌博士论文《宋代礼记研究》，四川大学。

> 学佛者，其语则欲一闻便悟，其行则欲一超直入。纵有是理，必无是人。如舜，可谓上上根矣，然犹好问，犹察言，犹取诸人以为善。独闻斯行之，若决江河，与人异耳。今以中才欲了此事，不从博学、审问、慎思、明辨、笃行以求之，则亦何以异于谈饮食而欲疗饥渴乎？释氏虽有了心之说，然知其未了者，为其不先穷理，反以理为障，只求见解于作用处，全不究竟也。以理为障而求见解，故穷高极大而失其居，则惑人也，故无地以崇其德。①

学习佛教的人都讲求顿悟、一超直入，但是胡安国认为，即使有这样的道理，也不可能找到这样的人。即使是像大舜一样，具有“上上根”，依然是需要好问、察言、取诸人之善。而“中才”及“中才”以下的人，则必须按照《中庸》中所说的博学、审问、慎思、明辨、笃行的步骤进行探求，以此来达到穷理的目的，否则就会出现谈饮食就能吃饱饭的闹剧。佛教虽然有“了心”之说，但实际上它却是根本了不“了心”，原因就在于了心需要以穷理为前提条件，而佛教反而将穷理视为“了心”的障碍，这是根本不可能实现的。假如没有穷理的工夫为前提，而只是所谓的提倡“了心”那只会迷惑人，实际上根本行不通。这也是胡安国对佛教“息念坐禅”“顿悟”“一超直入”修养方式的批评。

4. 胡安国对后世的影响

在心与理为本体的诠释框架之下，胡安国所主张的“致知”“求放心”的修身工夫，对于后来湖湘学派的发展有着重要的开创与启发作用。湖湘学派自胡安国之后，又出现了许多著名的学者，如胡宏、张栻等人，他们所主张的修养工夫大多继承于胡安国，并

① 《崇正辩·斐然集》第557页。转引自潘斌博士论文《宋代礼记研究》，四川大学。

在此基础上有所发展。从宋代理学思想的发展来看，尤其是从南渡之后的理学思想发展来看，胡安国所倡导的心、理二元本体论分别影响到了陆九渊所提倡的心本论和朱子所提倡的理本论。具体到修养工夫而言，胡安国的“致知”和“求放心”的道德修养工夫分别被朱子的“格物致知”修养工夫和陆九渊的“求本心”的修养工夫所继承并进一步发展。

二　胡宏：性本体论下的致知穷理与求放心

胡宏，字仁仲，今福建人，南宋学者。公元1127—1130年，因战乱跟随父亲胡安国等人到今湖南、湖北避难，此后长期居住于衡山五峰，因此又被学者称为五峰先生，而卫湜在《礼记集说》之中即将其称为“五峰胡氏”。胡宏作为胡安国的儿子，他们共同开创了湖湘学派。不同于胡安国所理解的主体性的心本体与客体性的理本体，胡宏将心本体与理本体进行了承袭与综合，提倡要以性为本体。而其所谓的性则包含着两个方面，一方面包含宇宙的本原和万事万物存在的根据；另一方面也是个人的道德本体。

也就是说，胡宏所理解的性本体实际上是兼具胡安国的主体与客体的。正是在这种认识之下，胡宏提出了二元认识论。其一，胡宏主张通过《大学》文本中的“致知”来“穷理”，从而认识客观的“性”；其二，胡宏主张通过尽心和反求诸己来认识主体的“性”。

胡宏关于《大学》的诠释目前仍保存在《胡宏集》中，如其中的《知言》《大学》《与张敬夫》《复斋记》等篇。同时，我们也能够从卫湜的《礼记集说》中看到胡宏的相关注解，卫湜称之为“五峰胡氏曰”。

胡宏在《复斋记》一文中首先阐述了《大学》不传于后世的原因，他说：

> 人之生也，父天母地，天命所固有也。方孩提，未免于父母之怀。及少长，聚而嬉戏，爱亲敬长，良知良能在，而良心未放也。逮成童、既冠，嗜欲动于内，事物感于外，内外纷纠，流于所偏胜，故分于道者日远也。此《大学》所以不传，而人心之所以流漫支离，不可会归于一欤！①

胡宏认为，人在少年的时候由于良知良能还存在，还知道爱亲敬长；但是，等到成年之后，良知良能被自己的欲望和外在事物所迷惑，良知良能就逐渐丢掉了。因此，也就离道越来越远了。而这正是《大学》不流传于后世，而人心流漫支离，不能够会同于一的缘由所在。由此来看，陆九渊批评朱子“支离”之说，也被胡宏所承袭。

1. 客观的“性”：致知穷理

胡宏对于《大学》文本中的“致知”概念非常提倡，他在《汉文》一篇中说：

> 人皆谓人生则有知者也。夫人皆生而无知，能亲师取友，然后有知者也。是故知危者，然后可与图安者也；知亡者，然后可与图存者也；知乱者，然后可与图治者也。以楚子文之忠，而孔子犹曰“未知，焉得仁”？大哉知乎！天下万事，莫先乎知矣。是以君子必先致其知。②

胡宏说，人们都说人一生下来就有知。但是，胡宏认为人一生下来都是无知的，只有那些能够亲近师长，选择合适朋友的人，才是真正有知的人。因此，只有那些真正知道危险的人，才是可以跟

① （宋）胡宏著，吴仁华点校：《胡宏集》，中华书局1987年版，第152页。
② （宋）胡宏著，吴仁华点校：《胡宏集》，第43页。

他一起追求安定的人；那些真正知道危亡的人，才是可以跟他一起图谋治理的人。像楚国子文那样忠的人，而孔子仍说未知其人，怎么能称得上是仁人呢？可见，能知是多么的重要。天下万事万物，没有任何事情能够重于知。因此，君子最重要的事情就是要先致知。这种“知”是知天下万事，是一种独立于人之外的客观存在，而不是人从一出生就拥有的，它必须要通过亲师取友来获得。胡宏的这种说法，显然跟陆九渊重视“隆师亲友”有一致的地方。胡宏认为，人并不是一出生就能知的，而是来源于对事物的认识才获得知的，直接否定了当时人们所认为的人天生就有知的观点，认为“知”的获得源自于与客观事物的接触为前提，尤其是来自于老师和朋友的教导，突出了接触客观事物与尊师重友的重要性。

虽然胡宏提出了“缘事物而知”[①] 的观点，但是人与事物在接触的时候有可能获得真正“知”，也会存在无法获得真正的“知”的情况，胡宏在《复斋记》一文中说：

> 夫人非生而知之，则其知皆缘事物而知。缘事物而知，故迷于事物，流荡失中，无有攸止，自青阳至于黄发，茫茫如旅人不得归家而安处也。今欲驱除其外诱，不失其赤子之心，以复其所由生之妙，则事事物物者，乃人生之不可无，而亦不能扫灭使之无者也。[②]
>
> 儒者之道，率性保命，与天同功，是以节事取物，不厌不弃，必身亲格之，以致其知焉。夫事变万端，而物之感人无穷。格之之道，必立志以定其本，而居敬以持其志。志立于事物之表，敬行乎事物之内，而知乃可精。[③]

① （宋）胡宏著，吴仁华点校：《胡宏集》，第152页。
② （宋）胡宏著，吴仁华点校：《胡宏集》，第152页。
③ （宋）胡宏著，吴仁华点校：《胡宏集》，第152页。

在卫湜的《礼记集说》中，只有一段文字是卫湜引用胡宏的观点来解说《大学》，这段文字如下：

> 五峰胡氏曰：人非生而知之，则其所知皆缘事物而知。故迷于事物，流荡失中，无所攸止。然所谓事物者，乃人生所不可无而亦不能扫灭使之无者也。故儒之道，即事即物，不厌不弃，必身亲格之，以精其知焉。格之之道，立志以定其本而居敬以持其志。志立乎事物之表而敬行乎事物之内，则物可格而知可精矣。宏①

宏，即胡宏，即胡安国的少子，人称五峰先生，也即卫湜所说的五峰胡氏。通过对比《胡宏集》中的内容可知，卫湜的此段引文来自于《胡宏集》中的《复斋记》一文。可以说是对以上两段文字的简化，基本符合其所秉承的“删减繁芜”，但不改变作者原意的编辑理念。

在胡宏的理解中，“知”的确是来自于跟事物的接触，但是人如果受到事物的迷惑，流动飘荡失去中道，没有所止，那么无论是青春洋溢的年轻人，还是头发斑白的老年人，都无法看清其中的“知”，就像是奔波在外的人不能够回到自己的家中安定闲适地生活一样。现在如果想要驱除外在事物的诱惑，不丢失其赤子之心，以此来恢复其本来就具有的玄妙，那么，外在的事事物物，乃是人生活在这个世界上所不可或缺的，也是人所不能够完全扫灭使之消失的。由此来看，事事物物在人的“致知”过程中，或者“穷理”过程中是必不可少的，也并不以人的意志为转移。因此，胡宏倡导

① （宋）卫湜：《礼记集说》卷150，文渊阁四库全书本。

要“穷理”，胡宏所要穷的“理”正是事物之“理”，也就是客观性的万物之“理”。胡宏在《与张敬夫》一文中说：

> 夫理不穷，则物情不尽；物情不尽，则释义不精；义不精，则用不妙；用不妙，则不能所居而安；居不安，则不能乐天；不能乐天，则不能成其身矣。故学必以穷极物理为先也。然非亲之，则不能知味。惟不知味也，故终有疑，必待人印证也。①

同时，胡宏在《复斋记》一文中说：

> 目流于形色，则志自反，而以理视。耳流于音声，则知自反，而以理听。口流于唱和，则知自反，而以理言。身流于行止，则知自反，而以理动。有不中理未尝不知，知之未尝复行，此颜子所以克己复礼，不远复而庶几圣人者也。及其久也，德盛而万物一体，仁熟而变通不穷，岂特不为事物所迷乱而已哉？②

在第一段引文中，胡宏认为，事物之理如果不能穷尽，那么事物之情就不能穷尽；事物之情不能穷尽，那么其诠释道义就不能精进；其诠释道义不能精进，那么事物之用就不会玄妙；事物之用不能玄妙，那么人就不能安居乐业；人不能安居乐业，那么人就不能乐天知命；不能乐天知命，那么人就不能成就其身了。因此，作为一个人，必须要能学习，而学习的首要任务就是要穷极物理。而在穷极物理之时必须要亲自为之才能知味。如果是不能知味，那么必

① （宋）胡宏著，吴仁华点校：《胡宏集》，第131页。
② （宋）胡宏著，吴仁华点校：《胡宏集》，第152—153页。

然会有疑惑，必定需要等待人进行验证。由此来看，胡宏强调了穷极物理以此来致知的重要性，而且特别强调了要学者亲自穷理，其实践性意义较为突出。

胡宏首先强调了“知”的获得必然是以与客观事物的接触为前提和条件的，这点毋庸置疑，但是在“知”的获得过程之中则需要借助于眼睛、耳朵、嘴巴、身体等各种具体的器官，这些生理性的器官容易受到形色、声音、唱和、行止的影响，若想获得“知”则必须“以理视”“以理听”“以理言”“以理动”。我们可以将眼睛、耳朵、嘴巴、身体等各种具体的器官与事物的接触看作感性认识，那么“以理视”“以理听”“以理言”“以理动”的标准就属于感性认识的升级——理性认识。

2.《大学》之方在致其知

胡宏对于“大学”有着自己的理解，他在《大学》一文中说：

> 胡子曰：孔子十五而志于学，何学也？曰：大学也，所以学修身、齐家、治国、平天下之道也。……呜呼！伏羲、神农、黄帝、尧、舜、禹、汤、文、武、周公、孔子、孟轲之学，立天地之经，成万物之性者。然则请问大学之方可乎？曰：致知。请问致知。曰：致知在格物。物不格，则知不至。知不至，则意不诚。意不诚，则心不正。心不正而身修者，未之有也。是故学为君子者，莫大于致知。彼夫随众人耳目闻见而知者，君子不谓之知也。①

胡宏说，孔子十五而志于学，到底是在学什么呢？他自答曰，孔子所学的东西就是大学，学习修身之道、齐家之道、治国之道、

① （宋）胡宏著，吴仁华点校：《胡宏集》，第31—32页。

平天下之道。大学就是历代圣贤之学，是顶天立地之经，是成就万物之性。那么，成就大学之道的方法是什么呢？答案就是致知。那么，怎么理解致知呢？胡宏说，致知在格物。事物有所不格，那么知也就不能极至。知有所不至，那么意就无法精诚。而意无法精诚，那么心就不能正。心有所不正而指望能修身者，这是从来没有过的事情。因此，如果学者想学为君子，最重要的事情就在于能致知。那么跟随着众人的耳目闻见而知晓的知，作为君子是不称之为知的。由此来看，胡宏所理解的“大学”就是圣人之学，而大学之道，则包含了修身之道、齐家之道、治国之道、平天下之道。大学之道的关键在于致知，而致知的关键在于格物。如果物不能格，那么知就无法至，知无法至，那么意则不诚，意不诚则心不正，心不正则身不修。致知是修身之道的起点与关键之处。而格物又是致知的起点与关键，格物则必然跟学者的行动有着密切的联系，没有身亲格之，则格物不成，故行动又处于非常重要的境地。

行动与致知是胡宏非常重视的概念，胡宏亦非常重视《大学》中所体现的“致其知”概念。他认为，行《大学》之道的关键就在于致其知。胡宏在《知言·事物》一文中提道：

> 行之失于前者，可以改之于后；事之失于今者，可以修之于来。虽然，使行而可以逆制，则人皆有善行矣；使事而可以预立，则人皆有善事矣。惟造次不可以少待也，惟颠沛不可以少安也，则行失于身，事失于物，有不可胜穷者矣。虽强力之人，改过不惮，其如过之不穷何？是以《大学》之方在致其知。知至，然后意诚；意诚，则过不期寡而自寡矣。①

① （宋）胡宏著，吴仁华点校：《胡宏集》，第22—23页。

胡宏认为，如果在前面有不合适的行为，那么可以在后面改正这些不合时宜的行为；如果现在有些不合适的事情，那么可以在未来改正这些不合适的事情。如果行为可以撤销的话，那么人人都可以有善行可做；如果事情可以提前判断的话，那么人人都可以有善事可行。只有匆忙仓促之间不可以少待，只有颠簸在外不可以少安，那么行为离开身体，事情离开事物，有太多不可以穷尽的地方。即使是强力的人，不忌惮于改过，难道这些过错是无穷的吗？因此，《大学》之道的方法在于致其知。人能知至，然后才能够意诚；人若能意诚，那么人不用自己期待着寡过而过错自然而然就会变少。

3. 主体的“性”：尽心和求放心

前文已述，胡宏所理解的“性”本体，继承于胡安国的思想，既包含客体的“性”，又包含主体的“性”。而对于主体的“性”的修养方式，胡宏主张通过“尽心”与“求放心”来实现。胡宏所理解的“心”实际上是指“性”的发动之处。在胡宏的思想体系中，“性是心的客体化，心是性的主体化”。[①] 由此来看，客体意义的“性”与主体意义的“心”两者是不可分离的，必须通过主体的“心”来认识客体的“性”，即求放心。在《宋朱熹胡子知言疑义》一文中，胡宏说：

> 《知言》曰：心无不在，本天道变化，为世俗酬酢，参天地，备万物。人之为道，至大也，至善也。放而不知求，耳目闻见为己蔽，父子夫妇为己累，衣裘饮食为己欲，既失其本矣，犹皆曰我有知，论事之是非，方人之短长，终不知其陷溺者，悲夫！故孟子曰：“学问之道无他，求其放心而已矣。”[②]

① 朱汉民：《湖湘学派史论》，湖南大学出版社2004年版，第123页。

② （宋）胡宏著，吴仁华点校：《胡宏集》，第331页。

胡宏说，主体性的“心”是无处不在的，本来是来自于天道的变化，能够进行世俗之间的应酬，与天地并列为三，万事万物都为“心”所具备。人之修道，是最大的，最崇高的善。如果放任其“心”而不知道求“心”，那么就会被耳目闻见所遮蔽，被父子夫妇所连累，被衣裘饮食所占满，既然都已经失去了“心”这个根本，还都在说我能知，进而讨论事情的是非对错，议论别人的长处短处，最终都不知道自己已经陷溺于其中了，太可悲了。因此孟子才说：“追求学问修养的方式没有什么，只是求其放心罢了。”胡宏明显是受到了孟子“求其放心”思想的影响，才提出来“求放心”的修养方式。

综上所述，基于性本体论的思想框架，胡宏的修养方式分为两种，一种是通过《大学》文本中的“致知”来“穷理”，从而认识客观的“性”；另一种是通过“求放心”来认识主体的“性”。这种“致知穷理”和“求放心”的修养范式，事实上是承袭于他的父亲胡安国所主张的内求与外求的认识修养方式。虽然胡宏想克服胡安国所倡导的心、理二元本体论的矛盾之处，故此，提出了性本体论的主张，然而其“致知穷理”和“求放心”的修养方式却恰恰是回到了胡安国的二元本体论，这是需要引起学者们注意的地方。

第四章

卫湜与《大学集说》

《大学》原是小戴《礼记》中的第四十二篇。唐以前，《大学》并没有单独刊行本，学者们只是将其看作《礼记》中的一篇进行研究和注释，直到宋代才有单独刊行本。正如前文所述，两宋时期很多学者的《大学》著述我们今天已经很难见到全文了，而《大学集说》则是卫湜《礼记集说》中的一篇，保存了两宋儒者对《礼记·大学》篇的集中阐释，具有无可替代的价值。

第一节 《大学集说》的主要内容

《礼记集说》正文一百六十卷，其中卷一四九至一五三为《大学集说》部分。卫湜撰《大学集说》总共征引了汉唐、两宋诸儒，共三十九家解义（见附录四）。这些解义主要包括两方面的内容：一是对篇名所作的解题，二是对经文所作的解义。下面我们就来仔细考察一下《大学集说》的主要内容。

一 卫湜与《礼记集说》、《大学集说》

卫湜，字正叔，自号栎斋，吴郡人，亦称平江府昆山（今江苏昆山）人，生活于宋宁宗、理宗时代。其父为卫季敏，其兄为状元卫泾（公元1159—1226年）。卫湜好古博学，屡次辞去官职。其家藏书甚丰，叶适曾经作《栎斋藏书记》一文，称卫湜“酷嗜书，山聚林列，起栎斋以藏之”。后世学者称其为栎斋先生。

《礼记集说》开始撰写于开禧、嘉定年间，前后经历二十余年方才告成。公元1225年，魏了翁曾为其作《礼记集说序》。公元1226年，卫湜亲自撰写《礼记集说序》及《礼记集说后序》，十分详细地叙述了此书编撰的前后始末。卫湜于公元1226年10月，将其呈献于朝廷。此后，卫湜还花费9年的时间对其进行了相应的修改。

顾名思义，《礼记集说》是卫湜所编辑整理的历代主要《礼记》解说的合集。此书所采集的各家解说可谓众多，从汉代郑玄的注、唐代孔颖达的疏开始，一直到南宋当时学者的注解，总计达一百四十四家之多。还有部分书籍是涉及《礼记》而并非专门解《礼记》的，亦有一些。

也就是说，卫湜《礼记集说》的资料来源非常广泛，至少包含四方面的来源。《礼记集说》载：“以上解义唯严陵方氏、庐陵胡氏始末全备，自余多不过二十篇或三数篇或一二篇或因讲说仅十数章，其他如语录如文集凡有及于礼经可以廾晓后学者裒辑编次，粗已详尽。”①

首先，涉及《礼记》全篇者。如方悫的《礼记解义》、胡铨的《礼记传》，这两本解说涉及《礼记》全篇。其次，涉及《礼记》部分篇章者。这部分解说都会部分涉及《礼记》的篇章，多的可能会涉及二十篇左右，少的可能会涉及几篇或者一两篇，甚至还有一些是这些篇中相关章节的解说。再次，涉及《礼记》相关解说的语录、文集、杂说、群经讲论等等。在这部分内容中，只要是能开导学者，使学者能明白事理的解说，卫湜都按照一定的顺序将其汇集

① （宋）卫湜：《礼记集说》，《名氏》，文渊阁四库全书本。

编辑在一起。最后，还有部分涉及礼制的著作。《礼记》一书中包含着大量的礼仪制度，其中最重要的便是丧礼，故此，卫湜还将唐代杜佑《通典》中探讨丧制的内容都汇编在了《礼记集说》之中。

应该说，卫湜在对《礼记集说》进行编纂时所选取的内容相当谨慎，并不是所有与《礼记》相关的解说都选用，如那些承袭旧说、勉强比附的都舍之不用，典型的代表有夏休的《破礼记》。

卫湜搜罗整理编辑《礼记集说》的功绩相当伟大，《四库全书总目》载："今自郑《注》、孔《疏》而外，原书无一存者。朱彝尊《经义考》采摭最为繁富，而不知其书与不知其人者，凡四十九家，皆赖此书以传。亦可云'礼家之渊海'。"四库馆臣对其评价极高，将其看作为"礼家之渊海"，其最大的功绩便是保存了两宋以来主要儒者对于《礼记》的注解，对于许多早已经亡佚的儒者解说来说，具有唯一传承的重要作用。

《礼记集说》在宋代成书之后，曾经刊刻过一次，但是今天已经亡佚了。卫湜曾经花费 9 年的时间进行删补，并于宋嘉熙四年（公元 1240 年）在新定郡斋重新刊刻。宋嘉熙年间的刊刻本至今还存有一部，现在收藏于中国国家图书馆，《中华再造善本》就是根据这一刊刻本加以影印而来。根据王锷先生《三礼研究论著提要》一书的考证，除宋嘉熙刊刻本之外，还存在影写宋刊本、明抄本四种、《通志堂经解》本、文渊阁《四库全书》本及旧抄本、高丽本等。此外，还有摛藻堂《四库荟要》本。比较著名的就是宋嘉熙四年新定郡斋刻本、《通志堂经解》本、文渊阁《四库全书》本以及摛藻堂《四库荟要》本。

《礼记集说》正文一百六十卷，其中卷一四九至一五三为《大学集说》部分。《大学集说》是卫湜《礼记集说》中的一篇，是至今为止学者所能见到的保存汉唐至两宋儒者对《大学》篇最集中的阐释，其意义巨大。卫湜撰《大学集说》总共征引了汉唐、两宋诸儒，共三十九家解义，二程合为一家（见附录四）。这些解义主要包括两方面的内容：一方面是对《大学》篇名所作的解题，另一方面是对《大学》经文所作的解义。下面笔者就来仔细考察一下《大学集说》的具体内容、编排体例及特点。

二　《大学集说》的篇名解题

东汉末年的郑玄对《礼记》四十九篇分别作了解题，在对《大学》篇名进行解题时，郑玄云：

> 名曰《大学》者，以其记博学，可以为政也。此于《别录》属通论。①

郑玄在解题中，对《大学》篇名的含义作了如上的解释，郑玄认为，《大学》一书，主要是记载通过博学可以为政。这在西汉刘向的《别录》一书之中属于通论的部分。可以看出，郑玄对于《大学》篇题的理解重点在于强调“为政”。这对于后人正确理解《大学》篇的主旨具有十分重要的参考价值。唐代孔颖达所撰写的《礼记正义》沿用了郑玄的解题，并作了进一步的深化。《礼记正义》曰：

> 此《大学》之篇，论学成之事，能治其国，章明其德于天下，却本明德所由，先从诚意为始。②

孔颖达在郑玄“博学”的基础上进一步推论，认为《大学》

---

① （汉）郑玄注，（唐）孔颖达疏：《礼记正义》，上海古籍出版社 2008 年版，第 2236 页。

② （汉）郑玄注，（唐）孔颖达疏：《礼记正义》，第 2236 页。

这篇文章，是在论述学成之事，学成之后能够治理其国家，事实上即是将郑玄所理解的“可以为政”理解为能治理其国家，显明其明德于天下。在这种推论的基础上强调了“明德”的重要性，并认为“明德”的根本首先是从“诚意”开始的。凸显了治国、明德之所需要的“诚意”的重要性。

宋代学者对《礼记》各篇篇名及主旨也多有发明，其中对郑玄、孔颖达的解题有继承的成分，也有修正之处。卫湜对汉唐和宋代各家的《大学》篇题所进行的注解予以征引，从而使人们能从各种不同的视角对《大学》篇题主旨有较为全面的把握。

在对《大学》篇题进行解说时，卫湜征引了孔颖达、二程、吕大临、杨时、司马光、朱熹、陆九渊七家的观点，现将卫湜所征引诸家之说罗列于下：

> 孔氏曰：案郑《目录》云，名曰《大学》者，以其记博学，可以为政也。此于《别录》属通论。①

孔氏即是唐代学者孔颖达。孔颖达说，按照郑玄《三礼目录》的相关记载，《大学》这篇文章就是记载博学，可以为政的。这在刘向的《别录》之中属于通论部分。卫湜此段引文的征引与笔者在上文中所列举的《礼记正义》的内容是一致的。需要指出的是，目前学者所能看到的郑玄《大学注》主要保存在孔颖达的《大学正义》之中，故此，也可以认为，卫湜所征引的郑玄与孔颖达的解说主要来自于孔颖达的《礼记正义》。

> 河南程氏曰：《大学》乃孔子遗书。须从此学，则不差。

---

① （宋）卫湜：《礼记集说》卷149，文渊阁四库全书本。

或问伊川先生曰：初学如何？曰：初学入德之门无如《大学》者。今之学者，赖有此篇书存，其他莫如《论》、《孟》。①

卫湜所说的“河南程氏”即程颢、程颐两兄弟。根据历史的记载，程颢、程颐在中国思想史上首次明确提出《大学》是孔子的遗书，在此之前是没有学者明确提出来的。正是因为《大学》是孔子的遗书，因此学者从这本书开始学习就不会产生差错了。此外，伊川先生一般是指程颐。程颐（公元1033—1107年），字正叔，世居中山，后徙为河南府洛阳（今河南洛阳）人，世称伊川先生，北宋理学家、教育家，为程颢之胞弟。

程颐说：“对于初学的学者而言，究竟应该如何学习呢？”回答说：“对于初学的学者来说，进入圣德之门的话，没有哪篇文章是能够超过《大学》这篇文章的。对于当今的学者而言，正是有赖于《大学》这篇文章的存在，（学者才能顺利进入圣德之门），而其他进入圣德之门的书籍就没有能够超越《论语》《孟子》的。”由此可见，程颐对于《大学》主旨的理解主要包含两个方面，一方面是认为《大学》是孔子的遗书，确定了《大学》的作者归属问题；另一方面是认为《大学》是进入圣德之门的最佳途径，《大学》的功绩就在于其对学者修德进德有着最重要的指导意义。而蓝田吕氏则说：

蓝田吕氏曰：《大学》之书，圣人所以教人之大者，其序如此。盖古之学者，有小学，有大学。小学之教，艺也、行也。大学之教，道也、德也。礼、乐、射、御、书、数，艺也。孝、友、睦、姻、任、恤，行也。自致知至于修身，德

① （宋）卫湜：《礼记集说》卷149，文渊阁四库全书本。

> 也。所以治天下、国家，道也。古之教者，学不躐等，必由小学，然后进于大学。自学者言之，不至于大学所止，则不进。自成德者言之，不尽乎小学之事，则不成子夏之门人。从事乎洒扫、应对，在圣人亦莫不然。恂恂、便便，曲尽于乡党朝廷之间；勃如、躩如、襜如、翼如，从容乎进退、趋揖之际；盖不如是不足谓之成德矣。后之学者，穷一经至于皓其首，演五字至于数万言，沉没乎章句、诂训之间，没世穷年，学不知所用。一身且不能治，况及天下国家哉？此不及乎大学者也。荒唐缪悠，出于范围之中，离于伦类之外；慢疏亲戚、上下等差，以天地万物为幻；妄视天下、国家以为不足治，卒归于无所用而已。此过乎大学者也。此道之所以不明且不行。秦汉之弊，政薄俗陋，百世而不革。杨、墨、庄、老之道，肆行于天下而莫知以为非。巍冠博带、高谈阔论，偃然自以为先生、君子。诬罔圣人，欺惑愚众，皆大学不传之故也。①

蓝田吕氏对于《大学》篇题的解说内容较多。吕氏认为，《大学》是圣人教化人最重要的地方，有着必然的顺序，不能随意越过。古代之学分为小学与大学。小学教育人艺与行，大学教育人德与道。古代之教化，必须由小学进而到大学，按照顺序而来。若不如此，就不能成德，不能成道，就会出现“不及乎大学”与“过乎大学”的情况。此外，吕氏还提出了《大学》之所以不传的原因所在，即对秦汉之弊与杨、墨、庄、老之道的批评。需要指出的是，吕氏认为“过乎大学者”正是“道之所以不明且不行”的原因，吕氏此处所说的“道之所以不明且不行”正是引用了《中庸》文本“子曰：‘道之不行也，我知之矣，知者过之，愚者不及也。

① （宋）卫湜：《礼记集说》卷149，文渊阁四库全书本。

道之不明也，我知之矣。贤者过之，不肖者不及也。人莫不饮食也，鲜能知味也。’子曰：‘道其不行矣夫’”来解说《大学》，由此也可以看出，吕氏是有明显引用《中庸》文本诠解《大学》之处。而杨时则说：

> 延平杨氏曰：《大学》一篇，圣学之门户。其取道至径，故二程先生多令初学者读之。盖《大学》自正心诚意至齐家治国平天下只一理。此《中庸》所谓合内外之道，不合则所守与所行自判而为二矣。孔子曰：“子率以正，孰敢不正?”子思曰：“君子笃恭而天下平。”孟子曰：“其身正而天下归之，皆明此也。”又曰：“《大学》之书，其圣学之门乎？不由其门而欲望其堂奥，非余之所知也。”①

延平杨氏即延平杨时，朱子曾经求学于杨时。杨时承袭了二程先生的观点，同样认为《大学》是圣学之门户，同样是引用了《中庸》的观点来注解《大学》。此外，还引用了孔子、子思、孟子等人的话语来注解《大学》。而司马光则说：

> 涑水司马氏曰：“夫离章、断句、解疑、释结，此学之小者也。正心、修身、齐家、治国以至盛德著明于天下，此学之大者也，故曰《大学》。”②

涑水司马氏即北宋著名的政治家司马光。司马光与蓝田吕氏的分类方法是有相似之处的，都将《大学》理解为“学之大者”，而关于“学之大者”的内容则包含正心、修身、齐家、治国、盛德明

---

① （宋）卫湜：《礼记集说》卷149，文渊阁四库全书本。
② （宋）卫湜：《礼记集说》卷149，文渊阁四库全书本。

于天下等方面。但是，对于“小学”的理解则存在着明显的不同。可以将蓝田吕氏与司马光对于《大学》主旨的理解都认为是“学之大者”。

在司马光之后，卫湜大量引用了朱子的解说来诠释《大学》的篇题，如：

> 新安朱氏曰：《大学》之书，古之大学所以教人之法也。盖自天降生民，则既莫不与之以仁义礼知之性，然其气质之禀或不能齐，是以不能皆有以知其性之所有而全之也。一有聪明睿智能尽其性者出于其间，则天必命之以为亿兆之君师，使之治而教之，以复其性。此伏羲、神农、黄帝、尧舜所以继天立极，而司徒之职、典乐之官所由设也。……
>
> 天运循环，无往不复。宋德隆盛，治教休明。于是河南程氏两夫子出，而有以接乎孟氏之传。实始尊信此篇而表章之，既又为之次其简编，发其归趣，然后古者大学教人之法、圣贤经传之旨，粲然复明于世。虽以熹之不敏，亦幸私淑而与有闻焉。顾其为书犹颇散失，是以忘其固陋，采而辑之，间亦窃附己意，补其阙略，以俟后之君子。极知僭逾，无所逃罪，然（于）国家化民成俗之意、学者修己治人之方，则未必无小补云。①

卫湜此处引用了朱子《大学章句·序》中的全部内容，限于篇幅，笔者只保留了第一段与最后一段的引文。朱子认为，《大学》的主要内容就是古代的大学教育人的方法，其思想主旨就是“学者

---

① （宋）卫湜：《礼记集说》卷149，文渊阁四库全书本。在卫湜的征引之中，然字之后并没有“于”字，而在朱熹的《四书章句集注》中则是有“于”字的，故此，笔者将“于”字添加在此。

修己治人之方”。笔者在《经学视野下的〈大学〉学史研究》一书中指出：“朱熹《大学》是学者的‘修己治人’之学。”[①] 详情可参考该书第四章节。

除以上卫湜征引朱子《大学章句集注・序》的全部内容之外，卫湜还引用了朱子的以下两句话来解说《大学》主旨：

> 又曰：圣人作《大学》，便要使人皆入于圣贤之域。
>
> 又曰：学者须是为己，圣人教人只在大学第一句“明明德”上。[②]

这两句话表明，朱子认为《大学》亦是由圣人所作，其目的就是要使学者进入圣贤境界。显然，朱子这两句话明显是承袭于二程与杨时的观点。与朱子同时代的陆九渊则说：

> 象山陆氏曰：此言《大学》指归。欲明明德于天下是入大学标的，格物致知是下手处，《中庸》言博学、审问、慎思、明辨，是格物之方。《学说》[③]

象山陆氏即陆九渊。陆九渊认为，明明德于天下是进入大学学习的目的，而其真正的下手之处就是格物致知。而格物致知的具体方法就是《中庸》文本中所说的“博学、审问、慎思、明辨”。由此来看，陆九渊亦是曾引《中庸》来注解《大学》。

综上所述，卫湜对诸家观点的罗列，使汉宋诸儒对《大学》篇的解题非常清晰地呈现在读者面前。由于各家是从不同的角度

---

① 张兴：《经学视野下的〈大学〉学史研究》，中国社会科学出版社 2019 年版，第 250 页。

② （宋）卫湜：《礼记集说》卷 149，文渊阁四库全书本。

③ （宋）卫湜：《礼记集说》卷 149，文渊阁四库全书本。

对篇名、篇旨予以解释，通过阅读卫湜所征引的诸家解题，读者就可全面掌握前人的研究状况，并在此基础之上提出自己的观点。可以看出，历代儒者对于《大学》主旨的理解基本可以分为四类，一是汉唐儒者多从“为政”的角度注解《大学》；二是以二程、杨时、朱子为主的宋代理学家侧重于从孔子作《大学》，《大学》为初学者入圣德之门途径的角度来理解《大学》；三是以蓝田吕氏、司马光为主的学者主张从“学之大者”的角度来理解《大学》；四是以陆九渊为主的“心学”学者侧重从“明明德”与“格物致知”的角度来理解《大学》。以上这些学者还有一个较为显著的特点，那就是普遍引用《中庸》的相关文本来注解《大学》篇题。

三 《大学集说》的编排体例

《大学集说》的编排体例不同于以往的注疏以及诠释，其编排体例比较独特，可以从以下四个方面来看其具体内容。

（一）采用汉唐学者对《大学》文本段落的划分

众所周知，历代学者对于《大学》文本段落的划分是不太一致的，其中对于个别段落的排列顺序亦是不同的。比较著名的有《礼记·大学》篇的顺序，还有朱子《大学章句》篇的顺序。朱子对于《大学》文本顺序的划分就是其经典的经文一章，传文十章，同时在传文五章补格物致知传。

而卫湜的《大学集说》，从其所选用的章节来看，其选择了《礼记·大学》篇的顺序作为自己的原始文本，这当然与其将《大学》放在《礼记》一书之中进行集合解说有着密切的关系。同时，卫湜将《大学》划分为十八段不同的文本，而这也从侧面展现出作者对于《大学》文本的理解。其具体的章节划分为：

第一章：从“大学之道，在明明德”到“知所先后，则近道矣”。

第二章：从“古之欲明明德于天下者，先治其国”到“其本乱而末治者否矣，其所厚者薄，而其所薄者厚，未之有也！此谓知本，此谓知之至也”。在朱子的理解之中，“此谓知本，此谓知之至也”属于传文之五章，并不应当出现在这里。朱子说：“此谓知本，程子曰：‘衍文也。’此谓知之至也。此句之上别有阙文，此特其结语耳。”[①] 即，朱子承袭了程子的观点，认为“此谓知本”就是“旧本颇有错简”[②] 中的“衍文”。而“此谓知之至也”即是朱子所理解的“格物致知传”的结语，是《大学》文本所存在的阙文。

第一章与第二章合在一起即是朱子所理解的经文一章，是“孔子之言，而曾子述之”[③]。

第三章：从“所谓诚其意者”到“富润屋，德润身，心广体胖，故君子必诚其意”。这在朱子的理解之中属于传文之六章，是用来阐释诚意的。

第四章：从“《诗》云：瞻彼淇澳，菉竹猗猗”到“君子贤其贤而亲其亲，小人乐其乐而利其利，此以没世不忘也”。

第五章：从“《康诰》曰：克明德”到“是故君子无所不用其极”。这是卫湜所理解的《大学》文本中的第五章，而朱子则将这一章分为两章，即从“《康诰》曰：克明德”到“皆自明也”理解为传文之首章，认为这是用来诠释“明明德”思想的。而从“汤之盘铭曰：苟日新”到“是故君子无所不用其极”理解为传文之二章，认为这是用来诠释“新民”的。

第六章：从“《诗》云：邦畿千里，惟民所止”到“与国人交，止于信”。这是卫湜所理解的《大学》文本中的第六章，而朱

① （宋）朱熹：《四书章句集注》，第 8 页。
② （宋）朱熹：《四书章句集注》，第 5 页。
③ （宋）朱熹：《四书章句集注》，第 5 页。

子则是将这一章放在卫湜所理解的第四章的前面，两者共同构成了传文之三章，朱子认为这是用来诠释“止于至善”的。

从卫湜划分的角度而言，这是他自己所理解的《大学》文本之前六章；而从朱子划分的角度而言，卫湜所理解的这六章《大学》内容则包括了经文一章、传文前三章即对明明德、新民、止于至善的诠释，传文五章、六章即对格物致知、诚意的诠释；而根据孔颖达《大学正义》的划分，孔颖达只是将《大学》文本划分为上下两部分，卫湜所理解的这六章即是孔颖达所认为的第一部分内容，而卫湜所理解的剩下的十二章即是孔颖达所认为的第二部分内容。

根据孔颖达对于第一部分内容的注解，其主要认为《大学》文本首先提出了“大学之道”即“在明明德，在亲民，在止于至善”。第一部分的主要内容是用来诠释“明明德”的，而“明明德”的关键又在于“诚意”，孔颖达认为《大学》文本在这第一部分之中花费了大量篇幅来诠释“诚意”，由此可以将其理解为第一部分主要是用来诠释“诚意”的。

根据孔颖达对于第二部分内容的注解，孔颖达对于《大学》文本的诠释主要集中在“修身、齐家、治国、平天下”方面，即“亲民”的方面。笔者在《经学视野下的〈大学〉学史研究》一书中曾提出：

> 孔颖达所疏解的“大学之道”其核心集中在两个方面，一方面是个人的“德”，即我们现在所说的“道德”之“德”；另一方面是为政者的“仁政之德”。个人彰显自己之光明之德、为政者之亲爱于民之“仁政之德”都处于至极美善之境界，这就是“大学之道”。而孔颖达对于“道德”之“德”的诠释集中在“诚意之道”上，认为这是“大学之道”根本中的根本。

而对于“仁政之德”的诠释集中在了为政者“为政”上，认为这是“大学之道”中“亲民”的关键所在。①

第七章：“子曰：听讼，吾犹人也。必也使无讼乎！无情者不得尽其辞。大畏民志，此谓知本。”这是卫湜所理解的《大学》文本中的第七章，而朱子认为，这一段文本属于传文之四章，是用来诠释“本末”的。朱子说“此章旧本误在‘止于信’下”②，按照《礼记·大学》篇的顺序，第七章文字原来的确是在“与国人交，止于信”之下。

第八章：从“所谓修身在正其心者”到“此谓修身在正其心”。这是卫湜所理解的《大学》文本中的第八章，而朱子认为，这一段文本属于传文之七章，是用来诠释“正心诚意”的。朱子说：“此亦承上章以起下章。盖意诚则真无恶而实有善矣，所以能存是心以检其身。然或但知诚意，而不能密察此心之存否，则又无以直内而修身也。○自此以下，并以旧文为正。”③ 朱子此处所说的“承上章”实际上是其所理解的传文之六章，用来诠释“诚意”的。其意思即是说此章是承上章诚意而来，以此来正心修身。朱子在对其做出解释之后，又说了从这一章之后，即从正心诚意章之后，剩余的三章，修身齐家章、齐家治国章、治国平天下章都跟《礼记·大学》篇的原文与顺序是一样的。

第九章：从“所谓齐其家在修其身者”到“此谓身不修不可以齐其家”。这是卫湜所理解的《大学》文本中的第九章，而朱子认为，这一段文本属于传文之八章，是用来诠释“修身齐家”的。

第十章：从“所谓治国必先齐其家者”到“此谓治国在齐其

① 张兴：《经学视野下的〈大学〉学史研究》，第 249 页。
② （宋）朱熹：《四书章句集注》，第 7 页。
③ （宋）朱熹：《四书章句集注》，第 7 页。

家”。这是卫湜所理解的《大学》文本中的第十章，而朱子认为，这一段文本属于传文之九章，是用来诠释“齐家治国”的。

第十一章：从“所谓平天下在治其国者”到“道得众则得国，失众则失国”。

第十二章：从“是故君子先慎乎德”到“货悖而入者，亦悖而出”。

第十三章：从“《康诰》曰：惟命不于常”到“亡人无以为宝，仁亲以为宝”。

第十四章：从“《秦誓》曰：若有一介臣”到“此谓唯仁人为能爱人，能恶人”。

第十五章：从“见贤而不能举，举而不能先”到“忠信以得之，骄泰以失之”。

第十六章：从“生财有大道，生之者众”到“未有府库财非其财者也”。

第十七章：从“孟献子曰”到“此谓国不以利为利，以义为利也”。

第十八章：从“长国家而务财用者”到“此谓国不以利为利，以义为利也”。

这是卫湜所理解的《大学》文本中的第十一章至第十八章，而朱子认为，这一段文本属于传文之十章，是用来诠释“治国平天下”的。朱子说：“此章之义，务在与民同好恶而不专其利，皆推广絜矩之意也。能如是，则亲贤乐利各得其所，而天下平矣。”①朱子的这段注解，是在前面《大学》章节为学者修己治人的基础上所推导的国家化民成俗之观点，应该说这是《大学》文本本身就具有的为政者治民思想，朱子认为这几乎占据《大学》全文三分之一

① （宋）朱熹：《四书章句集注》，第14页。

篇幅的内容并不好处理，原因就在于这部分内容几乎全是在讲为政者如何亲爱于民，如何维护国家的良好统治，这与其所理解的“学者修己治人之方”有着较大的差别，索性朱子就在《大学章句·序》中加入“于国家化民成俗之意、学者修己治人之方，则未必无小补云”①。如果仔细推演的话，学者能修己，但修己之后未必就能必然有其位，若无其位也就只能做到修己，即使是能得居其位，而根据郑玄、孔颖达的理解，为政者的主要对象是指国君与大臣，跟朱子所理解的学者存在着较大的差别。因此，朱子对于传文的第八、九、十章，即修身齐家、齐家治国、治国平天下章只能是按照旧本的顺序来处理，“自此以下，并以旧文为正”②。

以上就是卫湜所理解的《大学》文本顺序，即是以《礼记·大学》本之顺序作为正宗。虽然在宋代时期已经有了蓝田吕氏、二程、朱子的《大学》改本，但非常难能可贵的是，卫湜并没有采用宋代学者的修改版本，而是保持了《礼记·大学》篇顺序的原貌，就像其在《礼记集说·后序》中所说的那样“他人著书，惟恐不出于己，予之此编，惟恐不出于人。因不敢谓此编能尽经旨，后有达者，何嫌论著，谨无袭此编所已言，没前人之善可也。”③

（二）先列经文，后列解义

卫湜《大学集说》在征引诸家解题内容后，又另起一行，顶格先附一段《大学》经文，经文之后，再另起一行，低一格罗列诸家关于经文的解义，并以“某氏曰”字样引出解义的内容。在引用第二家解义时，则又另起一行，仿照第一家的格式予以征引。这样的格式，使读者对《集说》所征引各家的内容一目了然。

下面，笔者以《大学集说》中的一段征引解说来具体展示一下

① （宋）朱熹：《四书章句集注》，第3页。

② （宋）朱熹：《四书章句集注》，第9页。

③ 《经义考》卷142。

《大学集说》的编排体例。如在解说《大学》文本“子曰：听讼，吾犹人也。必也使无讼乎？无情者不得尽其辞，大畏民志。此谓知本”一章时，卫湜首先是将要解说的这一段《大学》文本附在最前面，在这段文本之后，再逐次罗列各家对于这段文本的解说，其格式一般是以“某氏曰”的开头方式引出其所征引的解说内容。其最显著的一个特征就是先列经文，后列解义。这一体例特征贯穿于整个《大学集说》文本，在卫湜所划分的十八个章节之中，卫湜一直坚持这样的体例来征引各家解说，这样做的一个非常明显的好处就是读者能够一眼看出各家对于同一段文本不同的理解和阐释。

（三）首列汉唐之“郑注孔疏”

汉代郑玄的《礼记注》和唐代孔颖达的《礼记正义》为《礼记》汉学的最高成就。卫湜对这两家注解十分重视，他在罗列了一段《礼记》经文之后，一般先列出郑玄相关的《大学注》，再列出孔颖达相关的《大学正义》。对郑玄《大学注》和孔颖达《大学正义》的重视，贯穿于整本《大学集说》。

虽然卫湜是南宋时期之人，但是其并没有刻意忽略汉唐学者对于《大学》文本的阐释。通观《大学集说》，卫湜在罗列《大学》文本之后，首先征引的各家解说就是郑玄的《大学注》与孔颖达的《大学正义》。如：

> 郑氏曰：情，犹实也。无实者多虚诞之辞。圣人之听讼与人同耳，必使民无实者不敢尽其辞。大畏其心志，使诚其意不敢讼。本，谓诚其意也。
>
> 孔氏曰：无情者以下，记者释夫子之意也。①

① （宋）卫湜：《礼记集说》卷151，文渊阁四库全书本。

郑玄认为，“无情者”中的“情”字就如同是“实”字一样。没有实情的人在说话的时候往往会说许多荒诞无稽的话语。圣人在听理诉讼的时候与别人是一样的，必定要使那些没有实情的民众害怕说出其荒诞无稽的话语。非常敬畏自己的意志，使精诚其意志而不敢于付诸诉讼。“知本”之“本”就是指要诚其意。郑玄的这段注文，是要突出圣人知民志，圣人要使民知其心志，圣人要使民诚其意，使民众自己知道荒诞无稽的话语并非自己的意志，从而自己不敢主动付诸诉讼，从诉讼发生的根源去处理诉讼，而不是具体地处理诉讼中的一件具体事情，尤其是将听讼提高到了“诚其意”的思想高度，圣人要使民诚其意，尤为难能可贵。

孔颖达认为，“无情者不得尽其辞”以下的内容，是《大学》的记录者用来诠释孔子之意的。卫湜对于孔颖达《大学正义》的征引只有这一句话，明显没有将孔颖达疏解《大学》文本精华的部分征引出来，这不能不说是一件遗憾的事情。孔颖达在《大学正义》中说：

> “子曰‘听讼，吾犹人也’”此一经广明诚意之事，言圣人不惟自诚己意，亦服民使诚意也。孔子称断狱犹如常人，无以异也。言吾与常人同也。①

孔颖达认为，孔子听讼这一段经文依然是在广泛地阐明诚意之事，这段经文是在说圣人不仅仅是要求自己能够做到自诚己意，也要能够顺服民众，使民众也能自诚己意。孔子说自己在审理判决案件的时候跟普通人是一样的，没有什么特别之处。这是说孔子和普通人都是相同的。孔颖达对这段经文阐释的重点在于孔子不仅能自

① （汉）郑玄注，（唐）孔颖达疏：《礼记正义》，第2255页。

诚己意，而且还能使民自诚己意。要知道能自诚己意已经不容易，还要能顺服民众，使民众也能自诚己意，这就非常不容易了。即使孔子说自己跟普通人是一样的，但做到了使民诚其意，这正是孔子不同于常人之处，亦是孔子之所以为圣人之处。卫湜所征引的“无情者以下，记者释夫子之意也”只是孔颖达《大学正义》中对“无情者不得尽其辞，大畏民志”一句的诠释，且不完整。孔颖达在《大学正义》中说：

> “大畏民志”者，大能畏胁民人之志。言人有虚诞之志者，皆畏惧不敢讼。言民亦诚实其意也。“听讼，吾犹人也，必也使无讼乎”，是夫子之辞。“无情者不得尽其辞，大畏民志”，是记者释夫子无讼之事。然能使无讼，则是异于人也，而云“吾犹人”者，谓听之时备两造，吾听与人无殊，故云“吾犹人也”。但用意精诚，求其情伪，所以使无讼也。①

卫湜所征引的“无情者以下，记者释夫子之意也”并非是孔颖达《大学正义》的原文，其原文是“记者释夫子无讼之事”，“夫子之意”不可谓之错，当是卫湜对孔颖达《大学正义》的总结，但是却不如“夫子无讼之事”更为具体，且跟前文中的“圣人不惟自诚己意，亦服民使诚意也”前后呼应。由此，亦可以看出，虽然卫湜标榜自己“能尽经旨”②，但限于篇幅，卫湜之征引依然会出现引文不全面以及阙漏之处，故此，在阅读卫湜《大学集说》时若能参考相关引文的作者原文，效果会更好、更全面一些。

（四）以时代的先后顺序排列两宋诸家解义

此外，卫湜还以时代的先后顺序排列两宋诸家解义，这样的排

① （汉）郑玄注，（唐）孔颖达疏：《礼记正义》，第2255页。

② 《经义考》卷142。

列顺序有利于读者考察历代儒者解义的前后因革。首先要提到的便是二程两位先生：

> 河南程氏曰：或问："此谓'知本'，止说'听讼吾犹人也，必也使无讼乎？无情者不得尽其辞，大畏民志，何也？'"先生曰："且举此一事，其它皆要知本，听讼则必使无讼是本也。"伊川①

有人问伊川先生："《大学》文本中说'此谓知本'，却只是说听讼吾犹人也，这究竟是为什么呢？"伊川先生回答说："且列举听讼这一件事情，其它的事情也要像听讼一样，都要知本。听讼之时，则必要使其无讼，是知本也。"根据《二程集》的记载，"或问"原文为"又问"，"此谓'知本'"原文为"《大学》知本"②，语出自《河南程氏遗书·卷第二十二上·伊川先生语八上》。虽有个别文字与原文不一致，但其整体意思保持一致。此外，张载说：

> 横渠张氏曰：大畏民志，大畏服其民志，使民诚服，犹神武而不杀也。威德素著，则民自畏服。无情者不敢尽其辞，则知过必改，不可幸免，故无讼也。此则三不欺，圣人皆有之，爱则不忍，明则不能，威则不敢。③

横渠张氏即张载。张载说："大畏民志，非常惧怕而服从其民意，使民众诚其意而服从，就像是英明威武的帝王而不去杀人。声威与德行一直显著，那么民众自己就会畏服。无情者不敢尽其辞，

① （宋）卫湜：《礼记集说》卷151，文渊阁四库全书本。
② （宋）程颢、程颐著：《二程集》，中华书局1981年版，第280页。
③ （宋）卫湜：《礼记集说》卷151，文渊阁四库全书本。

是说知道过错必定要改正，这是不可能避免的，没有任何商量的余地，因此才会产生无讼。这就是所谓的‘三不欺’，圣人都具有这三不欺，爱则不忍欺，明则不能欺，威则不敢欺。”应该说，张载的这种诠释是比较特殊的，其诠释的重点并不在圣人诚意与否上，而在于圣人所具有的“三不欺”原则，重点突出了圣人之爱、明、威的功效。此外，清江刘氏说：

> 清江刘氏曰：听讼能判曲直，岂不为美？然而圣人之意，以无讼为先者，贵息争于未形也。①

清江刘氏则认为，听理诉讼能够判断是非曲直，难道不是一件美好的事情吗？但是圣人之意，在于使民众之间没有诉讼作为首要追求目标，贵于在未显现之际就停止争论。清江刘氏诠释的重点在于圣人能“息争于未形”，这是其所理解的“必也使无讼”的关键所在。

> 延平周氏曰：圣人听讼与人同，使无实之人不得尽其辞则异。②

延平周氏则认为，在听讼方面，圣人与常人都是相同的，而在使无实之人不能尽竭其虚诞之辞方面与常人则是不同的。而据孔颖达《大学正义》的记载，孔子异于常人之处在于“能使无讼，则是异于人也”。延平周氏的“无实之人不得尽其辞”与孔颖达所说的“能使无讼”，明显孔颖达的诠释会更加合理一些。

---

① （宋）卫湜：《礼记集说》卷151，文渊阁四库全书本。
② （宋）卫湜：《礼记集说》卷151，文渊阁四库全书本。

严陵方氏曰：子路之折狱，不及孔子之无讼。《召南》之听讼，不及《周南》之无犯，此所以为圣贤之辨欤。夫讼者，以其两辞之情伪未辨也，至若无情之人，不得尽其辞，岂复有讼乎？非夫大畏民志，固不能若是。《易》于《讼》言：有孚窒，惕。盖谓是矣。[①]

严陵方氏认为，子路判决诉讼案件，远远不及孔子的无讼。《诗·国风·召南》所说的“听讼”，远远不及《诗·国风·周南》所说的“无犯”，而这正是圣人与贤人之间的区别。诉讼，正是因为诉讼双方言辞的实伪尚未能分辨的缘故，对于那些没有实情的人，如果不让他们尽竭其虚诞之辞，那又怎么会有诉讼出现呢？若不是非常畏惧民人之志，固然不能达到这种境界。《易·讼卦》讲：诚信被窒息，大概说的就是这个。严陵方氏对于这段《大学》文本的注释有着自己独特的见解，其分别引用了《论语》《诗·国风·召南》《诗·国风·周南》《易·讼卦》来诠释孔子贵“无讼”，并将其看作圣人与贤人之间的区别。

马氏曰：诚其意则使民心服，不可得而欺矣。大畏民志者，心服之谓也。[②]

马氏认为，孔子自诚其意就能使民众心悦诚服，如果做不到诚其意就有可能被欺骗。非常畏惧民人之志者，心悦诚服指的就是这个。马氏强调的是孔子要诚其意以使民心服，主要还是强调的孔子作为圣人能够精诚其意。

---

① （宋）卫湜：《礼记集说》卷151，文渊阁四库全书本。

② （宋）卫湜：《礼记集说》卷151，文渊阁四库全书本。

蓝田吕氏曰：孔子上好信，则民莫敢不用情。故诚其意则使民服，民不得而欺矣。大畏民志者，心服之谓也。中心悦而诚服，如七十子之服仲尼。虽巧言如簧，苟无其实，为天下所不容，此无情者所以不得尽其辞而可使无讼，是谓诚意之效，故曰知本。

蓝田吕氏认为，孔子说，居上位者喜好信，则民众就没有不用其情的。此语来自于《论语·子路》："上好礼，则民莫敢不敬；上好义，则民莫敢不服；上好信，则民莫敢不用情。"紧接着，蓝田吕氏使用了跟前文中马氏一样的语言来阐释孔子诚其意而使民心悦诚服。民众内心喜悦而诚心顺服，就像是七十子之顺服孔子。即使是有人能巧言如簧，若无实情，便不会被天下所容。这些没有实情的人，因此不能极尽其虚诞无实之辞，即可使民众无讼，这些都是在强调诚意之效果，因此说是知本。蓝田吕氏跟前文的马氏一样，都认为这段文本是在强调孔子能诚其意而使民心服无讼，只不过蓝田吕氏则进一步强调了知本主要是指诚意而言。

新安朱氏就是指朱子，卫湜对于朱子所征引的内容主要来源于两个方面，一个是《大学章句》，另一个是朱子的《大学或问》。如：

新安朱氏曰：此传之四章。释本末。犹人，不异于人也。情，实也。引夫子之言，而言圣人能使无实之人不敢尽其虚诞之辞。盖我之明德既明，自然有以畏服民之心志，故讼不待听而自无也。观于此言，可以知本末之先后矣。①

① （宋）卫湜：《礼记集说》卷151，文渊阁四库全书本。

卫湜上文对于朱子解说的征引即是来自于朱子的《大学章句》。朱子认为，犹人，是指孔子不异于常人。情，当理解为“实”，这跟郑玄对“情”字的注解是一致的，是对郑玄注解的承袭。引用孔子的言语，来讲圣人能使无实情之人不敢极尽其虚诞之辞。郑玄说“情，犹实也。无实者多虚诞之辞”[①]，可以说，朱子此处的“虚诞之辞”亦是承袭了郑玄的观点。到此为止，朱子的注解还与汉唐学者的注解保持着较高的一致性。但接下来，朱子对于此段文字的注解不仅与汉唐学者存在较大的差异，即使是与两宋时期的学者相比，亦存在着极为明显的差距。

朱子认为，我的明德既然已经明了之后，自然而然就有了畏惧顺服民人之心志，故此诉讼不用听理自然就没有了。观察于孔子之言，就可以知道本末的先后顺序了。很明显，朱子所理解的“无讼”顺序应当为：学者明明德——畏服民志——讼不待听——无讼；而郑玄与孔颖达所理解的“无讼”顺序则为：圣人自诚己意——服民使诚意——畏胁民志——民不敢讼——无讼。

这里面的区别主要有两点：第一点，所谓的“知本”，按照朱子的理解应该是以“明明德”为本为先，“无讼”为末为后；而按照孔颖达等人的理解应该是以“诚其意”为本为先，“无讼”为末为后，此“诚其意”既是指圣人诚其意，亦是指使民诚其意，两者都是本。第二点，关于“听讼”，朱子认为只要能明明德，有了畏服民人之心志，不用听理诉讼，诉讼就自己消失了，这明显是朱子的一厢情愿；而孔颖达等人则认为听理诉讼还是有必要的，即使是孔子在听理诉讼的时候也是跟常人一样的，“听之时备两造，吾听与人无殊”，通过圣人的“用意精诚，求其情伪”，最终达到“使无理之人不敢争讼”而使无讼的境界。

---

① （汉）郑玄注，（唐）孔颖达疏：《礼记正义》，第2249页。

之所以会出现这样的唐宋差别，笔者认为最重要的原因在于孔颖达与朱子对于《大学》文本章节的划分不同。笔者在前文中提到，孔颖达将卫湜所划分的前六章都认为是用来解释"明明德"之"诚意"的，而第七章即孔子听讼章居于中间位置，处于承上启下的部分，既是用来解释"诚意"的，也是用来解释"亲民"的，从孔颖达所疏解的具体文字而言，明显是解释"诚意"多一些，这也就较为合理地解释了为什么孔颖达在疏解孔子听讼之时要着重强调圣人自诚己意，又要使民诚其意了。

而在朱子《大学章句》的划分中，孔子听讼章是用来"释本末"的，是传文之四章，前面的三章分别是释明明德、释新民、释止于至善，而后三章分别是释格物致知、释诚意、释正心修身。朱子经常说道"明德为本，新民为末"，使民无讼亦是新民的具体所在，而"明明德"才是"新民"之本，故此朱子认为"明明德"然后才能使民无讼的注解，才是最符合其对《大学》章节的划分。由于下文有专门的章节来释诚意，因此，如果朱子此处采用郑孔的说法，那么其所划分的诚意章就没有了存在的价值。

跟朱子一系的二程、张载、延平周氏、严陵方氏等学者在疏解孔子听讼之时分别从知本、三不欺原则、圣人与常人之同异、圣人与贤人之区别等角度进行了诠释，虽然也没有从诚意的角度进行诠释，但也没有从朱子所理解的"明明德"的角度进行诠释，由此可见，即使是在宋明理学内部，朱子的观点也是非常独特的。而宋代的学者马氏、蓝田吕氏则重点从"诚其意"的角度进行诠释，虽不如孔颖达诠释的合理与精妙，但毫无疑问都将其跟"诚意"放在一起进行注解。

除了上面对于朱子《大学章句》的征引，卫湜还征引了朱子的《大学或问》，如：

曰：然则听讼无讼，于明德新民之义，何所当也？曰：圣人德盛仁熟，所自明者，皆极天下之至善，故能大有以畏服其民之心志，而使之不敢尽其无实之辞，是以虽其听讼无以异于众人，而自无讼之可听，盖己德既明，而民德自新，则得其本之明效也。或不能然，而欲区区于分争辩讼之间，以求新民之效，其亦末矣。此传者释经之意也。①

在《大学或问》中，有学生问朱子："听讼与无讼，跟您所说的明德、新民之义，有什么必然的联系吗？"朱子的学生也觉得听讼跟"明明德""新民"之间的联系不大，故此会有这么一问。朱子回答说："由于圣人本身就具有盛极成熟的仁德，是自明明德者，已经达到了天下的至善，故此才能拥有以此来畏惧顺服民众的心志，从而使民众不敢极尽他们的无实情之虚诞言辞，因此圣人虽然在听理诉讼之时没有什么是不同于常人的，但是却可以自然而然地做到没有诉讼可以听理。大概就是由于圣人自己已经明其明德，而使民众之德自新，就是得到了其本的明效。而有的人不能做到这些，而只是想要在纷争辩论之中进行区别比较，以此来追求新民之效果，这就是追求末了。"这正是作传的人诠释经文的意思所在。《大学或问》中的这段对话，跟笔者在前文中提到的朱子以"明德为本，新民为末"的观点可谓是一致的，可以当作对《大学章句》解说的补充。

事实上，卫湜此处所征引的《大学或问》并不完整，卫湜少征引了前后两段文字，这两段文字是朱子解释其为什么要变更《礼记·大学》原文之顺序以及"不论终始"的原因，如：

---

① （宋）卫湜：《礼记集说》卷151，文渊阁四库全书本。

> 或问：听讼一章，郑本元在“止于信”之后，“正心修身”之前，程子又进而置之经文之下，“此谓知之至也”之上，子不之从，而置之于此，何也？曰：以传之结语考之，则其为释本末之义可知矣。以经之本文参之，则其当属于此可见矣。二家之说，有未安者，故不得而从也。[①]

有人问朱子，孔子听讼这一章，按照郑玄的注本应该在“与国人交，止于信”[②] 的后面，“所谓修身在正其心者”[③] 的前面，程子又将孔子听讼这一章放置在了经文的后面，“此谓知之至也”的上面，这两种顺序您都不认可，而是将其放在了这里，究竟是为什么呢？朱子回答说：“根据传文结语考察的话，这段文字应当为解释本末的意思，这个应该是可以推断出来的。根据经文之本文来参考的话，这段文字应当属于此处，也是可以推断出来的。郑玄与程子的说法，有不合适的地方，故此不能够依照他们的顺序而来。”朱子给出了不按照郑玄、程子顺序安排此段文字的原因，但是仍旧稍显牵强。

此外，朱子在《大学或问》中说：

> 曰：然则其不论夫终始者，何也？曰：古人释经，取其大略，未必如是之屑屑也。且此章之下，有阙文焉，又安知其非本有而并失之也耶？[④]

有人问朱子：“孔子听讼这一章，您说是释本末的，但是它却没有论述终始这个问题，究竟是什么原因呢？”朱子回答说：“古人

---

① （宋）朱熹：《朱子全书》（第六册），上海古籍出版社、安徽教育出版社 2010 年版，第 521 页。

② （汉）郑玄注，（唐）孔颖达疏：《礼记正义》，第 2239 页。

③ （汉）郑玄注，（唐）孔颖达疏：《礼记正义》，第 2249 页。

④ （宋）朱熹：《朱子全书》（第六册），第 521—522 页。

在诠释经文之时，一般都是论述经文大概之意，不可能都做到面面俱到。而且这传文之四章下面是存在阙文的，你又怎么会知道这并不是其本来之面貌而是后来一起丢失的呢?”朱子所说的“有阙文焉”就是“此谓知本，程子曰：‘衍文也。’此谓知之至也。此句之上别有阙文，此特其结语耳。”① 正是因为朱子认为此处有“阙文”，故此，朱子在此处补充了格物致知传。朱子说：“右传之五章，盖释格物、致知之义，而今亡矣。此章旧本通下章，误在经文之下。间尝窃取程子之意以补之。”②

> 新定邵氏曰：民生有欲，群居则竞，民之不能无讼也，久矣。鼠牙雀角，疑似惑人，讼之未易听察也，尚矣。有能裁决明审，使奸猾无所遁情，善良得以吐气，是亦足以为政矣。然人之情伪无穷，己之精力有限，与其分挐鬬阋，劳吾之听决，孰若和顺雍睦，相安于无事，是故虞芮质成，未足以见文王，至其目观礼逊之俗，忸怩而不忍争，然后见文王道化之懿耳。夫所谓大畏民志者，岂必峻厉威刑，使之畏惧而不敢犯哉？盖其羞愧之心潜动于中，则稍犯不韪，措躬无地。《中庸》所谓“不怒而民威于斧钺”是也。昔夫子之仕于鲁也，将为司寇，而沈犹氏之徒已为之息心而改行，此其德望素隆，大畏民志，厥有明验；倘得邦家，则绥来动和，使民无讼，尚奚难哉?③

新定邵氏认为，民众自从出生以来就有欲望，在一起群居生活就会有竞争，民众之间不可能没有诉讼，长久以来都是如此。新定邵氏指明了民众之间产生诉讼的必然性。打官司的事情会让人产生

① （宋）朱熹:《四书章句集注》，第8页。
② （宋）朱熹:《四书章句集注》，第8页。
③ （宋）卫湜:《礼记集说》卷151，文渊阁四库全书本。

怀疑，会使人感到迷惑，诉讼也不是容易听理和考察的，尚且如此。新定邵氏指明了诉讼是难以听察的，即诉讼是很难有效处理的。如果有能够裁决明审这些诉讼，使那些狡猾之徒无所遁形，使那些善良的民众能够一吐心中的恶气，那么真的能够做到这些，也是足以为政治国的。然而由于人们的实情与虚伪是无穷无尽的，自己的精力又是非常有限的，与其分别牵引其中的争斗，花费我的听理判决，不如做到和顺团结，相安无事。因此，虞芮两国有人曾因争地兴讼，到周国求西伯姬昌评断。还没有见到周文王之时，他们两国人的眼睛便看到了相互之间礼让的风俗，羞愧踌躇而不忍心去争了，然后才显现出文王道化的美好。

《大学》文本所说的“大畏民志”，难道一定是要通过严刑峻法从而使民众畏惧害怕而不敢去争讼吗？大概是因为民众所潜在的羞愧之心在起作用，一旦稍微犯点过错，就感觉无处安放自己的身体。《中庸》文本中所说的“不用发怒，老百姓就会像看到刀斧刑具一样畏惧”就是这样。《中庸》文本事实上是在说，为什么君子不用发怒，老百姓就很敬畏他呢？其实是君子用自身的道德感化了老百姓，对老百姓产生了潜移默化的作用。从前孔子在鲁国出仕做官，将要做鲁国的司寇，司寇的职责是追捕盗贼和依法诛戮有罪的大臣等。而沈犹氏一类的民众在孔子到来之前就已经熄灭了欺诈之心而改变了自己的行为，这正是因为孔子的德行声望一直以来都是非常高的，能够有效地畏服民众之心志，乃是有明显的验证；倘若得以管理邦国和家族，那么安抚远来之人使其变得和谐，使民众之间没有诉讼，这又有什么难的呢？

综合新定邵氏的这段注解，新定邵氏首先指明了诉讼产生的必然性以及听理诉讼的困难性，然后指出若能处理好听讼问题，也就能做好为政之事，紧接着列举了虞芮质成之事来展现文王道化以及民众的羞愧之心所起之作用，以此来展现君子自身道德感化百姓的原理，最后以孔子出仕鲁国，欺诈之人息心变行结束，都是强调圣人或者君子自身道德感化的重要作用胜于严刑峻法。可以说，新定邵氏的注解善于陈述事实，列举例子，强调圣人或君子自身道德的感化作用，而没有像汉唐学者或者宋明学者那样将诠释的重点放在“诚意”与“明明德”之中，跳出了《大学》文本与历代注疏的限制，自成一家。

从此段《大学集说》的征引可以看出，卫湜首先列一段《大学》经文，然后罗列诸家关于此段经文的解义。而对于诸家解义的罗列，则是先列出郑玄《大学注》，再列出孔颖达《大学正义》，最后以时间的先后顺序排列两宋诸家解义，这样的排列有利于读者考察历代儒者解义之发展流变。在此段《大学集说》的征引中，卫湜总计征引了十一家儒者的解说，其中汉代、唐代各一例，剩下的主要是两宋时期解《大学》的主要儒者，包括了二程、张载、吕大临、朱子等等，基本囊括了两宋时期主要的儒学大家。

综上所述，《大学集说》的内容主要包括两个方面：一是对篇名所作的解题，二是对经文所作的解义。其编排体例比较独特，可以从四个方面来看其具体内容：一是采用汉唐学者对《大学》文本段落的划分；二是先列经文，后列解义；三是首列汉唐之“郑注孔疏”；四是以时代的先后顺序排列两宋诸家解义，这样的排列顺序有利于读者考察历代儒者解义的前后因革。

第二节　《大学集说》的学术倾向

卫湜《大学集说》中保存了大量的宋代《大学》学资料，对于我们研究宋代的《大学》学，乃至宋代的理学，都具有十分重要的价值。尤其是关于两宋时期《大学》文本思想演变的研究，具有无可取代的重要价值。随着《大学》学研究的深入，相信越来越多的学者会认识到卫湜《大学集说》的思想价值。

一 征引诸家解义的特点

卫湜所编著的《大学集说》不同于历代儒者的注疏，其所采取的这种编著形式也是之前所不曾存在的。通观《大学集说》全文，卫湜《大学集说》所征引的诸家解义特点主要体现在三个方面，详情如下。

（一）资料来源广泛

从卫湜所征引的诸家解义的资料来源上看，卫湜所征引的诸家解义不限于专门的《礼记》学著述，还包括诸家的文集、语录、杂说等。

第一，首选专门的《礼记》学著作。

卫湜的《大学集说》在援引某一家解义时，如果某一家有专门的《礼记》学著作，卫湜就会从其专门的《礼记》学著作中直接引用。如孔颖达《礼记正义》、张载《礼记说》、吕大临《礼记解》均是诠释《礼记》的著作，卫湜在编纂《大学集说》时也多从这些著作中进行选择，这是其首要的选择对象。

第二，凡涉及《礼记》之文集、语录、杂说、群经讲论都是其来源。

不过，《大学集说》并不是专门采选《礼记》著述中的《大学》篇解义，朱彝尊在其《经义考》中就有明确的说明，正如朱彝尊所云：

> 卫湜《集说》援引解义凡一百四十四家，不专采成书也，如文集、语录、杂说及群经讲论有涉于《礼记》者，皆裒取焉。[①]

① 《经义考》卷142。

朱彝尊认为，卫湜所编纂的《礼记集说》援引的各家解义总数量为一百四十四家，并不是只采用已经独立成书的书籍，如前文中笔者提到的孔颖达《礼记正义》、张载《礼记说》等等。其他的，比如一些文集类著作、语录类著作、杂说类著作，还有群经讲论类著作中凡是会涉及《礼记》内容的，都会辑集采取。

由上可知，卫湜在征引诸家解义之时，不限于专门的《礼记》学著述，还包括文集、语录、杂说等。在宋代理学家中，有很多儒者并没有专门的《礼记》学著述，如二程对《礼记》文本有相关论述，但是这些训释材料零散地分散于《二程遗书》中。于是，卫湜便从《二程遗书》中将二程的《礼记》解义分离出来，并附于《礼记》的相关经文之下。

再比如，朱子也有很多的《礼记》解义散见于文集或语录中，卫湜便从这些文集和语录中选择了不少朱子的《礼记》解义，其中，尤其以《大学或问》为最多，这样使得《大学集说》的内容异常丰富。

综上所述，卫湜《大学集说》的体例非常灵活，其对汉唐及宋代诸家《礼记》解义的选择并非仅限于专门的《礼记》学著述，同时还从各人不同体裁的著述中予以征引，这样有助于读者从不同视角系统地理解《大学》相关经文。

（二）征引的解义数量巨大

卫湜《大学集说》首先选取郑玄《大学注》和孔颖达《大学正义》。此外，还博采除郑、孔以外的诸家。卫湜在每段经文下所列举的解义数量最少的有七家，而大多数都在十家以上，最多的甚至能达到二十二家。由此来看，卫湜所征引的诸家解义数量可谓是十分巨大。

其中，在为《大学》文本“大学之道，在明明德，……知所先后，则近道矣”这段经文所列诸家解义时，竟多达十八家，他们分别是郑氏、孔氏、河南程氏、蓝田吕氏、延平杨氏、新安朱氏、涑水司马氏、广汉张氏、龙泉叶氏、范阳张氏、山阴陆氏、建安真氏、霅川倪氏、晋陵喻氏、钱塘吴氏、新定邵氏、金华邵氏、严陵方氏。潘斌先生的博士论文《宋代〈礼记〉学研究》① 认为只有十六家，其实少算了两家，分别是龙泉叶氏、钱塘吴氏。

（三）不会随意增入自己的见解

与元代陈澔《礼记集说》和清代孙希旦《礼记集解》的体例不同，这两人都会发表自己的见解，而从卫湜对所征引材料的处理上来看，卫湜只是征引诸家解义，只会对援引材料进行部分削减，但一般不会随便加入自己的意见，这是非常难能可贵的。卫湜在其《后序》中说：

> 他人著书，惟恐不出于己，予之此编，惟恐不出于人。因不敢谓此编能尽经旨，后有达者，何嫌论著，谨无袭此编所已言，没前人之善可也。②

卫湜认为，别人著书，都是以阐发自己的观点为主，就怕不是出自于自己的手中，而他自己编撰《大学集说》则是以征引别人的观点为主，就怕所征引的内容不是别人的。因此不敢说自己的《大学集说》就能穷尽经文之旨，后来的学者们，在对《大学》进行议论发表见解的时候要谨慎，尽量做到不要因袭《大学集说》所征引的诸家解说，沉没前人之善处就可以了。由此来看，虽然卫湜征引的诸家解说数量巨大，但是却很少增入自己的意见。同时，卫湜的这种做法也展现了历代学者对于《大学》文本的真知灼见，希望后来的学者能先了解前人之解说，然后再有所发展，不要埋没了前

① 潘斌：《宋代〈礼记〉学研究》，博士学位论文，四川大学。
② 《经义考》卷142。

人的优秀成果。

虽然卫湜在援引诸家解说之时一般不会增入自己的意见，但这并不意味着卫湜就一定会按照诸家的原文完整引用，而是会对诸家的原文有所删节、有所调整。卫湜说：

> 首取郑《注》孔《义》，翦除芜蔓，采摭枢要，继遂博求诸家之说，零篇碎简，收拾略遍。①

卫湜说，他所编纂的《大学集说》首先是选取了郑玄的《大学注》，孔颖达的《大学正义》，对于这两部汉唐时期《大学》注疏的典型代表，卫湜在进行征引时做了两方面的工作，一是消灭荒芜之处，二是选取关键之处。这也就意味着，卫湜对于郑注孔疏的删节与调整主要是删掉那些没用的东西，保留其核心关键之处即可。在做完了这两方面的工作之后，卫湜开始广泛搜求诸家之解说，包括的范围有零散的篇章、细碎的竹简，搜罗整理得比较全面了。

这突出地体现在卫湜对孔颖达《大学正义》的处理上。卫湜《大学集说》所征引的诸家解义，最早的就是郑玄的《大学注》和孔颖达的《大学正义》。郑玄的注文非常简洁，卫湜能删减之处很少。而孔颖达的《大学正义》其解说字数比朱子的《大学章句》都多，卫湜在不改变孔颖达解说内涵的前提下，删减了部分文字，保留了其主要内容与核心之处。如在“大学之道，在明明德，在亲民，在止于至善。知止而后有定，定而后能静，静而后能安，安而后能虑，虑而后能得。物有本末，事有终始，知所先后，则近道矣”（《礼记·大学》）一段经文下，孔颖达《大学正义》的原文是

① （宋）卫湜：《礼记集说序》，文渊阁四库全书本。

这样说的：

> “大学”至“道矣”此经“大学之道”，在于明明德，在于亲民，在止于至善，积德而行，则近于道也。
>
> “在明明德”者，言大学之道，在于章明己之光明之德。谓身有明德而更章显之。此其一也。
>
> “在亲民”者，言大学之道，在于亲爱于民。是其二也。
>
> “在止于至善”者，言大学之道，在止处于至善之行。此其三也。言大学之道，在于此三事矣。
>
> “知止而后有定”者，更覆说“止于至善”之事。既知止于至善，而后心能有定，不有差贰也。
>
> “定而后能静”者，心定无欲，故能静，不躁求也。
>
> “静而后能安”者，以静，故情性安和也。
>
> “安而后能虑”者，情既安和，能思虑于事也。
>
> “虑而后能得”者，既能思虑，然后于事得宜也。
>
> “物有本末，事有终始”者，若于事得宜，而天下万物有本有末，经营百事有终有始也。
>
> “知所先后”者，既能如此，天下百事万物，皆识知其先后也。
>
> “则近道矣”者，若能行此诸事，则附近于大道矣。①

由上可以看出，孔颖达的《大学正义》着重疏解了“大学之道”在于明明德，亲民，止于至善之行这三件事情。接下来又详细疏解了从止于至善之行到附近于大学之道的定、静、安、虑、得、本末、终始、先后的顺序。

① （汉）郑玄注，（唐）孔颖达疏：《礼记正义》，第2240页。

而卫湜所征引的《大学正义》解义就变成了：

> 孔氏曰：章明己之明德，亲爱于民，止于至善之行，大学之道，在此三事也。知止于至善，而后心能有定，心定无欲，故能静。静，故情性安和。情性安和，故能思虑于事。能虑，然后于事得宜。天下万物，有本有末。经营百事，有终有始。[①]

通过详细对比，可以看出，卫湜对孔颖达《大学正义》的征引并不是全文照搬，而是在尊重原文原貌的前提下，保证其核心思想不变的基础上，力求精练简洁，删掉一些不影响其核心思想的文字。卫湜所做的征引，基本上跟孔颖达的疏解是一致的。但具体到这段经文而言，孔颖达对于“知所先后，则近道矣”经文的疏解，卫湜并未对其进行征引。

笔者认为，这段疏解是非常重要的。因为孔颖达提到“若能行此诸事，则附近于大道矣”[②]，事实上是重新接续了《礼记·大学》篇的开头“大学之道”，使前后、首尾能够相互联结，形成一个完整的闭环。而如果特意删掉这段疏解，孔颖达完整的疏解思想就不能有效地体现出来了。这应当看作卫湜为数不多的缺点之一。不过，整体来看，卫湜这样做既保证了《大学集说》能够容纳更多家解说，同时又不至于使《大学集说》繁冗无边。

二　思想倾向：汉宋兼采，以宋学为重

《四库全书总目》“经部总叙”曾将从汉代到清代的经学划分为汉学和宋学两派，并总结汉宋两派的特点为：

---

① （宋）卫湜：《礼记集说》卷149，文渊阁四库全书本。

② （汉）郑玄注，（唐）孔颖达疏：《礼记正义》，第2240页。

夫汉学具有根柢，讲学者以浅陋轻之，不足服汉儒也；宋学具有精微，读书者以空疏薄之，亦不足服宋儒也。[①]

四库馆臣认为，汉学具有基础、根基的特点，讲学的人认为汉学见识贫乏故而轻视它，但这并不能说服汉儒；宋学具有精细、微妙的特点，读书的人认为宋学空洞浅薄故而轻薄它，但这也并不能说服宋儒。

根据四库馆臣的划分，汉唐诸儒之经学无疑属于汉学系统，而宋儒之经学则明显属于宋学系统。郑玄《大学注》、孔颖达《大学正义》明显属于汉学，而二程、朱子等人明显属于宋学。卫湜的《大学集说》，从其援引的解义内容来看，则属于汉宋兼采；从其书的编排体例来看，则具有明显的宋学特征。这两种思想倾向同时出现在《大学集说》中，跟卫湜所处的时代特征以及《大学》在两宋时期备受重视有着密切的关系。

（一）汉学宋学兼采

虽然卫湜《大学集说》大量采用宋代诸儒的解说，但是也并没有放弃汉唐诸家之论。《大学集说》采用汉唐时期的解说总计有两家，主要是郑注孔疏；而选择宋代诸儒的解说则多达四十余家。卫湜一般是先将属于汉学系统的郑玄《大学注》、孔颖达《大学正义》罗列于某一段经文之下，然后再按照时间先后顺序罗列宋代其他诸家解说，郑孔二人的注疏在《大学集说》中所处的显眼位置也说明了卫湜对于汉学的高度重视。

之所以卫湜所选用汉学《大学》相关文献的数量远远少于宋学，原因之一在于汉唐时期的《大学》文献除了郑玄的《大学注》、孔颖达的《大学正义》外均已亡佚，卫湜选择汉学解说的来

① 《四库全书总目》卷1。

源之一，主要是孔颖达《礼记正义》中所保留的汉唐时期的一些《大学》解说。

还有一个原因是，北宋时司马光编撰《大学广义》，是为《大学》独立成书之始。而在此之前，《大学》一直保存在《礼记》中，并没有单独刊行的版本出现。

此外，宋代《礼记》文献数量巨大，这是由于宋代雕版印刷术的发展，使得文献的流传和保存变得比以前更加容易。卫湜生活在南宋后期，选择两宋时期的《礼记》文献资料比较便利，因此《大学集说》多采用宋代诸家之解说也就很容易理解了。

（二）宋学特征明显

一个人的学术思想倾向与他生活的时代必然是紧密相关的，虽然卫湜志在网罗汉唐诸家之说，以俟观者折衷，但是其《大学集说》还是打上了深深的时代烙印。

首先，卫湜《大学集说》对宋学解说征引花费的篇幅巨大。

自中唐韩愈、李翱表彰《大学》《中庸》以来，北宋二程极力推崇《大学》《中庸》，可谓《大学》地位开始上升的主推人。朱子在二程等人的基础上，以《大学》和《中庸》等文献为基础，阐发了自己的理学思想，并将其纳入《四书》体系之中。朱子构建了以《四书》为核心的理学思想体系，使其后学对《大学》《中庸》两篇文献极度重视。从《经义考》的著录目录来看，宋代的《大学》《中庸》文献在朱子以后大量增加，这与朱子对《大学》和《中庸》的全新诠释以及地位的推崇是紧密联系在一起的。

卫湜在为《大学集说》某一段经文罗列解义时只有两处是七家，一处是九家，其余一般都是十余家之上，最多的有二十二家，这个数量是非常巨大的。卫湜的《大学集说》往往是长篇大段地引用朱子、二程、吕大临等人的解义，尤其是朱子的《大学章句》和《大学或问》。这些都表明，卫湜对《大学》给予了特别的关注，尤其是对以宋学解说为主的《大学》解说给予深刻关注。

如卫湜在对《大学》“所谓诚其意者：毋自欺也，如恶恶臭，如好好色，此之谓自谦，故君子必慎其独也！小人闲居为不善，无所不至，见君子而后厌然，掩其不善，而著其善，人之视己，如见其肺肝然，则何益矣。此谓诚于中，形于外，故君子必慎其独也。曾子曰：‘十目所视，十手所指，其严乎！’富润屋，德润身，心广体胖，故君子必诚其意”（《礼记·大学》）一段经文进行解说的征引之时，详细列举了十五家解说，卫湜罗列如下：

> 郑氏曰：谦，读为“慊”，慊之言厌也。厌，读为“黡”，黡，闭藏貌也。严乎，言可畏敬也。胖，犹大也。富润屋，德润身，心广体胖，三者言有实于内，显见于外。①

卫湜上段所引郑玄的注文，基本与郑玄的《大学注》保持了高度的一致。他基本上已经将郑玄的核心思想征引了出来，有所不同的是，郑玄在《大学注》之中，对于单个字的读音及注释都有所涉及，而这在卫湜的征引之中则完全没有体现出来。比较奇怪的是，卫湜对这段文字的征引解说竟然没有孔颖达的解说，这是非常令人奇怪的。因为在孔颖达的《大学正义》之中，对于这段文字是有着较为详细的阐释的。卫湜如此安排只能说明，他认为郑玄的《大学注》的注文已经是非常完美了，孔颖达的《大学正义》只是在承袭郑玄注文的基础上有所发展，但并没有本质的不同，故此卫湜就将孔颖达的解说忽略不再进行征引。

> 河南程氏曰：人须知自谦之道。自谦者，无不足也。若有

① （宋）卫湜：《礼记集说》卷150，文渊阁四库全书本。

不足，则张子所谓“有外之心，不足以合天心也。”伊川

又曰：孔子言仁，只说出门如见大宾，使民如承大祭，看其气象，便须心广体胖。动容周旋中，礼惟慎独，便是守之法。

又曰：要持循他这天理则在德，须有不言而信者，更难为形状养之，则须直不愧。屋漏与慎独，这是个持循气象也。

又曰：洒扫应对，便是形而上者，理无大小故也。故君子只在慎独。明道[①]

卫湜对于二程解说的征引主要集中在二程对于自谦、慎独的诠释，可以从这个侧面看出，卫湜对于《大学》此段经文的理解集中在自谦与慎独之中。

蓝田吕氏即是指吕大临，其著有《礼记解》一书，此书在南宋末年之后便已经亡佚，但在卫湜编纂《礼记集说》时则进行了大量的征引，据现代学者陈俊民先生考证，卫湜所选用的《礼记解》版本即是朱子所刻印的《礼记解》。陈俊民先生说：“由此可见，南宋孝宗淳熙年间（一一七五——一一八九年），朱熹于临漳射垛书坊所刻的《礼记解》，可能即该书的初刻本。度正家藏的《礼记解》，亦可能为此本。卫湜于南宋宁宗开禧、嘉定年间（一二〇五——一二二四）编《礼记集说》所采吕解，亦摭取此本无疑。”[②]陈先生指出了吕大临《礼记解》的由来、版本以及与卫湜《礼记集说》之间的关系。

蓝田吕氏曰：诚者，天之道也，性之德也，非人知之所能谋，非人力之所能造也。见好色则爱之，闻恶臭则恶之，发于

① （宋）卫湜：《礼记集说》卷150，文渊阁四库全书本。

② 陈俊民辑校：《蓝田吕氏遗著辑校》，第16页。

> 心之自然，不思不勉者也，如知水之寒，知火之热，知蘖之苦，知饴之甘。疾痛疴痒，心为之感者，莫非诚也。故孟子谓孺子将入井，则莫不有怵惕恻隐之心，非有内交要誉之伪也。见其亲死，委之于壑，狐狸食之，蝇蚋姑嘬之，其颡有泚，非为人泚，中心达于面目者也。由此观之，仁义本出于人之诚心，如好色恶臭之比，则君子之慎其独者，见仁义之本，皆吾性分之所当然，不为人之知不知也。"不识不知，顺帝之则"，无所往而不为善，一毫自欺，则邈为一物，与天地不相似矣。理义，人心之所同然，虽小人岂无是心哉？惟其为形体所梏，区区自处于一物之中，与万物以争胜负，故丧其良心，不与天地相似，所以以人为可欺，而闲居为不善也。人犹可欺也，心不可欺也，故"见君子则厌然，掩其不善而著其善"。掩其不善而著其善，则其良心犹存；知不善之为不善，故不欲人知之也。胸中之正不正，必见于眸子瞭眊之间；辞之多寡枝游，亦见乎吉躁叛诬之实；至于容貌举止，无所不见。故人之视己，如见肺肝，诚于中必形于外，虽人亦不能欺也。既不足以自欺，又不足以欺人，使其良心有愧而不慊，浩然之气从而为之馁，则为欺者果何益乎？夫为善而不出于诚，犹不足以入德，况为不善乎！曾子曰："十目所视，十手所指，其严乎！""富润屋，德润身，心广体胖"，言诚于中，形于外，充实而有光辉，非诚不至也，"故君子必诚其意"。①

吕大临认为，诚是天之道，性之德，发于人心之自然。仁义本身就是来自于人们的诚心，而君子之慎其独就体现了仁义之本，即是诚心，是我们的性分之当然，并不以人们的知与不知为转移。吕

① （宋）卫湜：《礼记集说》卷150，文渊阁四库全书本。

大临提出“人犹可欺，心不可欺”的观点。认为只有至于诚，才能为善，才能入德。吕大临充分强调了诚之于君子慎独、君子修身的重要性。

涑水司马氏曰：慊者，足于心。君子见不善必去之，然后慊；见善必得之，然后慊。①

涑水司马氏即北宋著名政治家、思想家司马光。司马光认为，慊字，应当理解为充足于心，强调内心的圆满、充足。一个君子，看到不善的行为，自己一定要摒弃这种不善的行为，然后内心才能充足；看到善的行为，自己也一定要做到这种行为，然后内心才能充足。司马光强调了内心充足的重要性，强调要做到内心的充足则必须要做到为善去不善，强调真实行动与内心充足之间相辅相成的关系。

新安朱氏曰：此传之六章。释诚意。毋者，禁止之辞也。自欺者，知有不善之杂而不能去，又掩覆以自安也。欲自修者，先察乎此而禁之，则心之所发，皆一于善而无不实矣。如恶恶臭，恶之深也。如好好色，好之切也。慊，快也，足也。独者，人所不知而已所独知之地也。则与诚其意者相去远矣。然其诚伪之判，特在于自欺、自慊毫厘之间耳，且其念虑之微，虽或人所不知，然既有其实，则终不可掩。此君子所以重以为戒而必慎其独，欲其必自慊而无自欺也。闲居，独处也。厌然，消沮闭藏之貌。小人为恶于隐微之中而诈善于显明之地，其自欺亦甚矣。言毋自欺者，欲去其恶，当如恶恶臭。欲实其善，当如好好色，是皆必尽力以求快足乎！己而非以为

① （宋）卫湜：《礼记集说》卷150，文渊阁四库全书本。

人，所谓自慊也。然慊与不慊，其几甚微，是乃人所不知，己所独知之地，而诚伪之所由分也。是以君子必于此而致其戒，谨省察之功焉。引曾子所言以明上文，深戒自欺之意。言虽幽独之中，而其善恶不可掩。如此可畏之甚也。胖，安舒也。言富则能润屋矣，德则能润身矣，故心无愧怍，则广大宽平，而体常舒泰，德之润身者然也。盖善之实于中而形于外者，如此又以明不自欺而常自慊之验也。①

新安朱氏就是指朱子。朱子的确是将此段《大学》经文看作“右传之六章。释诚意”②。在对朱子的观点进行征引之时，卫湜基本上是按照《大学章句》的注解而来的，但是亦有自己总结提炼的色彩，并非十分忠于原文，且将朱子对这一章节的整体看法有所忽略。事实上，朱子是将此段《大学》经文分成了四部分分别予以注解，最后予以总结。如果仔细看卫湜所进行的征引，其基本上也是按照这四部分的注解来征引的。

先来看卫湜所征引的传文六章的总结，卫湜说：“此传之六章。释诚意。”③ 卫湜指明了此段《大学》引文是朱子所理解的传文第六章，亦是用来诠释诚意的。但是，卫湜并没有征引朱子对于这一章节的整体看法，朱子说：“右传之六章。释诚意。经曰：‘欲诚其意，先致其知。’又曰：‘知至而后意诚。’盖心体之明有所未尽，则其所发必有不能实用其力，而苟焉以自欺者。然或已明而不谨乎此，则其所明又非己有，而无以为进德之基。故此章之指，必承上章而通考之，然后有以见其用力之始终，其序不可乱而功不可阙如此云。”④ 朱子强调，心体能明之后才能实用其力，诚意章须承上

① （宋）卫湜：《礼记集说》卷150，文渊阁四库全书本。
② （宋）朱熹：《四书章句集注》，第9页。
③ （宋）卫湜：《礼记集说》卷150，文渊阁四库全书本。
④ （宋）朱熹：《四书章句集注》，第9页。

章之格物致知而来，格物致知之后方能见其用力之始终，一定不能打乱顺序，否则就会前功尽弃。很明显，卫湜对于朱子所强调的格物致知之后方能诚意，功夫的前后顺序有选择性地忽略了，由此来看，虽然卫湜号称不敢没前人之善，但依然有自己的选择标准在里面，并非是全部接受所征引者的思想。

再以朱子所注解的此段经文的第一部分"所谓诚其意者：毋自欺也，如恶恶臭，如好好色，此之谓自谦，故君子必慎其独也"（《礼记·大学》）为例，朱子说："诚其意者，自修之首也。毋者，禁止之辞。自欺云者，知为善以去恶，而心之所发有未实也。谦，快也，足也。独者，人所不知而己所独知之地也。言欲自修者知为善以去其恶，则当实用其力，而禁止其自欺。使其恶恶则如恶恶臭，好善则如好好色，皆务决去，而求必得之，以自快足于己，不可徒苟且以殉外而为人也。然其实与不实，盖有他人所不及知而己独知之者，故必谨之于此以审其几焉。"[①] 可以明显看出，卫湜对于单个字解释的征引完全与朱子一样，但对于具体话语的征引则与原文存在着较大的差别。对于剩下的三部分经文，卫湜的征引也存在同样的问题。

此外，卫湜除了征引《大学章句》之外，还大量地征引了《大学或问》的内容，限于篇幅，笔者在此不再赘述。

严陵方氏曰：恶恶，如恶恶臭。好善，如好好色。则其所好恶必诚矣，此由毋自欺故也。厌然者，有厌，故从新之意。小人闲居所为皆不善也，果然厌，故从新则善矣。然而小人之所厌，见君子而后厌然，非其诚心也。姑以掩其不善而著其善而已。十目所视，言所视者多也。十手所指，言所指者多也。[②]

① （宋）朱熹：《四书章句集注》，第8页。

② （宋）卫湜：《礼记集说》卷150，文渊阁四库全书本。

严陵方氏认为，学者能诚则能好恶，能诚来源于毋自欺。小人即使做到从新而善，亦不是诚心，是因为所看者多、所指者多。严陵方氏着重强调了学者毋自欺，然后能诚心的重要性。

山阴陆氏曰：厌，读如字；著，未尝厌也。《书》曰：凶人为不善，亦惟日不足。富润屋，德润身，虽皆有所润，然屋与身孰亲哉?①

山阴陆氏对于此段《大学》经文并没有过多思想层面的诠释，只是提出了一个疑问，富贵能润屋，道德能润身，虽然都能够有所滋润，然而房屋与身体哪一个会更加亲近呢？其言外之意则是认为，学者应该更加亲近自己的身体，更加重视道德对于身体的滋润。

石林叶氏曰：在独而能慎，则其在见不必慎之也。小人在独不能慎，见君子然后掩其不善，亦将何益乎？《传》曰“莫见乎隐，莫显乎微”。诚于中则隐而微，形于外则显而见。此君子之谨其独，与小人之掩其不善，虽所主不同而形于外一也。人之富足则能润屋，而己德之修则非特润身而已，充实在内则其心也广，辉光在外则其体也胖。孟子曰“仁义礼智根于心，其生色也，睟然见于面、盎于背、施于四体”，四体不言而喻。②

石林叶氏认为，君子能慎其独，小人不能慎其独，但君子诚其意而慎其独，与小人之掩其不善而著其善的表现却是一样的，虽然他们的真正主张并不相同。人的富贵充足能够装饰房屋，而人的道

① （宋）卫湜：《礼记集说》卷150，文渊阁四库全书本。
② （宋）卫湜：《礼记集说》卷150，文渊阁四库全书本。

德修养不仅仅能够滋润身体，而且道德充实于内的话就会使人的心宽广，道德辉光于外的话就会使人的身体宽大。就像是孟子所说的“仁义礼智”根植于人的内心一样。石林叶氏着重强调了，虽然君子与小人行为一样，但动机却不同；强调了道德修养之于人心与人体的重要性。

> 新定钱氏曰：独，非必暗室屋漏之谓。虽大庭广众而一念之动，我自知耳。于此致谨，正是做不自欺功夫。常人只谓心之隐微，人不知不见，便走作了。若于此时，凛乎其严，便如十目所视，十手所指，如何敢欺？一个毋字，三个必字，立词甚严，学者所宜深体。①

新定钱氏认为，慎独之独并不一定就是指暗室屋漏。即使是在大庭广众之下有一念而产生，自己就会知道了。在这种一念产生之处，就是自己更加谨慎之处，就是自己修养不自欺功夫之处。一般人都认为，自己内心的隐微之处，是别人所不知道、所看不到的地方，这就无所谓了。但是，对于自己内心的隐微之处，如果是被很多人看、被很多人指，又怎么能够敢于自我欺骗呢？一个毋自欺，两个必慎其独，一个必诚其意，《大学》文本用词可谓非常严肃，学者应当深深地体会其中的蕴意。新定钱氏强调了，慎独用功之处就在于自己的内心隐微之处，学者必须做到毋自欺、必慎独、必诚其意。

> 庐陵胡氏曰：诚，无妄也，自欺则妄矣。人之恶臭、好色根于心，非伪为也，是诚也。凡耳目口鼻之所欲，其心之所乐，岂有异哉？谓其好恶与人异者，妄也。蹈水火者之求免于

① （宋）卫湜：《礼记集说》卷150，文渊阁四库全书本。

人也，彼介于其侧者，不唯其父兄子弟之慈爱，然后往而全之也。虽有所憎怨，苟不至乎？欲其死者，则将极奔尽气、濡手足、焦毛发救之而不辞也，若是者，何哉？其势诚急，而其情诚可悲也。吾之救之也，非有求而然也。中心恻怛而其情诚不忍也。若彼有可救之道，而吾终莫之救也，尚可以为仁人乎哉？犹此观之，诚其意如好色、恶臭，非由外铄我也，自慊自敬也，诚生乎谦敬。《易》一谦而四益，盖谦敬之大也，如此小人见君子，掩其不善而著其善，盖其良心犹存，知不善之为可羞也，是谓人可欺也，心可欺乎？人视己，见肺肝，则心已露矣。其严乎，严，犹畏惮也，言众所指视，不足畏惮，唯独居为不善，甚可畏也。①

庐陵胡氏认为，诚就是指无妄而言，人如果自欺就会变得狂妄。人们厌恶恶臭、喜好美色植根于人的内心，并不是虚伪做作的，是诚的真实表现。耳目口鼻之欲、内心之乐都是诚的真实表现。如果一个人说他的好恶跟别人是不一样的，这是狂妄的表现，也就是自欺的表现。庐陵胡氏以救蹈水火者为例，来阐述诚其意就像是好色、恶臭一样，是来源于自身的自慊自敬，而不是来源于外部环境的影响。此外，庐陵胡氏还引用《易》之文本来说明人可欺而心之不可欺，尤其应当畏惮于独居为不善。可以说，庐陵胡氏着重强调了诚是人性的自然表现，来源于自身的自慊自敬，不自欺于心才能真正做到诚。

东莱吕氏曰：掩不善而著其善，此小人之良心犹存也。由不能充之，故其自暴如是。如其知万物一理，中外一致，作于

① （宋）卫湜：《礼记集说》卷150，文渊阁四库全书本。

此者见于彼，至隐至微之间，而有所谓昭昭不可欺者，则亦知所以反身矣。知所以反身者，知格物之道也。居仁①

东莱吕氏认为，掩其不善而著其善，这正说明小人的良心还存在着。由于小人不能将其良心扩充之，故此其自暴自弃如此。如果小人能知道万事万物都是同一个道理，中心与外部是一致的，在此处用功就会显现于彼处，在最隐蔽最微小的地方，同时也存在昭明而不可自欺之处，那么也就会知晓如何反身而诚。知晓了如何反身而诚，也就知晓了格物之道。东莱吕氏的这种说法就是明显的宋代理学家的观点，他着重强调了小人也有良心、万事万物都是一理的、知反身而诚则知格物之道。

龙泉叶氏曰：意者，始发而未形，去心之全体尚未远矣。然而有爱恶之别，有公私之异，端绪之差，源流之分，皆见于此。尧舜之为尧舜，桀纣之为桀纣，天下之人终日安焉而不悟，皆兆于此。故诚其意者，所以实是理于将发之初也。彼其本无不善而异日之成，有君子、小人之分焉，盖始发之际，所以自欺而掩抑之者，众矣。如恶恶臭，如好好色，中心诚然，其坚实而不破，纯一而无所疑者，君子与小人同也。唯其善恶邪正之念，泛然往来于其间，二而不一，杂而不纯，然后外物乘之，夺其至微者而为之主，此不可以不察也。自慊者，所谓毋自欺也。见君子而厌然，谁谓之无其意哉？私意乱于其先，用事既久，戕贼已成，虽有善意之发，不足以救其祸，而徒足以形其恶。人之所以兢兢然，畏屋漏如畏宫庭，出门阈如严宾师，高其闬闳，设其干橹。学者不可以毫厘犯者，惧私意之贼而一日之厌然者著于外

① （宋）卫湜：《礼记集说》卷150，文渊阁四库全书本。

也，此君子之所独致，人安得而共之？故人莫不有此独也。溺于所同，流荡委靡而其所谓独者，败矣。十目所视，十手所指，人伦之内，常见此理，而人不自觉。唯君子畏之为甚严也。丘山积于微尘，江海聚于涓流，此知者之所深察。富润屋，德润身，由毫末之微积而至于不可掩之效，润字当细玩。①

龙泉叶氏认为，诚其意之意，从其形态来看，属于已经萌发但是还未成形的状态，与心的全体差别不大。从其表现来看，则有着爱恶之分别，公私之异同，头绪之差别，源流之分别，都会在意上有所体现。尧舜与桀纣的区别都是从“意”的萌发开始产生差别的。故此，诚其意的人，能够在意之刚刚萌发之际便能诚实此理。君子与小人在恶恶臭、好好色方面都是内心诚实的，只是在善恶邪正之意念萌发之时有所不同，从而产生巨大的差距。学者需要仔细考察其中的不同。自慊即不自欺，君子慎独尤应惧私意之贼。龙泉叶氏尤为强调，作为一个君子应当十分关注私意之萌发，私意若任由其发展下去必定会酿出大祸。

建安真氏曰：自慊是为己，言己之所以为善者，乃是我合当如此；若不为善，则此心自不快足，自不能安，非是为他人而为善也。自欺是为人，本无实意为善，但外面略假借以欺人，欲人称好而已，殊不知人心之灵昭如日月，何可欺也？只是自欺而已。②

建安真氏即真德秀。真德秀认为，自慊是指为己而言，尤其是指己之为善而言，而非是指为他人之为善而言。自欺是指为人而

① （宋）卫湜：《礼记集说》卷150，文渊阁四库全书本。
② （宋）卫湜：《礼记集说》卷150，文渊阁四库全书本。

言，尤其是指为人称好而言，但却不知人心是不可以欺的，故而只能是自欺。真德秀强调从自慊与自欺两个角度来解释诚其意。

新定邵氏曰：为善之意发于真实之谓诚，假于浮虚之谓伪。诚则笃实辉光，人虽潜窥密察而在我者，终不可没也。伪则心劳日拙，己虽巧覆曲护而在人者，终不可欺也。世之人固有于恶未必真知所恶，而阳为恶之之状者矣；于善未必真知所好，而矫为好之之形者矣。非所谓诚也，必也恶恶，如恶恶臭而后其恶始真，好善如好好色而后其好始实；好善、恶恶真实如此，则其舍卑污而趣高明也，无异杂混浊而游清都也。弃人欲而从天理也，无异远臭腐而袭芝兰也，岂不欣乎？快所欲而足所愿哉，此之谓自慊也。

独，非特孤居独处之谓也。虽与人同堂合席而意藏于中，人所不知，己所独知者，皆君子致谨之时也。能谨其独，则能诚其意矣。尧舜禹之相传，拳拳乎人心、道心之分，惟精惟一之戒者，所以谨此独也。诗人之咏文王，一则曰“不闻亦式，不谏亦入”；二则曰“不显亦临，无射亦保”者，所以谨此独也。窃怪夫世之小人，闲居之时，恣为不善，无所不至，及见君子，乃始厌然闭藏，掩其不善而著其善。其意盖谓众人为不足恤而君子可以矫饰，欺也。不知念虑仅萌于方寸之微，识者已得之眉睫之间。故目动言肆，肝鬲洞见。足高气扬，心膂毕露，在己虽自谓城府之深，而在人已不啻肺肝之视，如是则人心至灵，不可欺也。己之为伪，祇足以自欺而已，竟何益哉？此足以见实有诸中者，无间于善恶，必形诸外也。此君子所以必谨其独也。①

① （宋）卫湜：《礼记集说》卷150，文渊阁四库全书本。

> 每爱东莱吕成公论春秋之公侯卿大夫，未尝致力于暗室屋漏之学，及会盟聘享之际，虽欲勉强修饰，终有时而不能掩歃血而忘者，不自知其忘也。受玉而惰者，不自知其惰也。呜呼！此十目十手之地，所以为可畏也欤！①

新定邵氏认为，为善之意念如果发自于真实，那就是诚，诚就会表现为笃实光辉，是由我所决定的，最终是不可以被淹没的。但是，为善之意念如果假于浮虚，那就是伪，伪就会表现为心老日拙，这是由别人所决定的，最终是不可以欺骗的。好善、恶恶并不是诚，只有真正的好善、恶恶才能舍弃卑污而趋于高明。弃人欲而从天理，是一种快乐而满足的表现，这就是自慊。新定邵氏对于“独”的解释与朱子的诠释保持着高度的一致，都认为是人所不知，己所独知之地，这些都是君子需要致谨的时候。学者能够谨其独，就能诚其意。非常鲜明，新定邵氏的这种诠释，可以看作其对朱子诠释的更进一步诠释，是典型地程朱理学一系。此外，新定邵氏还引用了东莱吕成公论春秋之公侯卿大夫来诠释“十目所视，十手所指”。

> 雪川倪氏曰：自谦，注及诸家皆作“慊”。窃谓不必改经文，只作“谦”可也。《谦》之《象》曰：“人道恶盈而好谦”。此好恶之正也，人能知谦之好恶，则公矣。又谦者，有其实而若虚者也。不谦之人，以虚为实，务矜夸以欺人，不惟欺人，又以自欺。又曰诚，一也，而有善恶之异，诚于为善诚也，诚于为恶亦诚也，诚于中，必形于外，君子与小人皆然。君子知其如此，故谨其独而诚于为善。世有攻人之伪者，其人奸恶又甚于所攻，而其说曰“吾所为表里如一，不欺也，诚实

---

① （宋）卫湜：《礼记集说》卷150，文渊阁四库全书本。

也。”此乃敢于为恶者尔，彼则伪于为善尔，乃诚于为恶，是小人之无忌惮者，故诚则若一而有善恶不同，不可不辨。重言必慎其独，申其义而谆诲之也。①

雪川倪氏认为，自谦之谦，郑玄的《大学注》及历代诸家学者都认为应该作“慊”字来解。而雪川倪氏则认为没有必要修改《大学》的经文，只写作“谦”字就可以了。紧接着引用了《易·谦卦》之彖传以及谦之有其实而若虚之意来说明《大学》原文之“谦”字是非常合理地存在。雪川倪氏认为，所谓的“诚”就是“一”，但是有善与恶的不同，君子与小人都是一样的。《大学》经文两次讲到“慎其独”，就是要进一步申明诚其意之善恶之不同。由此可见，雪川倪氏首先强调了自谦之“谦”可以不用修改为“慊”字，其次强调了君子与小人之诚其意虽若一，但是却有善与恶之不同。

延平周氏曰：必曰心广体胖者，盖有以根于一心，然后有以施于四体也。②

延平周氏认为，《大学》经文中所说的“心广体胖”，大概是说根于内心，而后能够从内心施放于四体之上。延平周氏的这种说法跟前文中石林叶氏的说法基本一致，都是承袭了《孟子》的观点。

长乐陈氏曰：人非不知诚之为善，欺之为不善，而其所为每不免于欺者，直以欺之可为也，殊不知心不可欺，人亦不可欺。苟知心不可欺，人亦不可欺而专于诚焉，则何所不至哉？③

① （宋）卫湜：《礼记集说》卷150，文渊阁四库全书本。
② （宋）卫湜：《礼记集说》卷150，文渊阁四库全书本。
③ （宋）卫湜：《礼记集说》卷150，文渊阁四库全书本。

长乐陈氏认为，人们并不是不知道诚实对待它就是善的，欺骗它就是不善的，然而人们的行为每次都不能够免于欺骗，这是直接认为欺骗它是可以做的，但是却不知道自己的心是不可以欺骗的，人们也是不可以欺骗的。如果知道自己的心是不可以欺骗的，人们也是不可以欺骗的，从而专注于诚意，那么有什么是不能够达到的呢？与一般学者所理解的人可欺而心不可欺不同，长乐陈氏强调心不可欺、人亦不可欺，学者知两者都不可欺而专注于诚，那么就能达到无所不至的境界。

由上可知，卫湜所征引的诸家解说较多，他们分别是郑氏、河南程氏、蓝田吕氏、涑水司马氏、新安朱氏、山阴陆氏、石林叶氏、庐陵胡氏、东莱吕氏、龙泉叶氏、建安真氏、新定邵氏、霅川倪氏、延平周氏、长乐陈氏。其中属于汉学系统的仅郑玄一家，属于宋学系统的则有十四家，而在宋学诸家中，朱子的解义篇幅最长。而在宋学系统之中，明显程朱理学一系的解说最多，如果将其仔细对比的话，就会发现在宋学系统内部，诸家解说的侧重点、角度与内容也存在着一些明显的不同，而这些不同就正好建构了一个宋学系统内部《大学》经文诠释史的演变体系，应当引起学者们的重视。

正如前文所述，宋代理学家对《大学》的阐释，体现了宋代经典诠释理学化的特征，姜广辉教授曾指出：

> 理学家建立“天理”论的思想体系，就是要人们用“天理”论的观点来看待自然、社会和人生。但这种思想体系只有贯通在经典诠释之中，成为儒家经学的指导思想和灵魂，才能最终实现其理论的价值。①

① 姜广辉：《论宋明理学与经学的关系》，《湖南大学学报》2004 年第 5 期。

二程和朱子等人在对《大学》的诠释中将自己的理学思想表达了出来，而卫湜对《大学》的重视，以及对二程和朱子解说的大段征引，体现出卫湜对宋代理学的重视。

唐代经学一统，《礼记》之“郑注孔疏”受到官方的推崇，其地位之高，远非其他各家所能及。宋代学者怀疑经书文本，改动经文顺序及旧注，打破了对经书旧注一味尊崇的治经传统。在《大学集说》中，卫湜并不以“郑注孔疏”为宗，而是将“郑注孔疏”与所采各家并列，这一方面体现了卫湜对“郑注孔疏”的重视；但是从另一方面来说，这实际上是降低了“郑注孔疏”的地位。“郑注孔疏”由其他诸家所不能与之匹敌的地位，降到与两宋诸家并列的地位，这显然是宋学独有的特色使然。

综上所述，卫湜《大学集说》所征引的诸家解义特点主要体现在三个方面：一是包含的资料来源类型广泛，如专门《礼记》学著作，涉及《礼记》之文集、语录、杂说、群经讲论等。二是援引解义数量十分丰富。三是不会随意增入自己的见解，但是会对诸家的原文有所删节、有所调整。《大学集说》的学术倾向是汉宋兼采，宋学特征明显。

第三节　《大学集说》的思想价值

《大学集说》的内容十分丰富，这对于研究《大学》文本在汉宋时期的思想发展演变，尤其是两宋时期的思想发展演变具有无可替代的材料价值。从其在中国思想史中的价值来看，《大学集说》的思想史价值主要体现在三方面：一是保存了两宋学者对《大学》“内圣外王”之道的论述，二是保存了两宋学者对《大学》“格物致知”的论述，三是为两宋时期早已亡佚的《大学》诠释著作的辑佚提供了必要的材料。下面，就结合《大学集说》的具体内容来看下《大学集说》在思想史方面的价值。

一　对“内圣外王”之道的论述

概括地讲，儒家的理想人格可以称之为“内圣外王”。所谓“内圣”，是指人通过心性修养，从而达到高尚的道德思想境界；所谓“外王”，则是指高尚的道德思想境界在现实社会的外化和彰显。很明显，这种“内圣外王”的解释非常符合宋明理学的思想特征。

正是由于此种原因，宋代儒者对《大学》文本中彰显的“内圣外王”之道十分重视，并纷纷发表了自己的意见。《大学》云：“大学之道，在明明德，在亲民，在止于至善。”司马光注解说：

> 涑水司马氏曰：明明德，所以修身也；亲民，所以治天下、国家也；君子学斯二者，必至于尽善然后止，不然不足谓之大学也。定者能固执于至善也，静者不为纷华盛丽之所移夺也，安者悦而时习之也，虑者专精致思以求之也，得者入于圣人之道也。①

司马光认为，明明德是君子用来修身的，亲民是君子用来治理天下国家的。君子应该同时兼具“修身”和“治天下国家”两方面的志向，只有如此，才能达于“尽善”而后止。司马光此处所说的“修身”和“治天下国家”，实际上就是“内圣外王”的另一种说法。

邵甲注解曰：

> 新定邵氏曰：明明德者，成己之事也。明德之上，不假他语，径以“明”之一字重复言之，则知至明之德，己所自有，

① （宋）卫湜：《礼记集说》卷149，文渊阁四库全书本。

> 君子非能有所增加于此心之外也。特明其明，而使之勿蔽耳，《易》曰“君子以自昭明德”是也。新民者，成物之事也。味新之一辞，则知导民有方，化民以渐。民日迁善而不知为之者，所以为新民之道也，《易》曰“君子以振民育德”是也。夫始于明明德，已而新其民，复继之曰在止于至善，何也？盖至善即明德新民极致之地，明德而未极于至善，则其明为未周，新民而未极于至善，则其化为尚浅。①

邵甲认为，“明明德”是学者自身道德修养之事，是成就自身道德修养的事情。不过由于“德”为君子本心所有，非外在所能增益，是自己应当做的事，将此“德”外化出来，就是“成己”之事。而“新民”则是成就“他物”之事。具体来说，就是以方导民、以渐化民。明德、新民存在着程度深浅的不同，只有当明德、新民达到“极致”之地，方可称为“至善”。邵甲所作的解说，也就是所谓的“内圣外王”之道。无论是司马光还是邵甲，其所作的“内圣外王”之道解说都带有鲜明的宋代理学思想特征，而这也意味着关于“内圣外王”之说的兴起主要是由于两宋学者的提倡。

又如《大学》云：“古之欲明明德于天下者，……自天子以至于庶人，壹是皆以修身为本。”叶适注解说：

> 龙泉叶氏曰：此章极体用而言之也。天下一本也，尧、舜、文、武，一人也。人之生也固有位，天地育万物之功，天未尝私其道于一人也，其充之有小大，学之有至不至而已。是故明明德于天下，而要之以尧、舜、文、武之功，此学者之所当然也。然而天下之人悦其外而忘其内，安其末而不思其本，

① （宋）卫湜：《礼记集说》卷149，文渊阁四库全书本。

> 莫知其所以致知者，何也？故敛其用以反其本，收其远而归于近，则明明德于天下者，必先治其国。治其国者，必先齐其家，以至于正心诚意，敛之无余力，用之无余功。举天地之大，万物之众，而反之于吾一念之顷，未有不厌然充足者也。学至此，则尧、舜、禹、汤、文、武固不得以独私其道，而孔子、孟子亦未尝自异于人。盖必有推一念之功，见大道之本，循序而不躐，体物而不遗者，而后古人一贯之理可得而识矣。①

叶适认为，此章《大学》经文主要是讲体用关系的。明明德于天下、成尧舜文武之功，此乃学者之所当做。但是，天下人注重的是看外在的表现，而不去重视其内在的修养。尧、舜、禹、汤、文、武并非是独得天之道，而孔子、孟子跟常人也是没有什么差别的，后来之所以有所不同，原因在于人的“一念之顷”是不同的。因此，在叶适看来，人应该首先推衍其“一念之功”，从格物致知开始，以见大道之本，按照修身、齐家、治国、平天下的顺序，从而达至明明德于天下，而这正是体与用、本与末之关系。

张载注解说：

> 横渠张氏曰：一国、一家、一身，皆在处其身。能处一身，则能处一家。能处一家，则能处一国。能处一国，则能处天下。心为身本，家为国本，国为天下本。心能运身，心所不欲，身能行乎？②

张载认为，齐家、治国、修身，归根结底都在于“处其身”。如果能够管理好自己的身体，就能够管理好一个家族；如果能够管

① （宋）卫湜：《礼记集说》卷150，文渊阁四库全书本。

② （宋）卫湜：《礼记集说》卷149，文渊阁四库全书本。

理好一个家族，就能够管理好一个国家；如果能够管理好一个国家，就能管理好天下。心是身体的根本，家族是国家的根本，国家又是天下的根本。心能够驱动自己的身体，如果心不想运动，那么，身体就不可能运动。换而言之，心若想为善，则身就能为善；心若想为恶，则身亦能为恶。张载强调了心为本，身为末的观点，强调了人心在修身、齐家、治国、平天下中的重要作用，着重突出了“内圣”的重要性。

二　对“格物致知”的论述

《大学》对于宋代理学思想体系的建构起着基础性的作用，从二程表彰《大学》至朱子建立《四书》系统，《大学》在其中都起着至关重要的作用，尤其是《大学》中的“格物致知”之说。因为“格物致知”说可谓是建立宋代“理学”的关键所在。

不同于朱子将“此谓知本，此谓知之至也”单独摘出作为《大学》传文的第五章，并且专门作“格物致知”补传，卫湜则是保存了《礼记·大学》篇的原貌，依然是将其放在了“古之欲明明德于天下者，先治其国……自天子以至于庶人，壹是皆以修身为本。其本乱而末治者，否矣。其所厚者薄而其所薄者厚，未之有也”一段经文的下面，将它们视作一段完整的段落。因此，《大学集说》中所征引的宋儒对“格物致知”的解说也都保存在此段经文之下。

需要指出的是，卫湜对于郑玄与孔颖达对于“格物致知”的解释并未征引，而是将其直接忽略了。之所以会出现这样的征引选择，很可能是卫湜对于郑玄、孔颖达的注解并不满意，而予以直接忽略。现将卫湜所征引的宋代儒者对于“格物致知”的主要解说罗列如下，并作相关的注解，以此来察看“格物致知”思想在宋代的演变与发展。

程颐说：

又曰：知者，吾之所固有，因物有迁，则迷而不知。迷而不知，则天理灭矣。故圣人欲格物以致其知也。①

又曰：格，至也。格物，言穷理也。但立诚意去格之，其迟速却在人明暗也。明者格物速，暗者格物迟。②

程颐认为，致知之“知”，本来就是我自身所固有的东西，但是随着事物的变化就会变得迷惑而不知了。既然变得迷惑而不知了，那么天理自然而然就泯灭了。故此圣人想要通过格物来扩充自己的知。“格”字应当理解为“至”字。格物是在讲穷理之意。学者通过诚意来穷格之，速度有快有慢。速度的快慢取决于人们的明与暗。能明之人格物的速度就会比较快，昏暗之人格物的速度就会比较慢。当然，卫湜所征引的程颐、程颢关于“格物致知”的解说并不只有这些，仅是列举上面的例子来说明之。

又横渠张氏曰：

又曰：致知在格物。格，去也。格去物，则心始虚明，见物可尽，然后极天下之虑而能思善也。致知者，乃为学之大本。夫学之始，亦必先知其一贯之道，其造则固有序也。格物，外物也。外其物则心无蔽，无蔽则虚静，虚静故思虑精明而知至也。③

① （宋）卫湜：《礼记集说》卷149，文渊阁四库全书本。
② （宋）卫湜：《礼记集说》卷149，文渊阁四库全书本。
③ （宋）卫湜：《礼记集说》卷149，文渊阁四库全书本。

横渠张氏即张载。张载认为，致知在格物之“格”应当理解为“去”。学者能格去物，那么心才开始虚明，才能做到见物尽，然后才能穷极天下之思虑而能够善于思考。致知，是学者从事于学问的根本。学问之开始，也必定是先能够知晓其中的一贯之道，其成就则原本就有一定的次序。格物就是指外物而言。外其物，那么人心就不会被遮蔽，人心不被遮蔽那么人就会变得虚静，因而人们的思虑就会变得精明而知晓其极。由此来看，张载对于“格物致知”的诠释是将“心”与“物”分开来讲，认为学者只有外其物，心才能虚静，虚静之后才能思虑精明，然后才能致知。强调了本心与外物之间的不同，强调了人心虚静与思虑精明之间的关系。

涑水司马氏曰：

> 《大学》曰：“致知在格物，格，犹扞也，御也。能扞御外物，然后能知至道矣。”①

涑水司马氏即北宋著名政治家、思想家司马光。司马光认为，致知在格物之“格”就如同是“扞”字、“御”字一样。有捍卫、抵御、驾驭之意。学者若能捍御外物，就能知晓于至道。司马光对于“格”字的诠释可谓独具特色，从未有学者像司马光一样将“格”字理解为“捍御”。

蓝田吕氏曰：

> “致知在格物”，格之为言至也，致知，穷理也。穷理者，必穷万物之理，同至于一而已，所谓“格物”也。合内外之道，则天人物我为一；通昼夜之道，则生死幽明为一；达哀乐

① （宋）卫湜：《礼记集说》卷149，文渊阁四库全书本。

好恶之情，则人与鸟兽鱼鳖为一；求屈伸消长之变，则天地山川草木人物为一。孔子曰："吾道一以贯之。"又曰："天下同归而殊涂，一致而百虑。"又曰："天下之动，贞夫一者也。"故知天下通一气，万物通一理。此一也，出于天道之自然，人谋不与焉。故《大学》之序，必先致知，致知之本，必知万物同出于一理，然后为至。一物之不至，则不能无疑，疑存乎胸中，欲至于诚，不啻犹天壤之异，千万里之远，欲卒归于道而无惑，难矣！知万物同出于一理，知之至也，故曰"物格而后知至"。①

蓝田吕氏即吕大临。吕大临认为，致知在格物之"格"字应当理解为"至"，格物，即是至物。致知，即是穷理。穷理应当理解为必定要穷格万物之理，使万物之理同时到达于一理方可以，而这就是所谓的"格物"。吕大临列举了很多例子来说明天下通一气、万物通一理，并认为此一理出自于天道之自然，而不是来自于人为。最后提出，《大学》经文之序，一定是要先致知，而致知之本必定是要知晓万物本就是出自于一理，这样才能称之为"至"。吕大临对于"格"字的注解与程子、朱子的基本观点是一致的，其万物同出于一理的观点也与程朱理学的观点保持着高度的一致，显然是程朱理学一系的诠释。

上蔡谢氏曰：

格物，穷理也。物物皆有理，自然之理也。穷理则是寻个是处，格物必至于知至，故必知至。然后能意诚，穷理之至，自然不勉而中，不思而得，从容中道。问理须物物穷否？曰：

① （宋）卫湜：《礼记集说》卷149，文渊阁四库全书本。

理一而已。一处通，则触处皆通。物虽细者，亦有理，思其穷理之本欤！①

上蔡谢氏认为，格物就是穷理，此种解释与程子、朱子、吕大临的诠释是一致的，显然也是属于程朱理学一系。任何一个事物都具有理，这种天生就具备的理属于自然之理。穷理是为了探寻一个恰当之处，格物必定要达至于知至的境地，故此必须要知晓至极之境界。然后才能够做到使意诚，穷理到达至极之境界，自然而然就能够做到不勉而中，不思而得。有人问是否事事物物的理都要穷尽呢？上蔡谢氏回答说："事事物物之理只是同一个理而已。一处事物之理通晓的话，那么其他之处的事物之理也都会随之通晓。事物虽然有着细微不同的划分，但也都是有其理存在，只要思虑于穷至其理的根本就对了，也就是理一。"上蔡谢氏的这种解说明显强调了"理一"的重要性。

延平杨氏（即杨时）曰：

致知在格物，言当极尽物理也。理有不尽，则天下之物，皆足以乱吾之知，思于正心诚意远矣。又曰：学始于致知，终于知止而止焉。致知在格物，而物固不可胜穷也，反身而诚，则天下之物在我矣。②

延平杨氏即杨时，朱子在少年之时曾经求学于杨时。杨时认为，致知在格物，这句话是在讲学者应当极尽事物之理。理如果存在不极尽之处，那么天下的事物都能够惑乱我的知，就会离思虑正心诚意之事越来越远了。此外，杨时还认为，学者的学习开始于致

① （宋）卫湜：《礼记集说》卷149，文渊阁四库全书本。
② （宋）卫湜：《礼记集说》卷149，文渊阁四库全书本。

知，而终止于知止。致知在格物，然而事物本来就是不可穷尽的，只有做到反身而诚，才能做到天下之物尽皆在我。杨时着重强调了“反身而诚”之于格物致知的重要性。

又如武夷胡氏曰：

> 格，度也，犹曰品式也，所谓物之则也。
>
> 又曰：夫穷理尽性，乃圣门事业。物物而察，知之始也，中人所可能者。一以贯之，知之至也，非上知不与焉。①

武夷胡氏认为，格物之“格”字应当理解为“度”字，就像是在说标准、法式一样，也就是所说的事物之原则。武夷胡氏还认为，学者穷理尽性，是孔门最重要的事业。观察于身边的事事物物，是致知的开始，是普通人可以做到的事情。若能察于一贯之道，那就是致知的极致了，若不是上智之人是不可能做到的。武夷胡氏强调了穷理尽性是孔门事业，区分了中人与上知之人的区别。

又如五峰胡氏（即胡宏）曰：

> 人非生而知之，则其所知皆缘事物而知，故迷于事物，流荡失中，无所攸止。然所谓事物者，乃人生所不可无而亦不能扫灭使之无者也。故儒之道，即事即物，不厌不弃，必身亲格之以精其知焉。格之之道，立志以定其本而居敬以持其志，志立乎事物之表而敬行乎事物之内，则物可格而知可精矣。宏②

五峰胡氏即胡宏，人称五峰先生。胡宏认为，人们并不是一出生就知晓所有事情的，人们所知晓的事情都是来源于身边所遇见的

① （宋）卫湜：《礼记集说》卷149，文渊阁四库全书本。
② （宋）卫湜：《礼记集说》卷150，文渊阁四库全书本。

事事物物，如果执迷于身边的事物，就会变得流荡失离，失去目标，无所止。然而所谓的事物，是人生所不可或缺的，也是人们所不能丢弃使它消失的。因此，所谓的儒者之道，对于事事物物，不厌烦不抛弃，一定要亲自穷格之以此来精进其所知。而穷格的方法，通过立定志向以此来确定其根本，唯有恭敬自持来保守其志向，志向立于事物的表面而恭敬笃行于事物的内在，那么事物就可以穷格而知也可精进。胡宏对于格物致知的解释并没有流于对单个字的解说，而是着重强调了立志定本、居敬持志之于格物致知的重要性。

以上只列举了一些代表人物，关于“致知在格物”条下的解义，《大学集说》总共征引了二十余家的解义，其中包括孔颖达、程颐、程颢、周敦颐、张载、司马光、吕大临、谢良佐、杨时、胡安国、胡宏、朱子、顾元常、钱时、叶适、张九成、陆佃、张栻、吕本中、庐陵胡氏、吴知愚等。

三　保存了《大学》诠释的辑佚材料

卫湜《大学集说》中保存了很多早已经亡佚的《大学》诠释著作，最著名的两位分别是司马光与吕大临。司马光著有《〈大学〉广义》一书，但也早已经亡佚。吕大临著有《礼记解》一书，其书也早已亡佚，而其中的《大学解》亦在其中。今有赖于《大学集说》，已经有学者通过卫湜《大学集说》辑佚了司马光的《大学广义》以及吕大临的《大学解》一书。

首先，司马光的《〈大学〉广义》。

涑水司马氏即司马光（公元1019—1086年），字君实，号迂叟，陕州夏县（今山西夏县）涑水乡人，世称“涑水先生”。司马光《〈大学〉广义》的辑录与整理，不仅有利于司马光研究的推进，而且有利于《大学》思想与《大学》诠释史的研究。

目前所能看到的司马光《〈大学〉广义》的部分内容存在于南宋卫湜所编的《礼记集说》中的《大学集说》篇的解说中。从《礼记集说》所收录的司马光《大学》解说内容来看，司马光只是对《大学》文本进行了局部解说。郑州大学魏涛先生借助于卫湜《礼记集说》的相关版本对司马光的《〈大学〉广义》佚书进行重新整理形成辑本，并根据司马光文集及其相关的著作对辑本进行了相应的校勘，这对于《大学》诠释史的研究具有非常重要的价值。详情参见魏涛先生的题为“司马光佚书《〈大学〉〈中庸〉广义》辑考”一文。

魏涛先生所辑录的《〈大学〉广义》所采用的基础性资料就是《礼记集说》，“以宋嘉熙四年新定郡斋刻本为底本，以《通志堂经解》本、文渊阁《四库全书》本、摛藻堂《四库荟要》本加以参校。除此之外，辑本所用其他史籍资料及其版本是：（一）《景迂生集》用文渊阁四库全书本；（二）司马光的《传家集》用上海商务印书馆整理本（1937）。”（第550页）以上六本书即是魏涛先生辑录《〈大学〉广义》辑本的主要来源。

而关于《〈大学〉广义》辑本的构成，魏涛先生“先从《集说》中辑出司马光解说《礼记》语32条，择其解说《中庸》、《大学》者共27条，从《景迂生集》中辑出2条。辑本中属佚文者约26条，占辑本总数96%。”具体到《〈大学〉广义》而言，魏涛先生总计辑录出五条。

魏涛先生辑录的《〈大学〉广义》的主要内容有五条与《大学集说》的内容保持一致，下面分列如下。魏涛先生将《礼记集说》中所收录的各条解说前均有的“司马温公曰”字样，为省文一一删去了，而笔者所依据的《文渊阁四库全书》本所收录的各条解说前均有的字样为“涑水司马氏曰”，两者的具体说法虽不同，但是都是指司马光而言，故此笔者保留了“涑水司马氏曰”字样，并参考魏涛先生的辑录进行标点。《〈大学〉广义》全文内容如下：

1. 涑水司马氏曰：夫离章、断句、解疑、释结，此学之小者也；正心、修身、齐家、治国以至盛德著明于天下，此学之大者也，故曰《大学》。①

2. 涑水司马氏曰：明明德，所以修身也；亲民，所以治天下、国家也；君子学斯二者，必至于尽善然后止，不然不足谓之大学也。定者，能固执于至善也；静者，不为纷华盛丽之所移夺也；安者，悦而时习之也；虑者，专精致思以求之也；得者，入于圣人之道也。②

3. 涑水司马氏曰：人之情莫不好善而恶恶，慕是而羞非。然善且是者盖寡，恶且非者实多，何哉？皆物诱之也，物迫之也。桀、纣亦知禹、汤之为圣也，而所为与之反者，不能胜其欲心故也。盗跖亦知颜、闵之为贤也，而所为与之反者，不能胜其利心故也。不轨之民，非不知穿窬探囊之可羞也，而冒行之，驱于饥寒故也。失节之臣，非不知反君事雠之可愧也，而忍处之，迫于形祸故也。况于学者，岂不知仁义廉耻之尚哉？斗升之秩、锱铢之利诱于前，则趋之如流水，岂能安展禽之黜、乐颜子之贫乎？动色之怒，毫末之害迫于后，则畏之如烈火，岂能守伯夷之饿、徇比干之死乎？如此，则何暇仁义之思，廉耻之顾哉？不惟不思与不顾也，抑亦莫之知也。譬如逐兽者不见泰山，弹雀不觉露之沾衣，皆物蔽之也。故水诚清矣，泥沙汩之，则俯而不见其影；烛诚明矣，举掌翳之，则咫尺不辨人眉目，况富贵之汩其志，贫贱之翳其心哉？惟好学君子为不然。己之道诚善也是也，虽茹之以藜藿如粱肉，临之以

① （宋）卫湜：《礼记集说》卷149，文渊阁四库全书本。
② （宋）卫湜：《礼记集说》卷149，文渊阁四库全书本。

> 鼎镬如茵席，诚恶也，非也。虽位之以公相如涂泥，赂之以万金如粪壤，如此则视天下之事，善恶是非，如数一二，如辨白黑。如日之出，无所不照；如风之入，无所不通；洞然四达，安有不知者哉？所以然者，物莫之蔽故也。于是依仁以为宅，遵义以为路，诚意以行之，正心以处之，修身以帅之，则天下国家何为而不治哉？《大学》曰："致知在格物。"格，犹扞也，御也，能扞御外物，然后能知至道矣。①
>
> 4. 涑水司马氏曰：慊者，足于心。君子见不善必去之，然后慊，见善必得之，然后慊。②
>
> 5. 涑水司马氏曰：君有德则人归之，人归之则其土地且奚去我而适他，言其要在得人心也。③

以上便是司马光《〈大学〉广义》的全部内容，全部来自于《大学集说》，可见魏涛先生从《景迂生集》中辑出的2条内容属于《〈中庸〉广义》而非《〈大学〉广义》。《〈大学〉广义》的辑录对于研究司马光对《大学》文本"心"的诠释有着重要的意义。司马光在诠释《大学》文本中数次提到"心"，如："不能胜其利心故也"④"慊者足于心"⑤"言其要在得人心也"⑥，可见司马光对于"心"是比较关注的。魏涛先生就认为："北宋五子外，最重视'心'者当为司马光，如他说'学者，所以求治心也'。此外，还把'治心'与'治迹'相并立，提到'小人治迹，君子治心'。"（第558页）

其次，吕大临的《大学解》。

---

① （宋）卫湜：《礼记集说》卷149，文渊阁四库全书本。
② （宋）卫湜：《礼记集说》卷150，文渊阁四库全书本。
③ （宋）卫湜：《礼记集说》卷153，文渊阁四库全书本。
④ （宋）卫湜：《礼记集说》卷149，文渊阁四库全书本。
⑤ （宋）卫湜：《礼记集说》卷150，文渊阁四库全书本。
⑥ （宋）卫湜：《礼记集说》卷153，文渊阁四库全书本。

蓝田吕氏即吕大临（公元1040—1092年），字与叔，京兆蓝田（今陕西蓝田）人，北宋金石学家，“蓝田四吕”之一，代表作品有《易章句》《礼记解》。

吕大临的《大学解》是其《礼记解》中的一篇，现在所能看到的《大学解》主要存在于卫湜的《礼记集说》之中。卫湜的《礼记集说》对于宋代《礼记》学的重要文献价值，在当今学界已经开始被学者普遍关注。今人陈俊民先生就从卫湜的《礼记集说》中辑出了吕大临的《礼记解》，收入其辑校的《蓝田吕氏遗著辑校》一书中。而《礼记解》中的第四十二篇正是《大学解》，有赖于此，我们能够了解吕大临的《大学》思想。详情参见《蓝田吕氏遗著辑校》[①] 一书。

陈俊民先生在其整理辑校的《蓝田吕氏遗著辑校》一书中考证说：

> 所以《礼记解》的校理，仍以《礼记集说》为依据。今考其所引吕解甚详，几乎包括了吕大临所有最重要的理学思想资料，很值得各方面研究者们珍视。计有《曲礼上》九十三则……《大学》十八则、《冠义》四则、《昏义》十则、《乡饮酒义》十则、《射义》十一则、《燕义》四则、《聘义》八则、《丧服四制》六则，凡三百八十一则。现从《四库全书》本《礼记集说》中，将其全部辑出，分系于各篇相关经文之下，参考牛兆濂校刊本《蓝田吕氏礼记传》（简称‘芸阁本’），加以点校，便形成今天这个辑校本《礼记解》（比芸阁本《礼记传》多出十五篇，计二十则）。陈《录》所见十六篇，均已包括在内，而且《曲礼》上下、《中庸》、《大学》、《表记》、

① 陈俊民：《蓝田吕氏遗著辑校》，第370—386页。

> 《缁衣》诸篇所解，几乎是全文详解。这同《易章句》辑校本一样，虽非复其原本之旧，却足见其原书之主要内容。[①]

前文提到，卫湜所理解的《大学》文本划分为十八章，这十八章不包含对于《大学》篇题的解说。而陈俊民先生则认为吕大临的《大学解》解说总计有十八则。事实上，这十八则包含了吕大临对于《大学》篇题的解说。这也就意味着，吕大临的《大学解》解说除去篇题之外，只有十七则解说。这十七则解说基本是按照卫湜所理解的《大学》文本划分为十八章而来的。

通过仔细对比吕大临《大学解》的这十七则解说，笔者发现，吕大临《大学解》的十七则解说是能够跟卫湜所理解的《大学》文本划分为十八章对应起来的。之所以吕大临《大学解》只有十七则解说，原因就在于陈俊民先生将卫湜所理解的《大学》文本十八章之中的第十四章从"《秦誓》曰：若有一介臣"到"此谓唯仁人为能爱人，能恶人"与第十五章从"见贤而不能举，举而不能先"到"忠信以得之，骄泰以失之"合为了一章，除此之外，第十四章之前的内容与卫湜所理解的《大学》文本内容是一致的，而后面的章节也能一一对应起来没有差别。

为什么陈俊民先生要将第十四章与第十五章合在一起进行解说呢？按照卫湜所理解的《大学》文本十八章进行解说不是更符合《大学集说》的编辑体例吗？带着这个问题，笔者仔细对比了陈俊民先生的辑校稿与《文渊阁四库全书》本的《礼记集说》。笔者发现，陈俊民先生将其合在一起进行解说也是无奈之举。因为，陈俊民先生所辑录的《大学解》第十四则内容跟卫湜所征引的《大学》文本第十四章吕大临解说内容是完全一致的。而对于《大学》文本

---

① 陈俊民：《蓝田吕氏遗著辑校》，第 17 页。

第十五章从“见贤而不能举，举而不能先”到“忠信以得之，骄泰以失之”，卫湜的《大学集说》并没有征引吕大临的《大学解》，而陈俊民先生正是从《大学集说》中辑校整理的吕大临的《大学解》。为了保持《大学》文本的完整性，陈俊民先生只好将第十四章与第十五章《大学》文本合并在一起，用第十四章《大学》文本的解说来充作是第十四、十五章一起的解说。而事实上则是，吕大临对于《大学》经文第十五章的解说并没有流传下来，也许是当年吕大临的《大学解》曾经做过相关的解说，而卫湜并没有进行征引，也可能是吕大临就未曾对《大学》文本第十五章进行过解说。总之，在今天能看到的《大学集说》与陈俊民先生辑校的《大学解》之中，都未有吕大临对于《大学》文本第十五章的解说。

四　吕大临《大学解》

关于吕大临《大学解》的全文内容，既然有陈俊民先生的辑校本，那么笔者依据《文渊阁四库全书》本中的《礼记集说》参照陈俊民先生的辑校本，在保持《大学集说》原来编辑体例的基础上将其全本辑出，并对陈俊民先生的辑校本中的个别标点符号进行修订，以供读者参考，《大学解》全文内容如下：

0. **蓝田吕氏**曰：大学之书，圣人所以教人之大者，其序如此。盖古之学者，有小学，有大学。小学之教，艺也，行也；大学之教，道也，德也。礼乐、射御、书数，艺也；孝友、睦姻、任恤，行也；自致知至于修身，德也；所以治天下国家，道也。古之教者，学不躐等，必由小学，然后进于大学。自学者言之，不至于大学所止则不进；自成德者言之，不尽乎小学之事则不成。子夏之门人，从事乎洒扫应对，在圣人亦莫不然，恂恂便便，曲尽于乡党朝廷之间，勃如躩如，襜如翼如，从容乎进退趋揖之际，盖不如是，不足谓之成德矣。后之学者，穷一经至于皓其首，演五字至于数万言，沉没乎章句诂训之间，没世穷年，学不知所用，一身且不能治，况及天下国家哉！此不及乎大学者也。荒唐缪悠，出于范围之中，离于伦类之外，慢疏亲戚，上下等差，以天地万物为幻妄，视天下国家以为不足治，卒归于无所用而已，此过乎大学者也。此道之所以不明且不行。秦汉之弊，政薄俗陋，百世而不革；杨墨庄老之道肆行于天下，而莫知以为非，巍冠博带，高谈阔论，偃然自以为先生君子，诬罔圣人，欺惑愚众，皆大学不传之故也。

1. **蓝田吕氏**曰：大学者，大人之学也，穷理尽性而已。性者，合内外之道，以天地万物为一体者也。人伦、物理，皆吾分之所固有；居仁、由义，皆吾事之所必然。物虽殊类，所以体之则一；事虽多变，所以用之则一。知此，然后谓之明，明则穷理者也；至此，然后谓之诚，诚则尽性者也。“在明明德”者，穷理以自明其明德者也；“在亲民”者，推吾明德，以明民之未明，所谓“先知觉后知，先觉觉后觉”者也。己则不明，而以明民，则不知；自明其德，而不以明民，则不仁；二者皆非大人之事，不可与穷理尽性者也。“在止于至善”者，所谓诚也，善之至者，无以加于此也。为人君，止于仁；为人臣，止于敬；为人子，止于孝；为人父，止于慈；与国人交，止于信。所止者，皆善之至者也。所居之位不同，则所止之善不一，其所以止于至善，则一也。盖学至于诚，则天之道也，非有我之得私也，故不勉而中，不思而得，从容中道。虽善不足以明之，然天下之善，何以加此？故所止者，止于是而已。人之所以不定者，以其不知所止而已，犹行者之未得舍，则不能不求其他。故人莫不欲知所止，所止未在于至善，则终亦莫之定矣。夫学至于诚，则莫非天道之自然，盛行不加，穷居不损，先圣后圣，若合符节，可以不勉不思，自中于道，岂容人之智力措于其间哉？知此，则其心定矣，故曰“知止而后有定”；定则无所事，故能静；无所事，则莫非吾分之所固有，吾事之所必然，故能安；安则有诸己而不去，然后可以用之，而谋虑生焉；以此谋虑，则未有不得者也。穷理，则本末终始莫不有序，昭然成列，而不可乱也。知天下皆吾体也，则不得不以吾身为本，以天下为末；知尽性者，必以明明德于天下为主，则不得不以致知为始，以明明德于天下为终。知此，则可以进道，故曰“近”。德至此，则与道为一，夫何远近之有哉？

2. **蓝田吕氏**曰：“致知在格物”，格之为言至也，致知，穷理也。穷理者，必穷万物之理，同至于一而已，所谓“格物”也。合内外之道，则天人物我为一；通昼夜之道，则生死幽明为一；达哀乐好恶之情，则人与鸟兽鱼鳖为一；求屈伸消长之变，则天地山川草木人物为一。孔子曰：“吾道一以贯之。”又曰：“天下同归而殊途，一致而百虑。”又曰：“天下之动，贞夫一者也。”故知天下通一气，万物通一理。此一也，出于天道之自然，人谋不与焉。故《大学》之序，必先致知，致知之本，必知万物同出于一理，然后为至。一物之不至，则不能无疑，疑存乎胸中，欲至于诚，不啻犹天壤之异，千万里之远，欲卒归于道而无惑，难矣！知万物同出于一理，知之至也，故曰“物格而后知至”。知至，则心不惑而得所止，心不惑而得所止，则意诚矣，故曰“知止而后意诚”。意诚则慎独，慎独则不为异端所移，不为异端所移，则心正矣，故曰“意诚而后心正”。身者，视听言貌之谓也，心正而视听言貌之不正者，未之有也，所谓心诚求之，虽不中不远矣，有是心也，则未有不谨于礼，故曰“心正而后身修”。自“身修”而上，在己者也；自“家齐”而下，在人者也。合内外之道，则身也、家也、国也、天下也，无远近之间，无彼我之异，特施之有先后而已。意诚身修，则德谐顽嚚矣，家有不齐者乎？老以及老，幼以及幼，妃以及妃，子以及子，举斯而加诸彼，国有不治者乎？国与天下，小大之间尔，推是心也，无所往而不可，此所以天下平也。及人之功，自天子以至于庶人，皆自修身始，有诸己而后责诸人，无诸己而后非诸人。己则不修，而责人之修，可以力服，而不可以心服，此末世之所以不能治也。于所厚者薄，则无所不薄，此管仲所以知公子开方、奄人竖貂、易牙，卒不忠于桓公也。故本末先后之序，天地也，父子也，君臣也；差之毫厘，则天地易位；违道逆理，则必至于大乱。故君子不可以不知，知此则近道矣，"此谓知本，此谓知之至也"。

3. **蓝田吕氏**曰：诚者，天之道也，性之德也，非人知之所能谋，非人力之所能造也。见好色则爱之，闻恶臭则恶之，发于心之自然，不思不勉者也，如知水之寒，知火之热，知蘖之苦，知饴之甘。疾痛疴痒，心为之感者，莫非诚也。故孟子谓孺子将入井，则莫不有怵惕恻隐之心，非有内交要誉之伪也。见其亲死，委之于壑，狐狸食之，蝇蚋姑嘬之，其颡有泚，非为人泚，中心达于面目者也。由此观之，仁义本出于人之诚心，如好色恶臭之比，则君子之慎其独者，见仁义之本，皆吾性分之所当然，不为人之知不知也。"不识不知，顺帝之则"，无所往而不为善，一毫自欺，则邈为一物，与天地不相似矣。理义，人心之所同然，虽小人岂无是心哉？惟其为形体所梏，区区自处于一物之中，与万物以争胜负，故丧其良心，不与天地相似，所以以人为可欺，而闲居为不善也。人犹可欺也，心不可欺也，故"见君子则厌然，掩其不善而著其善①"。掩其不善而著其

① 陈俊民先生对此句的标注为"见君子则厌然，掩其不善，而著其善。"笔者认为"掩其不善而著其善"当为一句完整的话，中间不宜用逗号分开。

善，则其良心犹存；知不善之为不善，故不欲人知之也。胸中之正不正，必见于眸子瞭眊之间；辞之多寡枝游，亦见乎吉躁叛诬之实；至于容貌举止，无所不见。故人之视己，如见肺肝，诚于中必形于外，虽人亦不能欺也。既不足以自欺，又不足以欺人，使其良心有愧而不慊，浩然之气从而为之馁，则为欺者果何益乎？夫为善而不出于诚，犹不足以入德，况为不善乎！曾子曰："十目所视，十手所指，其严乎！""富润屋，德润身，心广体胖"，言诚于中，形于外，充实而有光辉，非诚不至也，"故君子必诚其意"。

4. **蓝田吕氏**曰：切磋者，解割之谓也；琢磨者，修治之谓也。有璞玉于此，将以为圭，则必先解而为圭之质；将以为璧，则必先解而为璧之质。如学者之志，欲止于小善，则以小善为之质；欲止于至善，则以至善为之质。琢磨者，即其质以修治其文，小善之质，止可以修小善之文；至善之质，然后可以修至善之文。故如圭之质，不能琢磨而成璧；璧之质，不能琢磨而成圭。故曰："如切如磋，道学也；如琢如磨，自修也。"恂慄者，敬其学也；威仪者，见之文也；斐，文之著也。学止于至善，积而为盛德，至于文章著见，则入于民心者深矣，此诚之不可掩也，故"民不能忘也"。诚之至者，非特入于民心，其所以道民者，泽流于后世矣。贤其贤，亲其亲，君子化其善也；乐其乐，利其利，小人蒙其惠也。

5. **蓝田吕氏**曰：古者大人之学，未尝不先自明其德，然后及于天下，故引《康诰》、《大甲》、《尧典》之言，以明文王汤尧（康）①，皆自明也；新之为言，革其故也。理义者，人心之所同然，唯大人为先得之，德之不明也，以民之未知乎

① 陈俊民先生认为，"尧"字原本作"康"，依《芸阁》本改为"尧"。详情参见陈俊民《蓝田吕氏遗著辑校》，第376页。

此也；德之不行也，以民之未得乎此也。先知觉后知，先觉觉后觉，则易昏为明，易恶为善，变化气质，如螟蛉之肖蜾蠃，是岂不为新乎？虽然自明明德者亦日新也，合内外之道，故自新然后新民也。汤之《盘铭》，自新者也；《康诰》、《文王》之诗，新民者也。君子治己治人，其究一也，故曰“无所不用其极”。

6. **蓝田吕氏**曰：民之所止，止于邦畿而已；鸟之所止，止于丘隅而已，是皆知其所止矣。人之于学，不知所止，流遁失守，无所适归，终亦必亡而已矣，虽黄鸟之不若也。故文王之学，所以缉熙者，在敬其所止而已。所谓仁、敬、孝、慈、信者，乃为人君、为人臣、为子、为父、与国人交之至善者也，其所居之地不同，故所止之善不一，其所以为至善则一也。所谓止者，犹行者之所欲至，射者之所欲中，虽未至也，虽未中也，必至必中而后已。此之谓“知所止”。①

7. **蓝田吕氏**曰：孔子“上好信，则民莫敢不用情”，故诚其意，则使民服，民不得而欺矣。“大畏民志”者，心服之谓也。中心悦而诚服，如七十子之服仲尼，虽巧言如簧，苟无其实，为天下所不容。此无情者所以不得尽其辞，而可使无讼，是谓诚意之效，故曰“知本”。

8. **蓝田吕氏**曰：大人者，不失其赤子之心。赤子之心，良心也。天之所以降衷，民之所以受天地之中也，寂然不动，虚明纯一，与天地相似，与神明为一。《传》曰“喜怒哀乐之未发谓之中”，其谓此欤！此心自正，不待人正而后正，而贤者能勿丧，不为物欲之所迁动。如衡之平，不加以物；如鉴之明，不蔽以垢，乃所谓正也。唯先立乎大者，则小者不能夺。

① 陈俊民先生认为“此之谓知所止”，其中“知所止”并未加引号，而联系上下文吕大临在结尾一般都会重点强调一下所注解的内容，而在本句中亦是强调“知其所止”。

如使忿懥恐惧、好恶忧患一夺其良心，则视听食息从而失守，欲区区修身以正其外，难矣！

9. **蓝田吕氏**曰：所谓亲爱，德厚者也；所谓贱恶，德薄者也；畏敬，贤于己者也；哀矜，无所知能者也；敖惰，不率教者也。见贤思齐，则之其所亲爱、畏敬而辟焉；见不贤而内自省，则之其所贱恶、哀矜、敖惰而辟焉。众人之情，察于人而蔽于己，如以人之贤不肖反求诸己，则己可得而察也。好而不知其恶，恶而不知其美，情乱之也。子溺于私爱，故不能察其有恶；苗求其实利，故唯恐其不硕，皆非好恶之正也。《家人》之象，君子以言有物而行有恒，之其所爱敬而修其言行，则人亦将爱敬之；之其所贱恶而去其不善，则人不可得而贱恶之。如此，则人将矜式之，况其家乎！故曰其“身不修不可以齐其家”也。

10. **蓝田吕氏**曰：孟子曰：“为政不难，不得罪于巨室。巨室之所慕，一国慕之。”巨室，大家也。仰而有父母，俯而有妻子，有兄有弟，有臣有妾，尊卑疏戚，一国之事具矣。严而不厉，宽而有闲，此家之所以正也。大家难齐也，不得罪于大家，则于治国也何有？齐桓公，五霸之盛，由不能正其家，死未及敛，而国已乱矣。故虞舜之世，天下之为父子者定，以瞽瞍底豫而已；文王之时，天下无犯非礼，以刑于寡妻而已。举治家之心，以加之于国，虽有大小之间，宜不远矣，故“未有学养子而后嫁者也”。所谓“一家”、“一人”者，皆谓君也。君者，国之机也，君仁，莫不仁；君义，莫不义；一正君而国定矣，其机如此。故国之本在家，家之本在身，可不慎欤！民可使心服，而不可使力服；可以身帅，而不可以令帅。尧舜之仁，桀纣之暴，所以皆从其所好，而不从其所令也。“有诸己而后求诸人，无诸己而后非诸人”，此所以身帅而使人心服者也。其道也，自一人一家始，故所以先之也。“宜其家人”，“宜兄宜弟”，其父子兄弟之道，不待谆谆教告，家至而日见之也。至诚足以孚其心，仪刑足以亲其外，国之不治，未之有也。

11. **蓝田吕氏**曰：孟子曰：“道在迩而求诸远，事在易而求诸难。人人亲其亲、长其长而天下平。”盖所谓平者，合内外、通彼我而已。天下同归而殊涂，一致而百虑，天下虽广，出于一理。举斯心以加诸彼，推而放诸四海而准，无往而非斯心也，犹五寸之矩，足以尽天下之方，此絜矩之道也。上下也，左右也，前后也，彼我之别也。通乎彼我，交见而无蔽，则民也君也，将何间哉？此所以为民父母而天下瞻仰之矣。故所以得国，以得众也；所以得众，以有德也。

12. **蓝田吕氏**曰：知以德为之本，有人有土，有财有用，非吾患也。不知以德为本，而本于财，上下交征利，不夺不餍矣。此所谓“外本内末，争民施夺”者也，天下之事，未有不反者也。恶言加于人，则人亦将加恶言于己；以非义之事取其财，则必有非义之事费其财，盖不知义为利者也。

13. **蓝田吕氏**曰：自此至“骄泰以失之”，宜在“平天下在治其国”一章后。

平天下者，善与人同，故取诸人以为善；利与人同，故好货好色与百姓同之，善不与人同，则媢疾之心生，故无好善之心；利不与人同，则贪吝之心生，故无好义远利之诚。观《康诰》之言，则知天命无常，惟善是与也。观《楚书》曰“舅犯”之言，则天下之宝，惟善为宝也。

14. **蓝田吕氏**曰：仁者，以天下为度者也。天下之所共好者，仁也，吾所以好仁；天下之所同恶者，不仁也，吾所以恶不仁。此所以能爱人、能恶人也，此所以能举贤退不肖也，此所以能好人之好、恶人之恶、不拂人之性而远夫灾害者也。

15. **蓝田吕氏**曰：国无游民，则生之者众矣；朝无幸位，则食之者寡矣；不违农时，则为之者疾矣；量入为出，则用之者舒矣，此生财之道也。以财发身，唯富足，然后可以推吾济人之惠也；以身发财，则非骄奢无以矜己之富也，此仁不仁之分也。故唯仁者能与天下同其利，上有不私之仁，下有乐输之义，心诚乐之，如孝子之养父母，未有子富而父贫、百姓足而君不足者也。

16. **蓝田吕氏**曰：鸡豚牛羊，庶民之所畜也，卿士大夫既食于人，又与之争食，则专利矣。专利则以利为利，盗者失财于一旦矣，聚敛者诛求而无厌，此所以“宁有盗臣”也。

17. **蓝田吕氏**曰：君不向道，不志于仁而求富之，是富桀也，故“长国家而务财用”。无与人同利之心，是必小人者也。小人者，人之所非，彼之所善，故曰“今之所谓良臣，古之所谓民贼也”。[①] 既曰善矣，则惟其言之听，持不仁之质，以当国用事，求善人之立，而国之无灾害难矣！是皆不知以义为利，与人同之而已。

吕大临的《大学解》，其核心思想依然是修己治人之说，其注解的重点依然在于《大学》文本的前半段，主要是认为《大学》是“大人之学”，在后半段虽有所涉及，但不是其解说的重点。此外，吕大临同样认为《大学》文本存在章节不对的地方，比如从“《康诰》曰”一段，一直到“骄泰以失之”应该放在“平天下在治其国”一章的后面，认为这些都是对“平天下”的注解，平天下的关键在于“惟善是与”　“惟善为宝”。整体而言，吕大临的《大学解》跟朱子的“修己治人”的看法基本一致，朱子应该借鉴

① 故曰之后的文字，陈俊民先生并未加引号，笔者认为“今之所谓良臣，古 之所谓民贼也”出自于吕大临所引用的《孟子·告天下》，当加引号。

了吕大临的相关注解。这在其《大学或问》中是有所体现的。

综上所述，《大学集说》的思想史价值主要体现在三方面：一是保存了两宋学者对《大学》“内圣外王”之道的论述，二是保存了两宋学者对《大学》“格物致知”的论述，三是为两宋时期早已亡佚的《大学》诠释著作的辑佚提供了必要的材料。

第五章

“苟日新”与“作新民”考

《大学》文本中“汤之《盘名》曰：苟日新，又日新，日日新”一句与《大学》文本中的“《康诰》曰‘作新民’”一句，历来就有着不同的解释。笔者前文指出，历代的《大学》诠释者对于《大学》的宗旨与行为主体都有着不同的理解，而对于“苟日新”与“作新民”两句诠释的学术史考察，有利于确定这两句话的本义及其演变义，在这一过程之中，就能鲜明地看出从先秦到汉唐再到宋明时期《大学》宗旨的演变、行为主体的变化，这种细致的考察尤为重要。

第一节　“苟日新”为“茍日新”考

关于《礼记·大学》篇“汤之盘铭”一段引文的注解，是历代学者关注的热点问题，学术界一直存有争议。学术界关于“汤之盘铭”的解释归纳起来有苟为“苟”说、苟为“诚”说、苟为“兄”说、苟为“敬”说等四种说法，其中苟为“诚”说是历代学者主要认同的观点。这四种说法都是学者从自身诠释的角度进行解释的，很少有学者关注其本义究竟为何。此外，苟为“诚”说其实是一种比较笼统的说法，虽然汉宋学者们都主张苟为“诚”说，但实际上他们阐释苟为“诚”说的角度是完全不同的，其侧重点也存在着较大的差异。但是，学界对于汉宋学者释“汤之盘铭”之不同很少提起，甚至在大多数的时候将其看作相同的说法来使用，这是一件非常令人遗憾的事情。

本节主要想解决两个问题：第一个问题是考证“汤之盘铭”的本义，通过参考《论语》及其他相关文献分析“汤之盘铭”中“盘”与“苟”字的本义，以此来推断出“汤之盘铭”的本义。第二个问题是在其本义的参照下，从汉宋学者对“汤之盘铭”注解的仔细研读入手，找出汉宋学者注解《大学》时所采用的不同诠释视角，以及汉宋学者苟为“诚”说的具体不同之所在。通过对上述两方面问题的仔细研究，力图勾勒出一幅“汤之盘铭”本义及其延伸义的流传演变图，从历史演变发展的角度对“汤之盘铭”有一个整体而全面的理解。

一 “汤之盘铭”的四种说法

学术界关于“汤之盘铭曰：苟日新，日日新，又日新”的不同理解主要集中在对于“苟”字的不同理解，大致有以下四种说法，它们分别是：苟为“茍”说、苟为“诚”说、苟为“兄”说、苟为“敬”说。

（一）苟为“茍”说

苟为“茍”说的代表人物主要是清代学者钱泳、近代学者裴学海。

最早提出苟为“茍”说的学者当属清人钱泳，他认为《大学》“苟日新”之“苟”，朱熹《四书章句集注》解释为“诚”是错误的，其内在的理解是将“苟”当作“茍”，训为“亟”。[①] 近人裴学海也认为：“‘苟日新’云云者言速日新，日日新，又日新也。

① （清）钱泳：《履园丛话》卷三《考索·茍》，《续修四库全书》第1139册，上海古籍出版社1995年版，第38—39页。

下文云‘是故君子无所不用其极’，‘极’亦与‘亟’同。速也，急也。言君子之于新，无所不用其急速也。”① 裴学海的这种说法值得我们仔细思考。

除此之外，高小方、蒋来娣两位先生在《汉语史语料学》一书中认为：“苟，当作‘茍’（jí），形近而误。”② 最近，在互联网上也有相关的文章指出“苟日新”的意思当为“急使日新”，勿有迁延等待。③ 南京大学文学院的张萍硕士亦撰文认为：“苟”字为“茍”字之讹完全有可能，且结合语义、句法和语用方面的考察，“茍”字用在这里比“苟”字更为恰当。④ 等于是完全赞同了高小方、蒋来娣两位先生的观点。

（二）苟为“诚”说

苟为“诚”说是历代学者所主要认同的，但学者之间还是有所差别的，可以分为两种。

第一种苟为“诚”说以汉代郑玄、唐代孔颖达为代表。

郑玄《大学注》说：

> 盘铭，刻戒于盘也。极，犹尽也。君子日新其德，常尽心力，不有余也。⑤

在郑玄的理解中，郑玄将汤之盘铭、作新民之《康诰》、周虽旧邦之《诗》中的“新”放在了一起进行注解，认为这三个引用全都是为了说明君子要“日新其德”，而且要求君子“常尽心力”，

---

① 裴学海：《大学疑义订解》，载《国学月刊》第一卷第一期，天津：1937年版，第4页。

② 高小方，蒋来娣：《汉语史语料学》，高等教育出版社2005年版。

③ 小团山香草农庄：《汤之盘铭的正解》，《中英书院讲席》2013年12月14日22：39微博，香港公开大学人文社会科学院同学会交流区。

④ 张萍：《“苟”、“茍”之辨》，《语文学刊》2007年第11期，第74页。

⑤ （汉）郑玄注，（唐）孔颖达疏：《礼记正义》，第2239页。

不能有所余。郑玄所强调的是君子对于“日新其德”的重视以及君子如何尽心力来“日新其德”。

孔颖达《大学正义》则说：

> “汤之《盘铭》”此一经广明诚意之事。“汤之《盘铭》”者，汤沐浴之盘而刻铭为戒。必于沐浴之盘者，戒之甚也。“苟日新”者，此《盘铭》辞也。非唯洗沐自新，苟，诚也，诚使道德日益新也。“日日新”者，言非唯一日之新，当使日日益新。“又日新”者，言非唯日日益新，又须恒常日新。皆是丁宁之辞也。此谓精诚其意，修德无已也。①

孔颖达认为，“汤之《盘铭》”这一句的引用是为了说明君子应该诚意这件事。“汤之《盘铭》”就是指商汤沐浴所用之盘，在这个沐浴之盘上刻有铭文以此来警诫自己。“苟日新，日日新，又日新”就是商汤沐浴之盘上的铭文。苟就是诚的意思。这段铭文是说君子诚使道德日益新，不能仅仅是一日之新，还应该使道德日日益新，还要使道德恒常日新。用一种反复叮嘱的话语来说明“日新其德”的重要性。应该说，孔颖达承袭了郑玄“君子日新其德，常尽心力”的思想，但对于“汤之《盘铭》”的主题思想做出了自己的判断，那就是为了说明君子应该诚意之事，只有精诚其意了，修德才能无已。所强调的重点在于君子应该精诚其意，使道德日益新也。

第二种苟为“诚”说以宋代大儒朱熹为代表。朱熹说：

> 盘，沐浴之盘也。铭，名其器以自警之辞也。苟，诚也。汤以人之洗濯其心以去恶，如沐浴其身以去垢，故铭其盘，言

① （汉）郑玄注，（唐）孔颖达疏：《礼记正义》，第2245页。

> 诚能一日有以涤其旧染之污而自新，则当因其已新者，而日日新之，又日新之，不可略有间断也。①

朱熹认为，此盘是商汤沐浴所用之盘，在上面刻铭文以此来自警。朱熹将“苟”理解为“诚”，从表面上来看是承袭了孔颖达训“苟”为“诚”的注解，但是，朱熹的“诚”用在了“能”字的前面，就变成了“诚能”，其意思就变成了“假设真的”“假如真的”，就变成了一个假设连词，即“诚能……，则……”与孔颖达的理解显然是不同的。

应该说，朱熹的这种解释成为历代儒者主流的解释，直到今天很多现代学者的诠释也一般按照朱熹的说法进行翻译。如王文锦先生的《大学中庸译注》翻译为：“假如今天洗净污垢更新自身，那么就要天天清洗更新，每日不间断地清洗更新。”② 杨天宇先生的《礼记译注》翻译为：“假如一天自新，就能天天自新，每天自新。”③ 韩星先生的《〈大学〉〈中庸〉解读》则翻译为：“假如今天把一身的污垢洗干净了，以后便要天天把污垢洗干净，这样一天又一天地要坚持下去。”④

（三）苟为“兄”说

苟为“兄”说的主要代表人物是郭沫若、朱彦民先生。

按照郭沫若《〈汤盘〉〈孔鼎〉之扬榷》一文的推论，“苟日新、日日新，又日新”当为“兄日辛，祖日辛，父日辛”之误。郭沫若说：

> 铭之上端当稍有损，形如图中曲线所界，故又误兄为苟，

① （宋）朱熹：《四书章句集注》，第6页。
② 王文锦：《大学中庸译注》，中华书局2013年版，第7页。
③ 杨天宇：《礼记译注》，上海古籍出版社2004年版，第803页。
④ 韩星：《〈大学〉〈中庸〉解读》，中国社会科学出版社2018年版，第165页。

误且（古文祖）为日，误父为又。求之不得其解，遂傅会其意，读辛为新，故成为今之“苟日新，日日新，又日新”也。①

廖名春先生认为：

郭氏对“汤之盘铭”的怀疑，是基于默证法提出的；其以“近年保定出古戈三具”之文来否定“苟日新，日日新，又日新”之说，其证据的真实性、论证的有效性，都颇具争议。②

廖名春先生还从郭说改字为训、三戈之次序、杨树达、董作宾等人的批评方面论证了郭沫若引商祖父兄三戈铭文否定“汤之盘铭”纯属捕风追影，不足为信。③

然而朱彦民先生在《“苟日新，日日新，又日新”新解——〈汤盘铭〉郭说补正》④ 一文中认为郭说可信，并分别从古文字在商代初年的存在形态、甲骨文祭祀早期先公多在辛日，以及古代宗庙昭穆制的产生等角度，为郭沫若的说法提供了一些佐证。

在笔者看来，还是不能同意郭沫若之说。廖名春先生已经对郭沫若的说法做出了比较成熟的批评，笔者深以为是。而朱彦民老师虽然从三种不同的角度论证郭沫若的说法有可能是正确的，但是，唯独没有从《大学》引文本身的角度去看待这个问题。若按照朱彦民老师的理解，那么《大学》文本引“汤之盘铭”就无法进行合理的解释了，故笔者实在难以同意郭沫若先生的说法。

---

① 郭沫若：《〈汤盘〉〈孔鼎〉之扬榷》，载《金文丛考》，人民出版社1954年版，第84页。

② 廖名春：《〈大学〉篇“汤之盘铭”新释》，《国学学刊》2015年第2期，第6页。

③ 廖名春：《〈大学〉篇“汤之盘铭”新释》，《国学学刊》2015年第2期，第7页。

④ 朱彦民：《“苟日新，日日新，又日新”新解——〈汤盘铭〉郭说补正》，《殷都学刊》2018年第1期，第17—22页。

（四）茍为“敬”说

茍为“敬”说的主要代表人物是马向欣、廖名春两位先生。

马向欣先生在《“茍日新”探》一文中说：

> 《大学》传二章引圣王修身格言以证上文经一章中一连串“而后”的精神。经文的意思是修身必先正心诚意。正心，诚意便是一个敬字。①

马向欣先生认为，孔颖达疏解“诚能日新”所使用的是假设的词语，但是圣王的修身则是一件必然的事情，使用假设词语显然是不对的。因此提出：“苟日新”乃“茍日新”之误，亦即“敬日新”之误。②

廖名春先生虽然也认为“茍”为“敬”，但是对于马向欣先生以“诚意”释“敬”的说法还是不能认同。廖名春先生认为：

> “茍日新，日日新，又日新”当读作“茍（敬）：日新，又日新，日日新”。是说“勤而不懈”，绝不能停止松懈，“第一天洗垢自新，第二天也要洗垢自新，每天都要洗垢自新”。所谓“茍（敬）”概括的就是“日新，又日新，日日新”的道理，而“日新，又日新，日日新”则是“茍（敬）”，“勤而不懈”之理的具体表现。它们是同一关系，是说明与被说明的关系。③

廖名春先生的这种说法存在一定的合理性，尤其是首先提出了“茍”字所包含的内容就是后面的“日新，又日新，日日新”的内

① 马向欣：《“茍日新”探》，《文献》1994年第3期，第253页。
② 马向欣：《“茍日新”探》，《文献》1994年第3期，第253页。
③ 廖名春：《〈大学〉篇“汤之盘铭”新释》，《国学学刊》2015年第2期，第5页。

容。但依然存在两个问题。一是将“苟”字理解为“敬”字的初文，这与《大学》文本引用“汤之盘铭”的引文无法做出合理的解释。事实上在《大学》文本中确确实实出现了“敬”字，如果“苟”字真的是“敬”字之意的话，《大学》的作者为什么不将其直接写为“敬”字？这显然是说不通的。二是廖名春先生将“日日新”与“又日新”的位置进行了调换，虽然廖先生也找出了古文中相关的前后顺序可以相互调换的案例，但这种做法的确存在不妥之处。

综上所述，学者们认为苟为“苟”字之误的可能性是存在的，但这些学者在对“苟”字进行诠释的时候，将其训为“亟”，理解为“速”或者“急”“急忙”“赶快”，都存在着没有照顾到“汤之盘铭”本义以及与《大学》文本诠释之间的合理性问题。因此，如果苟为“苟”字之误成立的话，如何理解“苟”字的真正含义依然是我们研究的重点。

二　汤之盘铭中的“盘”为“盥洗”之盘匜

关于《礼记·大学》篇“汤之盘铭”中“盘”的理解，历代学者主要有以下三种观点：

一种观点是以孔颖达、朱熹为代表的“沐浴之盘”。孔颖达认为：

> “汤之盘铭”者，汤沐浴之盘而刻铭为戒。必于沐浴之盘者，戒之甚也。①

孔颖达说，汤之盘铭是成汤沐浴所用之盘，刻上铭文以此来警

① （汉）郑玄注，（唐）孔颖达疏：《礼记正义》，第2245页。

诫的。之所以一定要在成汤沐浴所用之盘上刻铭文，是严重警诫的意思。而朱熹则说：

> 盘，沐浴之盘也。铭，名其器以自警之辞也。苟，诚也。汤以人之洗濯其心以去恶，如沐浴其身以去垢，故铭其盘，言诚能一日有以涤其旧染之污而自新，则当因其已新者，而日日新之，又日新之，不可略有间断也。①

朱熹同样认为，汤之盘铭中的“盘”是成汤沐浴所用之盘。将“盘”注解为“沐浴之盘”，从唐代的孔颖达至宋代的朱熹一直都是如此，这种说法也被大多数学者所接受。

第二种观点是元代陈天祥《四书辨疑·大学》中所提到的“饮食之间所用之盘”。② 陈天祥认为将“盘”理解为沐浴之盘是旧说，是不成立的，主要原因有三点。第一，沐为沐发，浴为浴身，头发与身体没有说在同一器具中洗浴的道理，将其当作两盘，并没有相关的证据。第二，朱熹《大学或问》中提到人之一日沐浴、日日沐浴，又无日不沐浴，放在现实生活中是不现实的，天下没有一年四季天天需要沐浴的人。第三，盘作为器具一般比较浅，中间很难容纳人进行沐浴。陈天祥最后提出，古代的人将铭文刻在器具上以自警，一般是象其本器而言，因此将此盘理解为“饮食之间所用之盘”比较好。这种说法也难以成立，饮食之间所用之盘，每天吃不同的东西，所用来盛东西的器具也是不同的，这样就无法做到每天都看一遍自警之辞，离商汤刻铭为诫的本义就远了。

第三种观点是南宋新定邵氏、清代俞樾为代表的“盥頮之盘”。新定邵氏认为：

---

① （宋）朱熹：《四书章句集注》，第6页。

② 陈天祥：《四书辨疑·大学》，转引自韩星《〈大学〉〈中庸〉解读》，第96页。

以事情揆之，日日盥頮，人之所同也。日日沐浴，恐未必然。《内则》篇记人子之“事父母”，亦不过“五日则燂汤请浴，三日具沐”而已。斯铭也，其殆刻诸盥頮之盘欤！①

邵氏说，根据事情的真实情况来推测的话，每天都要洗手洗面，这是人们每天都会去做的事情。然而每天都要洗澡洗头，恐怕真实情况不是这样的。《礼记·内则》篇在记载人子侍奉父母之时，也只是每隔五天烧热水请父母洗澡一次，每隔三天烧热水请父母洗头一次而已。这段铭文，大概就是刻在洗手洗面所用的盘子上吧！从这里开始，汤之盘铭之“盘”就不再是“沐浴之盘”，而变成了“盥頮之盘”，也就从洗澡所用之器具变成了洗手洗面所用之器具。

之后元人胡炳文（公元1250—1333年）在《大学通》中说：

邵氏之说虽无关于‘日新’之大旨，然于‘盘’字或有小补云。②

清代的胡渭（公元1633—1714年）在《大学翼真》中也表示：

此义虽小，然必如此说，方与“日日”“又日”之意相协，当从之。③

胡炳文与胡渭分别从“盘”之本义与“盘”跟“日日”“又

① 文渊阁《四库全书》经部礼类礼记之属《礼记集说》卷一百五十一。
② 文渊阁《四库全书》经部四书类《四书通·大学通》。
③ 文渊阁《四库全书》经部四书类《大学翼真》卷五。

日”之间的关系肯定了新定邵氏“盥頮之盘”的说法。此后，清代学者王懋竑①、江永②等人在“盥頮之盘”的基础上又进一步有所发挥。

而到了清代学者俞樾这里，“盥頮之盘匜”的说法变得更加详细。俞樾认为，陈天祥所说的“饮食之间所用之盘”③，并不符合古代盛取食物所用器物的具体名称，而且古代进食所用的是“案”而不是“盘”，并且在夏商周三代的文献中都没有出现过，因此否定了陈天祥“饮食之间所用之盘”的说法。然后又对孔颖达所认为的“沐浴之盘”提出了质疑，他引《周书·王会》篇“浴盆在其中”，认为古人洗澡用的是“盆”而不是“盘”。俞樾说：

> 汤之盘果何盘乎？愚谓当即盘匜之盘，乃盥器也。……盖古人盥手以匜而盥毕则其水承之以盘。盘匜乃古人日日所必用。据《内则》知每日必盥手，非如沐以三日，浴以五日也。故古人即于盘匜勒铭以自警戒。……孔氏不知为盥器而以为沐浴器，殊非古义。陈氏以为进饮食器则失之更远矣。④

俞樾引用《周书》《礼记》等文，认为汤之盘应当为日常使用之“盥器”，从而否定了孔颖达的“沐浴之盘”说以及陈天祥的“进饮食器”说。

笔者认为，“汤之盘铭”中的“盘”应当理解为“盥頮之盘匜”，即商汤用来洗手洗面所用之盘匜。原因主要有两点，一是根据人们的日常生活来看，每天所使用的洗刷器物，即洗手洗面的器

---

① 文渊阁《四库全书》子部杂家类杂考之属《白田杂著》卷三《盘铭考》。

② 文渊阁《四库全书》经部五经总义类《群经补义》卷四。

③ （清）俞樾撰：《四书辨疑辨一卷·汤之盘铭》，《一七〇·经部·四书类》，《续修四库全书》第170册，上海古籍出版社1995年版，第708页。

④ （清）俞樾撰：《四书辨疑辨一卷·汤之盘铭》，第708页。

物远比洗澡所使用的器物要多，无论是在生活条件比较艰苦的三千多年前，还是在我们今天物质生活比较丰富的现代，我们也很难做到每天都去洗澡；二是每天使用的洗手洗面的器具能够跟盘铭上的意思“日日新”“又日新”联系在一起，两者相得益彰。因此，孔颖达与朱熹所理解的“沐浴之盘”是不合适的，应当理解为“盥頮之盘”。

三 “苟日新”本义

以上“苟”字四种说法的差别主要集中在对于“苟”字与“苟”字之意的不同理解。众所周知，《大学》的作者一般被认为是曾子及其后学，因此，《大学》与《论语》的成书年代应该是比较一致的。我们考察一下《论语》中“苟”字的使用情况，看一看如果将其含义移植到《大学》篇中，是否成立。

（一）“苟日新”不符合“汤之盘铭”的文义

下面，我们来看下《论语》中出现“苟”字的地方及学者对其进行的解释。需要指出的是，下面的文字是对“苟”所在的句子或单个词组进行的解释，所有的解释都来自于钱穆先生的《论语新解》一书。

1. 子曰：“苟志于仁矣，无恶也。”

钱穆先生认为，先生说：“只要存心在仁了，他对人，便没有真所厌恶的了。”①

2. 子曰：“丘也幸，苟有过，人必知之。”

钱穆先生认为：“只要有了错，人家一定会知道。”②

3. 季康子患盗，问于孔子。孔子对曰：“苟子之不欲，虽赏之不窃。”

---

① 钱穆：《论语新解》，第97页。
② 钱穆：《论语新解》，第218页。

钱穆先生认为：“只要你自不贪欲，纵使悬令赏民行窃，他们也不会听你的。”①

4. 故君子名之必可言也，言之必可行也。君子于其言，无所苟而已矣！

钱穆先生认为：“于其言无所苟：一名一言，皆不可苟，否则牵连一切皆苟，岂有苟道而可以治国者。”“君子对任何一句话，总求没有苟且就得了。”②

5. 子谓卫公子荆善居屋：“始有，曰：‘苟合矣；’少有，曰：‘苟完矣；’富有，曰：‘苟美矣。’”

钱穆先生认为：“苟，将就苟且义。”当他财货器用始有之时，便说：“将就凑合了。”到他稍多时，便说：“将就完备了。”到他更多时，便说：“将就算得上美了。”③

6. 子曰：“苟有用我者，期月而已可也，三年有成。”

钱穆先生认为：“苟有能用我之人，一周年的时间便好了。若经三年，定会有成功。”④

7. 子曰：“苟正其身矣，于从政乎何有？不能正其身，如正人何？”

钱穆先生认为：“苟能自己身正了，这于从事政治还有何难呀？若不能正其身，又怎能正人呢？”⑤

8. 子曰：“鄙夫！可与事君也与哉！其未得之也，患得之；既得之，患失之；苟患失之，无所不至矣！”

钱穆先生认为：“若怕或失去，他会无所不为，没有底

① 钱穆：《论语新解》，第363页。
② 钱穆：《论语新解》，第376页。
③ 钱穆：《论语新解》，第381—382页。
④ 钱穆：《论语新解》，第383页。
⑤ 钱穆：《论语新解》，第386页。

止的。"①

综上所述，对于"苟"字意思的解释，钱穆先生认为主要有两种，第一种是只要、苟能、苟有能、若，是一个连词，可以理解为如果、假设、只要、假如能；第二种就是将就苟且之义。在《论语》中出现的最主要的含义就是只要、假如能，将就苟且之义只出现了两次。在《古汉语常用字字典》中，还有第三种解释，即姑且、暂且。如"苟全性命于乱世"。② 其实是将就苟且之义的变种，可以理解为将就苟且之义。但此义放在"苟日新"中是完全解释不通的。孔颖达、朱熹的解释即是将"苟"字当作一个连词来解释，是一个虚词，表示的是假设的语气，即如果、假设。

如果说，我们认为"苟"字的意思就是《论语》中最常用的如果、假设、只要、假如能之义，那么"苟日新"之后必然要出现"定""就""那么"之类的词语与之相互呼应，然而"汤之盘铭"并没有出现这类词语，因此我们如果将"苟"字看成是一个虚词，一个连词，表示假设之意，并不符合"汤之盘铭"的具体文义。综上所述，我们不能将"苟"看作是一个连词，表示假设之意。

（二）"苟"字为"茍"字的讹误，"苟日新"即是"茍日新"

既然"苟"字作为一个连词，表示假设不对，而"将就苟且之义"更不符合"汤之盘铭"的文义，那么"苟"字为"茍"字讹误的可能性就比较大。

首先，许慎在《说文解字·茍部》中说：

> 茍，自急敕也。从羊省，从包省。从口，口犹慎言也。从羊，羊与義善美同意。凡茍之属皆从茍。③

---

① 钱穆：《论语新解》，第527页。

② 王力：《古汉语常用字字典》，商务印书馆2006年版，第126页。

③ （汉）许慎撰，徐铉校定：《说文解字》，中华书局2013年版，第185页。

段玉裁在《说文解字注》中说：

（茍）自急敕也。急与茍双声。敕与茍叠韵。急者、褊也。敕者、诫也。[①]

根据《说文解字》以及《说文解字注》的相关记载，“茍”字之意当为“自急敕”，“自”就是自己，“急”就是“褊”，狭隘、狭小之意思。“敕”就是“诫”，告诫、警诫之意。连在一起即是“自己小心告诫”，即自己小心警诫自己之意。

如果将“苟”字看作是“茍”字的讹误，那么“苟日新”就应当是“茍日新，日日新，又日新”，即自己小心告诫自己，日新（其手其面），日日新（其手其面），又日新（其手其面），即自己小心告诫（自己）日新（其手其面），不断地日新（其手其面）。

其次，在《大戴礼记》中，也出现了几次“茍”字，如：

君子不绝小不殄微也，行自微也不微人，人知之则愿也，人不知茍吾自知也，君子终身守此勿勿也。（《大戴礼记·曾子立事》）

有知之，则愿也；莫之知，茍无自知也。（《大戴礼记·曾子制言中》）

清代学者王聘珍在其著作《大戴礼记解诂》中均引《说文》“茍，自急敕也”[②] 来解释“茍”字。笔者认为，在这里，王聘珍将“茍”理解为“茍”，采用“自急敕”的解释尤其合适。

① （汉）许慎撰，（清）段玉裁注：《说文解字注》，上海古籍出版社 1981 年版，第 434 页。

② （清）王聘珍撰，王文锦点校：《大戴礼记解诂》，中华书局 1983 年版，第 70、92 页。

将“苟”字的含义解释为自己小心告诫（自己），跟“汤之盘铭”作为一种自警的文辞能够有机地联系起来。而“苟”字自己小心告诫（自己）的含义更是表达出了这种含义。“苟日新，日日新，又日新”的本义就是自己小心告诫（自己）日新（其手其面），日日新（其手其面），又日新（其手其面）。而所“新”之内容既包含对于身体污垢的去除，也包含道德的日新。商汤作为商朝的开国之君，有这种强烈的警醒、警诫自己的意思，带领其部落民众推翻夏桀的残暴统治，是符合商汤作为一代开国之君的身份与形象的。

当然了，廖名春先生将“苟”看作是“敬”字的初文，也有一定的合理性。毕竟，自己小心告诫（自己）就已经包含着“敬”字的含义了。但是，直接将其理解为“敬”之意则有诠释过度的嫌疑。

最后，在一些现存的宋版《礼记》著作中，存在将“苟日新”写作“苟日新”的情况，如汤之盘铭曰：“苟日新，日日新，又日新。”① 同样，在宋代余仁仲万卷堂家塾刻本《礼记二十卷》中，“苟日新”也是写作“苟日新”。② 但是，在宋代依然有版本写作“苟日新”，如宋淳熙四年抚州公使库刻本《礼记二十卷》。③ 也就是说，“苟”与“苟”字都同时出现在宋代过。

综上所述，笔者认为“苟”字当为“苟”字之讹，“苟日新”即是“苟日新”，汤之盘铭曰：“苟日新，日日新，又日新”应当理解为商汤的盥洗之盘匜上刻着：“自己小心告诫（自己）日新，日日新，又日新”，而所“新”之内容主要是指身体（其手其面）的清洁，在这种身体的清洁之外，亦隐含着道德提升的内涵。

---

① 《四部备要》经部上海中华书局据相台岳氏家塾本校刊，第1105页。

② 《礼记二十卷》，宋余仁仲万卷堂家塾刻本，（汉）郑玄注，（唐）陆德明音义，第3册，第118页。

③ 《礼记二十卷》，宋淳熙四年抚州公使库刻本，（汉）郑玄注，第6册，第76页。

四 汉宋学者释《大学》之不同

“苟日新”就是自己小心告诫（自己）日新，在“汤之盘铭”中明确提出的是不断“日新”，可以说“汤之盘铭”在最开始的意思就是：自己小心告诫（自己）日新，日日新，又日新。从我们上文的论述中，将“盘”视为“盥頮之盘”时，商汤所要日新的东西主要是指洗净手部和脸部的污秽，使之保持清洁与干净。同时，“汤之盘铭”作为一个警诫的铭辞，也包含有日新（其德）的道德含义在里面。需要指出的是，“汤之盘铭”的行为主体是商朝的开国之君商汤，他是一个有德有位的国君，其地位与道德都非常显赫，而不能将其只理解为一个普通人而忘记其身份地位。因此，我们可以将“汤之《盘铭》”的本义解释为商汤自己小心告诫（自己）日新（其手其面）。

（一）郑玄：君子日新其德

“汤之盘铭”含义第一次发生演变是在汉代的经学大师郑玄的诠释中。

郑玄在《大学注》中说：

> 盘铭，刻戒于盘也。极，犹尽也。君子日新其德，常尽心力，不有余也。①

在郑玄的理解中，郑玄将汤之《盘铭》、作新民之《康诰》、周虽旧邦之《诗》中的“新”放在了一起进行注解，认为这三个引用全都是为了说明君子要“日新其德”，而且要求君子“常尽心力”，不能有所余。郑玄所强调的是君子对于“日新其德”的重视以及君子如何尽心力来“日新其德”。郑玄在这里强调的是“君子

① （汉）郑玄注，（唐）孔颖达疏：《礼记正义》，第2239页。

日新其德”，“日新其德”的行为主体是指“君子”。根据郑玄在其他篇章中的相关注解，“君子”主要是指两类人，一种是卿大夫及国中贤者。如《仪礼·士相见礼》：“凡待坐于君子，君子欠伸，问日之早晏，以食具告，改居，则请退可也。”郑玄注：“君子，谓卿大夫及国中贤者也。”《礼记·檀弓下》：“任之虽重，君子不能为谋也，士弗能死也，不可。”郑玄注：“君子，谓卿大夫也。”另一种是指诸侯。如《易·革》：“上六，君子豹变，小人革面。”郑玄注：“君子，诸侯。”（《通德堂经解》）以上两种君子虽然具体所指有所不同，但毫无疑问都是属于国君与大臣之类的为政者，我们可以将郑玄所说的“君子”理解为“为政者”，而这也跟郑玄注《大学》篇题时所说的“《大学》，以其记博学，可以为政也”的观点紧密联系在一起。

综上所述，郑玄对“汤之盘铭”的诠释是以君子阶层中的为政者为行为主体的，突出了为政者要日新其德，且不使有余。

（二）孔颖达：为政者“精诚其意，修德无已”

孔颖达在承袭郑玄注解的基础上又有所延伸，其在《大学正义》中则说：

> “汤之《盘铭》”此一经广明诚意之事。“汤之《盘铭》”者，汤沐浴之盘，而刻铭为戒。必于沐浴之盘者，戒之甚也。“苟日新”者，此《盘铭》辞也。非唯洗沐自新，苟，诚也，诚使道德日益新也。“日日新”者，言非唯一日之新，当使日日益新。“又日新”者，言非唯日日益新，又须恒常日新。皆是丁宁之辞也。此谓精诚其意，修德无已也。①

① （汉）郑玄注，（唐）孔颖达疏：《礼记正义》，第2245页。

应该说，孔颖达承袭了郑玄“君子日新其德，常尽心力”的思想，同时对于“汤之《盘铭》”的主题思想做出了自己的判断，那就是为了说明君子应该诚意之事，只有精诚其意了，修德才能无已。所强调的重点在于君子应该精诚其意，使道德日益新也。孔颖达在郑玄“为政者日新其德”的基础上，强调更多的是为政者更应该注重“诚意”这件事情，突出强调了诚意之于“为政者”的重要性。也就是说，“汤之《盘铭》”的“日新其德”是为了说明君子或者为政者应该“诚意”这件事，突出了“诚意”之于君子或为政者的重要作用。当然，综合孔颖达对于《大学》全篇的诠释，《大学》的主题思想依然是为政者如何治国，而为政者如何治国的理论基础则是孔颖达所理解的“诚意之道”。在孔颖达的理解之中，君子或者为政者只有做到了“诚意之道”，才能真正实现亲民，才能真正治理好国家。这也是为什么孔颖达要重点强调君子或者为政者应该“精诚其意，修德无已”的原因。

孔颖达基本上承袭了郑玄“日新其德，常尽心力”的说法，同时认为君子“日新其德”是“念德而自新”，即自新之道，唯在尽其心力，更无余行也。

综上所述，汉唐时期的诠释者在理解“汤之盘铭”之时，其行为主体已经从一国之君变成了诸侯、卿大夫、朝中贤者这样的“君子”阶层或者为政者，其“日新其德”的道德属性已经变成了“日新”最重要的部分，其日新（其手其面）的部分已经减弱，甚至很少提及。而孔颖达在承袭郑玄“君子日新其德”的基础上，更是将君子“诚意”工夫放在了“日新其德”的上面，认为“汤之盘铭”就是为了诠释君子“诚意之道”的，强调的是君子或者为政者应该“精诚其意，修德无已”。因此，汉唐时期的“汤之盘铭”可以解释为为政者“精诚其意，修德无已”，这可以说是“汤之盘铭”第二次意义的转变。

（三）朱熹：学者“自新新民”

到了宋代，随着历史时代的变迁，中国古代经学的经典以及诠释特点也随着发生巨大的改变，经学家对于经典的诠释也从汉唐时期以政治为核心的视角转向了以个人为核心的道德要求，其最显著的表现就是宋代理学的异军突起对于传统经典文献的诠释。在这里，尤其是以二程、朱子为代表的理学家。

到了宋代的朱熹，其说法较之汉唐则有更大的不同。朱子在《大学章句》中说：

> 盘，沐浴之盘也。铭，名其器以自警之辞也。苟，诚也。汤以人之洗濯其心以去恶，如沐浴其身以去垢，故铭其盘，言诚能一日有以涤其旧染之污而自新，则当因其已新者，而日日新之，又日新之，不可略有间断也。《康诰》曰：“作新民。”鼓之舞之之谓作，言振起其自新之民也。《诗》曰：“周虽旧邦，其命惟新。”《诗·大雅·文王》之篇。言周国虽旧，至于文王，能新其德以及于民，而始受天命也。是故君子无所不用其极。自新新民，皆欲止于至善也。右传之二章。释新民。①

朱子对“汤之盘铭”的诠释是建立在自己《大学》“三纲领、八条目”的理解之上的，同时也是建立在其“气禀、人欲”基础理解之上的，我们需要将其放在一起进行理解。朱子在《大学章句》中记载：

> 大学之道，在明明德，在亲民，在止于至善。程子曰：“亲，当作新。”大学者，大人之学也。明，明之也。明德者，

① （宋）朱熹：《四书章句集注》，第6页。

人之所得乎天，而虚灵不昧，以具众理而应万事者也。但为气禀所拘，人欲所蔽，则有时而昏；然其本体之明，则有未尝息者。故学者当因其所发而遂明之，以复其初也。新者，革其旧之谓也，言既自明其明德，又当推以及人，使之亦有以去其旧染之污也。止者，必至于是而不迁之意。盖必其有以尽夫天理之极，而无一毫人欲之私也。此三者，大学之纲领也。①

综合朱子这两段话来看，首先朱子承袭了“汤之盘铭”要求不断“日新”的基本思想。但对于“日新”的内容，朱子并没有简单地承袭汉唐郑孔“日新其德”的观点，而是认为“日新”的内容是复其本体之明，也就是说是为了恢复“明德”，即朱子所理解的“人得之于天，虚灵不昧，以具众理而应万事者”。在这里，朱子与郑玄、孔颖达对于“德”的理解已经完全不同。朱子认为“汤之《盘铭》”就是讲学者“自新”的，此“自新”的目的是为了“新民”，而不仅仅只是“自新”，“自新”与“新民”是完全统一在一起的。

在朱子的理解中，“汤之《盘铭》”的行为主体已经不再是汉唐学者所说的君子阶层或者为政者，而是“学者”，这就跟朱子将《大学》的主题理解为“学者修己治人之方”② 联系在了一起。朱子所说的“学者”主要是指从道德修养的角度来讲的读书人，跟郑玄、孔颖达所说的君子阶层或为政者存在着较大的差别。因此，朱子所讲的“汤之《盘铭》”是指学者“自新新民”，其落脚点在于将“汤之《盘铭》”放在了“三纲领”中的“新民”上。这就跟孔颖达将“汤之《盘铭》”放在“诚意”中注解相差太远。可以说，这是“汤之《盘铭》”第三次意义的转变。

① （宋）朱熹：《四书章句集注》，第4页。
② （宋）朱熹：《四书章句集注》，第3页。

可以看出，郑孔都是从为政者的角度诠释的，而朱子则是从有道德的学者角度进行诠释的，其行为主体已经发生了巨大的改变。这样，“汤之《盘铭》”日新说就变成了有道德的学者自新其德，然后新民之德，即“学者自新新民”。可以说，这是“汤之《盘铭》”日新说的第三次意义转变，变成了学者首先自新，然后新民，“自新新民”成为不可分割的一个整体。之所以会出现这三次意义的转变，其实体现了《大学》诠释史不同历史阶段的不同特点。

综上所述，通过对“汤之《盘铭》”文本中的“盘”与“苟”字的含义分析，可以看出，“汤之《盘铭》”的本义就是商汤在其洗手洗面的盘匜上刻着：自己小心告诫（自己）日新，日日新，又日新。即自己小心告诫（自己）日新（其手其面），不断地日新（其手其面）。这句话在“汤之《盘铭》”文本最开始的语境之中只是一句自我警诫的话语。但在汉代郑玄《大学注》的解释中，其意义发生了第一次延伸，变成了“君子日新其德”。到了唐代学者孔颖达在注解时，将“汤之盘铭”的注解是放在“明明德”之下的“诚意”中进行注解，强调的是作为为政者的君子应该要尽快地更新自己的道德，使自己的道德能够配得上天，也就是能够承受“天命”；而宋代学者在注解时，将“汤之盘铭”的注解是放在了“新民”中进行注解的，强调的是作为普通人在自己明明德修身的基础上能够进一步的“新民”，让其他的民众也能够明明德，其重点在于新民，而非自新其德。其行为主体不再是国家的为政者，而是着重于强调有道德的学者的重要性。可以说，这是“汤之盘铭”日新说的第三次意义转变。笔者认为，这种转变是直接从其本义延伸而来，与郑玄、孔颖达等汉唐学者的看法形成了一种互补，双方具有同等重要的态势。汉宋学者们分别从君子为政与学者道德双重视角来解释《大学》文本，这对于我们理解《大学》文本具有重要的启发意义。从先秦时期历代先王“日新”到汉唐时期为政之君子

“日新其德”到宋代有德之学者“自新新民”，反映了汉宋学者诠释背后的行为主体的历史演变，实际上体现了《大学》学史诠释在不同历史阶段的不同特征。

第二节 “作新民”本义考

关于《礼记·大学》篇“《康诰》曰‘作新民’”一段引文的注解，是历代学者关注的热点问题，一直存有争议。其原文是：“汤之《盘铭》曰：‘苟日新，日日新，又日新。’《康诰》曰：‘作新民。’《诗》曰：‘周虽旧邦，其命惟新。’是故君子无所不用其极。”① 学术界关于“作新民”的解释归纳起来有为民日新之教说、新的殷民说、新民之旧俗说、自新之民说、新王朝之子民说。这五种说法各有其合理之处，但都非其本义。此外，汉宋学者们阐释“作新民”的角度是完全不同的，侧重点也存在着较大的差异。但是，学界对于汉宋学者解释“作新民”之不同很少提及，甚至在大多数的时候将其看作相同的说法来使用，这是一件非常令人遗憾的事情。本节主要想解决两个问题：第一个问题是考证“作新民”的本义，通过联系《尚书·康诰》上下文之间的关系及其他相关文献分析“作新民”中“新”与“民”字的原义，以此来推断出“作新民”的本义。第二个问题是在其本义的参照下，从汉宋学者对“作新民”注解的仔细研读入手，寻找出汉宋学者注解《大学》时所采用的不同诠释视角，以及汉宋学者“作新民”说的不同之处。通过对上述两方面问题的仔细疏解，力图勾勒出一幅“作新民”的本义及其延伸义的流传演变图，从思想历史演变发展的维度对“作新民”作一个整体而全面的把握。

① （汉）郑玄注，（唐）孔颖达疏：《礼记正义》，第2239页。

一 “作新民”的五种说法

《尚书·康诰》篇中载：“已！汝惟小子，乃服惟弘王，应保殷民，亦惟助王宅天命，作新民。”①《尚书·康诰》篇是周王封康叔于卫地而作的诰命。学术界关于“作新民”的理解大致形成了五种说法，它们分别是为民日新之教说、新的殷民说、新民之旧俗说、自新之民说和新王朝的子民说。

（一）为民日新之教说

此说主见于汉代《尚书孔氏传》，唐代孔颖达亦持此观点。据《尚书正义》记载：

> 汉孔氏传曰：“已，乎。汝惟小子，乃当服行德政。惟弘大王道。上以应天，下以安我所受殷之民众。”②
>
> 弘王道，安殷民。亦所以惟助王者居顺天命，为民日新之教。③

《尚书孔氏传》认为，《康诰》中的“民”实际上是特指原来卫地殷之民众，康叔被分封到卫地做国君，应当推行德政，弘扬大王之道，努力安定其所受的殷之民众，并帮助周王上顺天命，为了民众施行“日新之教”。

根据《尚书孔氏传》诠解的“日新之教”，孔颖达在《尚书正义》中进一步提出“政教日日益新”观念。《尚书正义》记载：

> 正义曰：“亦所以惟助王者，言非直康叔身行有益。亦惟

① 杜泽逊主编：《尚书注疏汇校（六）》，中华书局2018年版，第2030页。

② 杜泽逊主编：《尚书注疏汇校（六）》，第2030页。

③ 杜泽逊主编：《尚书注疏汇校（六）》，第2030—2031页。

> 助王者居顺天命，为民日新之教，谓渐致太平，政教日日益新也。”①

由于《大学》文本曾引《康诰》“作新民”，孔颖达在《大学正义》中也有相关的诠释。他这样说：

> 《康诰》曰“作新民”者，成王既伐管叔、蔡叔，以殷余民封康叔。《诰》言殷人化纣恶俗，使之变改为新人。此记之意，自念其德，为新民也。②

孔颖达认为，《康诰》原文之意是说康叔要上应周王之天命，下行德政于殷民，使殷人从恶俗之人变更为新人。孔颖达将“作”理解为“使之变改为”，即“作新民”应当理解为康叔下行仁德之政教于殷民，使之转变为新人。由此可见，此处的“民”特指原来卫地之殷余民。“新民”是指让殷余民在康叔仁德之政教的引导下转化为新人。“作”在《诗经》等先秦古籍中作“为”字解释的比较多，汉代孔氏传即是将“作”理解为“为”，“作新民”理解为“为民日新之教”。

因此，孔颖达的“作新民”可以理解为作新（政教于）民，于是“新民”应当理解为行日新之教于民，这就是《尚书孔氏传》、孔颖达所理解的为民日新之教说。

（二）新的殷民说

新的殷民说可细分为两类，一是古代学者的作新斯民说；二是近现代学者的重新改造殷民说。

作新斯民说的代表人物主要是宋代学者史浩、蔡沈、吕祖谦和

① 杜泽逊主编：《尚书注疏汇校（六）》，第2032页。

② （汉）郑玄注，（唐）孔颖达疏：《礼记正义》，第2245页。

元代学者王充耘。史浩说："亦以助我王，宅天命，作新斯民，斯民始得归化也。"[①] 蔡沈说："汝之事，唯在广上德意，和保殷民，使之不失其所，以助王安定天命，而作新斯民也。"[②] 元代学者王充耘说："言汝职事不在乎他，广宣上德，以和保殷民者，汝之职也。助王以安定天命，而作新斯民者，亦汝之职也。"[③] 吕祖谦说："当时王室安危所系，正在商民。民得保养，则王业巩固，而天命可必其定矣。新民者，所迁之民也。新迁之民在洛邑，周公既师保之，何与于康叔。"[④] 综合史浩、蔡沈、王充耘的注解，"斯民"即是殷民，而宋代学者吕祖谦"新迁之民"说，其核心要义也是新的殷民，可归结为同一种说法。

重新改造殷民说的代表人物主要是顾颉刚、刘起釪、王世舜、王翠叶等近现代学者，这其实是古代学者作新斯民说的现代翻版。顾颉刚、刘起釪两位先生注解"作新民"为"把这些殷民改造成新的人民"[⑤]，而王世舜、王翠叶则是这样注解"作新民"的："作新民：意谓重新改造殷民。"[⑥] 唯一不同之处在于，王世舜、王翠叶还是将"民"解释为"殷民"，而顾颉刚、刘起釪则将其泛化为"人民"。

（三）新民之旧俗说

新民之旧俗说的代表人物主要是宋代学者陈经、杨简和元代学者陈悦道。陈经说："亦唯在于辅助成王居天命之安，作新民之旧俗而已。盖商民之安危，即天命之安危。而商民之旧染，亦当作而

① 尤韶华：《归善斋〈尚书〉十诰章句集解》，《尚书讲义》卷十四，中国社会科学出版社2017年版，第955页。

② 尤韶华：《归善斋〈尚书〉十诰章句集解》，《书经集传》卷四《周书·康诰》，第1065页。

③ 尤韶华：《归善斋〈尚书〉十诰章句集解》，《读书管见》卷下《康诰》，第1069页。

④ 尤韶华：《归善斋〈尚书〉十诰章句集解》，《增修东莱书说》卷二十《周书·康诰第十一》，第1041页。

⑤ 顾颉刚、刘起釪：《尚书校释译论》，中华书局2005年版，第三册，第1359页。

⑥ 王世舜、王翠叶译注：《尚书》，中华书局2011年版，第185页。

新之，俾之舍旧而唯新是图也。”[1] 在陈经看来，“新民”是指康叔要更新商民之旧俗，改变“商民之旧染”，以培养商民新的行为习惯。可见，陈经侧重于从商民风俗的变迁角度强调康叔所“新”的内涵。同样，宋代杨简指出：“宅者，不复他之也，助王作新殷民，俾脱旧习，乃所以宅天命也。”[2] 杨简的说法跟陈经基本一致，也是将“新民”理解为新商民旧俗。元代陈悦道说：“其必思所以作兴，鼓舞其民，而去其旧染之污矣。以殷民之旧俗，而康叔能作新之，则夫乃服之事无大于此者。”[3] 他也认为“新民”是指康叔能革新殷民之旧俗，塑造殷民之“新俗”。应当说，新民之旧俗说尽管基本上抓住了“作新民”的基本内容，却未能充分体现出何人以及如何新民之旧俗。

（四）自新之民说

自新之民说的代表人物主要是宋代的朱子。他在《大学章句》中说：“鼓之舞之之谓作，言振起其自新之民也。”[4] 在朱子的理解中，“新民”是指自新之民；他从“天理”的角度强调有道德的学者能明其明德，下面之民众则观瞻上面之明明德学者而自己感化之，使自己兴起同然之善心，成为自新之民。不难看出，朱子立足于“理学”视域对“作新民”戒律进行诠释，并不完全符合《大学》引《康诰》原文之意。

（五）新王朝之子民说

赵法生认为顾颉刚、刘起釪二人的说法虽然存在合理的地方，也有不尽如人意之处。他说：“其中对于‘应保殷民’和‘宅天

---

① 尤韶华：《归善斋〈尚书〉十诰章句集解》，《尚书详解》卷二十九《周书·康诰》，第1045页。

② 尤韶华：《归善斋〈尚书〉十诰章句集解》，《五诰解》卷一《康诰》，第1070页。

③ 尤韶华：《归善斋〈尚书〉十诰章句集解》，《书义断法》卷四《周书·康诰》，第1069页。

④ （宋）朱熹：《四书章句集注》，第6页。

命'解释十分精要，而对'作新民'的解释则似有未达，所谓'新的人民'的说法未免笼统。"[①] 他结合孙星衍《尚书今古文注疏》中"作新民"为"言惟王受殷民而安之，王方受保殷民，汝亦当思助王图度天命，与殷民更始也"的观点，以及"亲民""宅天命"和"作新民"三者之间的内在联系，指出"新民"应当解释为"新王朝之子民"。[②] 同样的，李民、王健也是这样注解"作新民"的："作新民，使殷民成为周的新臣民。卫地的殷民被商纣统治日久，故戒以作新人。"[③] 李民、王健的这种解释也可归于"做新王朝之子民"说。

笔者认为，如同以上四种说法一样，"做新王朝之子民"说的注解有其合理之处，但仍未能明确"作新民"之本义究竟为何。实际上，将"作新民"理解为"做新王朝之子民"并不是确解。要知道，殷民在成为康叔的子民之后，事实上已经成为"新王朝之子民"，无论殷民是否要从殷纣时期的恶俗之人重新开始转变为新人，他们客观上就是"新王朝之子民"，并不需要告诫康叔让殷民做些什么。《康诰》既然说"作新民"，就是要求原来殷纣时期的恶俗子民必须在新的王朝做一个全新的子民、一个区别于恶俗子民的新人；"新民"并非是指"新王朝的子民"，而是指人格上重新开始的新人或者全新的子民。

二　释《康诰》：康叔助王作新民

事实上，"作新民"之本义是有其特殊意涵的。原因有两点：一是"民"字的含义有其特指，这在前面梳理"作新民"的五种

① 赵法生：《〈大学〉"亲民"与"新民"辨说》，《中国哲学史》2011年第1期，第105页。

② 赵法生：《〈大学〉"亲民"与"新民"辨说》，《中国哲学史》2011年第1期，第105页。

③ 李民、王健撰：《尚书译注》，上海古籍出版社2004年版，第261页。

说法时已经提到；二是“作新民”既然出现于一段完整的话语之中，它具有独特对应关系，因而“作新民”应该与那段话中的“应保殷民”和“助王宅天命”结合在一起加以解释。

（一）“作新民”之本义

前文在梳理“作新民”的五种说法时提到，“作”字有“做”“重新改造”“改造为”“动化”“使”“作兴，鼓舞”“鼓之，舞之”“振起”“振起而变化之”“彼此相视而兴起”等多种含义。从上面的举例来看，“作新民”之“作”字一般是作为动词来使用的。《说文解字》载：“作，起也。从人从乍。则洛切。”① “作”释为“起”，引申为“兴起”之意。在笔者看来，“作新民”中的“作”不能解释为“重新改造”或“改造为”，而应当更准确地理解为“兴起”或“塑造”，所谓“作新民”即是兴起新的殷商余民，即是塑造新的子民。

汉代郑玄对于“新”字的解释为实践意义上的“修旧曰新”②，把“新民”理解为“修旧民”。按照历代学者对于“新”字的理解，“新”字一般有三种内涵：一是使变成新的；二是新的人或事物；三是性质上改得更好的（跟“旧”相对）。从诠释学的角度而言，如果把“作”理解为动词性的“兴起”“塑造”的话，那么这里的“新”应当解释为形容词性的“新的”。

历代诠释者对于“作新民”中的“民”有着基本一致的理解，最简单的说法就是“斯民”，即“殷民”。从周朝的角度来说，“民”就是卫地原来殷商之余民因更新换代而成为周朝的臣民，这即是“作新民”中“民”字的本义。在历代的注解中，虽然历代儒者有称其为“斯民”“殷民”“殷之民众”“商民”“商之余民”“殷之余民”“所迁之民”者，但毫无疑问都不过是指卫地原来殷

① （汉）许慎撰，（宋）徐铉校定：《说文解字》，中华书局2013年版，第162页（下）。

② 唐文编著：《郑玄辞典》，语文出版社2004年版，第227页。

商之余民。唯一例外的是朱子的《大学章句》将“民”不再称为“殷民”或“商民”，而是将其泛化地称为“民”，即一般的民众，从而弱化其本来卫地殷商之余民的所指含义。虽然历代学者注释“民”字所使用的语言以及角度有所不同，但“作新民”之“民”字为卫地殷商之余民的本来含义是被绝大多数注家所认可的。

前文提到“作新民”出现在文章的最后一段，从整体的角度来看，“应保殷民”“助王宅天命”和“作新民”三条诫命是并列存在的，都是作为“弘王”的必要条件。因此，在对“作新民”之本义做诠释时，一定要与前面的“应保殷民”“助王宅天命”联系在一起。由于“作新民”是紧跟前文“亦惟助王宅天命”而来，这也就意味着“作新民”是“（康叔）助王作新民”，即康叔帮助周王兴起新的殷商余民。

综上所述，“新”字之本义当理解为“新的”，“民”字之本义当理解为“卫地殷商之余民”，“作新民”之本义当为康叔帮助周王兴起新的殷商余民。

（二）康叔助王作新民

明确了《尚书·康诰》“作新民”的本义，《大学》文本引《康诰》原文的本意即为康叔帮助周王兴起新的殷商余民，其行为主体是特指周王新封于卫地的国君康叔，而所兴起的民众则是原来卫地的殷商余民，这样卫地殷商余民是“作新民”的被动接受对象。

那么，康叔是如何兴起新的民众呢？抑或说康叔采取何种方式、何种途径去如何塑造适应新的朝代的民众呢？孔颖达《尚书正义》载：“亦所以惟助王者，言非直康叔身行有益。亦惟助王者居顺天命，为民日新之教，谓渐致太平，政教日日益新也。”[①] 孔颖达认为“作新民”应当理解为康叔行日日益新之政教于民，很显然

---

① 杜泽逊主编：《尚书注疏汇校（六）》，第 2032 页。

其实行的主体是卫国国君康叔，所新的内容是“政教日日益新”，而民则处于接受“日新之教”的对象性位置。

孔颖达《大学正义》载：“《康诰》曰‘作新民’者，成王既伐管叔、蔡叔，以殷余民封康叔。《诰》言殷人化纣恶俗，使之变改为新人。”① 由此可见，孔颖达认为，《康诰》原文之义是指康叔行仁德之政教，使化纣恶俗的殷余民变为化周善俗的新人，“作新民”强调的是在康叔仁德之政教的引导下化殷余民为新人。于是“殷余民”是被动接受的客体，其行为主体是以康叔为代表的国君之类的为政者。

孔氏传和孔颖达都认为是通过日新之教来“新民”，而“新民”的目的则是为了“助王宅天命”，即康叔为了帮助周王居顺天之所命，突出的是康叔作为为政者所推行的日新之政教的重要作用，而殷商余民则始终处于一种被动接受的状态。

三 释“明明德”：君子念德自新

自《大学》文本引《康诰》之后，汉宋学者之间的诠释就已经存在着较为明显的差异。其中，最大的差别在于“作新民”究竟是用来诠释“明明德”还是用来诠释“亲民”的？笔者在此试图分别以孔颖达、朱子为代表进行分析。

（一）“作新民”释“明明德”

在汉唐经学的诠释中，《康诰》“作新民”非常明确的是用来解释“明明德”中的“诚意”思想的。《大学正义》载：

> “汤之《盘铭》” 此一经广明诚意之事。“汤之《盘铭》”者，汤沐浴之盘而刻铭为戒。必于沐浴之盘者，戒之甚也。

① （汉）郑玄注，（唐）孔颖达疏：《礼记正义》，第2245页。

> “苟日新”者，此《盘铭》辞也。非唯洗沐自新，苟，诚也，诚使道德日益新也。“日日新”者，言非唯一日之新，当使日日益新。“又日新”者，言非唯日日益新，又须恒常日新。皆是丁宁之辞也。此谓精诚其意，修德无已也。[①]

孔颖达说“‘汤之盘铭’此一经广明诚意之事”，[②] 这里所说的“此一经”就是指汤之《盘铭》曰“苟日新，日日新，又日新”、《康诰》曰“作新民”、《诗》曰“周虽旧邦，其命惟新”和“是故君子无所不用其极”一段经文。在孔颖达的理解中，“诚意”是明明德不可或缺的组成部分，释“诚意”就是在释“明明德”，因此他才说“明明德必先诚其意，此经诚意之章，由初诚意也，故人先能明己之明德也”[③]。由此可知，在孔颖达的理解中，非常明确地认定“作新民”是用来诠释“明明德”思想的。

（二）君子念德而自新

所谓“作新民”是用来诠释《大学》“明明德”思想的，具体而言是指用来诠释要达到“明明德”的过程中所必须遵守的“诚意之道”。既然孔颖达注解说《康诰》的“作新民”、《诗》的“周虽旧邦，其命惟新”“是故君子无所不用其极”都是用来解释《大学》“诚意”的，也就是用来解释“明明德”的，那么在这里就隐藏着一个非常重要的问题，即明明德的行为主体究竟是指谁？只有明确了这一点，对于《大学》的正确理解才能真正打开。郑玄在《大学注》中注解“《诗》云：‘於戏，前王不忘！’君子贤其贤而亲其亲，小人乐其乐而利其利，此以没世不忘也”一段经文时这样说：

① （汉）郑玄注，（唐）孔颖达疏：《礼记正义》，第2245页。
② （汉）郑玄注，（唐）孔颖达疏：《礼记正义》，第2245页。
③ （汉）郑玄注，（唐）孔颖达疏：《礼记正义》，第2245页。

> 圣人既有亲贤之德，其政又有乐利于民，君子小人各有以思之。[①]

很明显，郑玄将“前王”理解为“圣人”，将前王的恩惠（或者说明明德）分为两个层面：一个是君子看中的“亲贤之德”；另一个是小人看中的“乐利于民”，只有圣人能够同时兼顾这两个层面，后世之君子与小人才能够没世不忘。其实郑玄的这句注解有省略与颠倒的地方，完整的说法应该是“圣人之德既有亲贤于君子，其政又有乐利于民，君子小人各有以思之”。

这里面有隐含的含义。首先，前王是能够明明德的人，正是由于前王能明明德，故后世之君子与小人都没世不忘前王。另外，前王之明明德分为两部分，一种是之于君子的“亲贤之德”；另一种是之于小人的“乐利之政”，只有做到了这两方面才是真正的明明德。君子与小人都属于“民”的范畴[②]，君子是有德有位者，而小人是指无位之普通民众。

孔颖达《大学正义》载：

> 《康诰》曰“作新民”者，成王既伐管叔、蔡叔，以殷余民封康叔。《诰》言殷人化纣恶俗，使之变改为新人。此记之意，自念其德，为新民也。[③]

孔颖达认为，《大学》文本引《康诰》“作新民”并没有使用《康诰》原文之意，而是特指（君子）自念其德，为新民。前文提到，无论是《康诰》曰“作新民”还是《诗》曰“周虽旧邦，其

① （汉）郑玄注，（唐）孔颖达疏：《礼记正义》，第2238页。
② 详见杨逢彬《论语新注新译》，北京大学出版社2016年版，第453—454页。
③ （汉）郑玄注，（唐）孔颖达疏：《礼记正义》，第2245页。

命惟新”“是故君子无所不用其极”都是用来解释《大学》“诚意”的，他们有一个共同的行为主体，那就是“君子”。因此，这里的“自念其德，为新民”的行为主体也是指“君子”，于是孔颖达将“新民”的行为主体做了较大的替换，由原来的“康叔”变成了“君子”，且君子要自为“新民”。

也就是说，在孔颖达的理解中，《大学》文本引《康诰》“作新民”中的“民”由原来卫地殷商之余民变成了“君子”一类的为政者。“作新民”也就变成了“为新民”，即君子自念其德，为日新其德之君子，其行为主体变成了君子一类的为政者。事实上，孔颖达所理解的“君子”主要是指后王、国君、大臣之类的为政者，在某种程度上三者的内容是可以互通的。突出的是君子作为为政者，能够精诚己意，思念前王之亲贤之德，自新其德，日新其德，最终达到明明德之境界。

（三）作新民与亲民：君子为民日新之政教

那么，孔颖达所理解的“作新民”跟“在亲民”又有什么关系呢？这需要进行全面的梳理，需要借助孔颖达对这两句话的注解理解“作新民”的含义。孔颖达《大学正义》载：

> 《诗》曰“周虽旧邦，其命惟新”者，此《大雅·文王》之篇。其诗之本意，言周虽旧是诸侯之邦，其受天之命，唯为天子而更新也。此记之意，其所施教命，唯能念德而自新也。
>
> “是故君子无所不用其极”者，极，尽也。言君子欲日新其德，无处不用其心尽力也。言自新之道，唯在尽其心力，更无余行也。①

① （汉）郑玄注，（唐）孔颖达疏：《礼记正义》，第2245页。

不难看出，孔颖达所理解的《大学》文本引“作新民”已经跟《康诰》原文之意存在着较大的差距了，《大学》文本引用《康诰》“作新民”之意都是在讲君子“诚意”之事，君子应当自念其德，为新民。应该说，以上两段引文都是在讲君子“诚意”之事，孔颖达认为“明明德必先诚其意，此经诚意之章，由初诚意也，故人先能明己之明德也。”① 这些引文都是在解释“大学之道”中的“明明德”或“诚意”，跟“亲民”并没有直接的关系。

《大学》文本中不论是《康诰》曰“作新民”还是《诗》曰“周虽旧邦，其命惟新”“是故君子无所不用其极”，其中的“新”都是指向君子要念德自新，行日新其德之政教，而绝不是兴起新的民众之意。其隐含之内涵为，前王之所以被君子与小人念念不忘，是因为前王之明德与政教分别施于君子与小人，君子小人各有所得，故君子小人没世不忘。然而君子是包含后王、国君、大臣之类的为政者，他们也需要明明德，而明明德首先要能诚其意，君子欲明明德，即是要自诚己意，自新其德、日新其德。然而，君子如何能自新其德？首要的一点就是要常常思念前王之“明德”而自新，因而孔颖达说君子念德而自新，其所念之德即是先王之“明德”，亦即“亲贤之德”。

包括后王、国君、大臣在内的君子念德而自新之后，就要像前王一样行“日日益新之政教”于小人，使小人能够得其乐与利，这即是“亲民”。君子若想像前王一样行“乐利之政”亲民，那么就要行日新其德之政教，而这才是孔颖达所理解的《大学》文本“作新民”与“亲民”之间的关系。虽然，“民”字是一样的，但是“新民”与“亲民”之“民”字的内涵截然不同。

《康诰》原文作“新民”，而后世很多学者将其解释为“新

① （汉）郑玄注，（唐）孔颖达疏：《礼记正义》，第2245页。

人”。“人”和“民”当然有着部分相同的内涵，且在先秦时期就已经存在将两者连用的情况，比如“人民”“民人”。但是，“人”和“民”之间毕竟存在着较大的差别。杨逢彬先生在《也谈〈论语〉中的‘人’与‘民’》一文中就曾明确指出：

> “人”表示个体的人，“民”表示“人”的群体，即芸芸众生。[①]

这是杨先生系统考察《论语》及与《论语》成书年代较为接近的《左传》《国语》《墨子》《孟子》等书之后所得出的结论。其结论之所以能够成立，最主要的一点在于杨先生认为“探求某字词某一时代的意义，则应效法王氏，到该时期典籍中加以抽绎。……而王氏读书法的精髓，乃是在同一共时平面语言中加以抽绎，用特定语境锁定多义词众多词义中的某一意义，使其无所遁形”。[②] 这里所说的“王氏”就是指清代高邮王念孙、王引之父子的读书法。从这个角度而言，历代儒家学者凡是将“新民”注解为“新人”的，都犯了将“民”群体性的内涵缩小的错误，自然是不可取的。

杨逢彬先生在考察了《左传》和《国语》中两段关于君子、小人与民之间关系的文字后认为：“君子、小人是‘民’中的两个阶层，而非与‘民’对立的两个阶层。”[③] 并强调了“民”并非奴隶阶级。笔者认为杨逢彬先生的这段结论放到《大学》文本中也是适用的。

综上所述，孔颖达所理解的“作新民”是用来诠释“明明德”

---

① 杨逢彬：《论语新注新译》，北京大学出版社 2016 年版，第 449 页。

② 杨逢彬：《论语新注新译》，第 435—436 页。

③ 详见杨逢彬《论语新注新译》，第 453—454 页。

思想的，其目的是为了达到“明德”。然而，前王之明明德包含着“亲贤之德”与“乐利之政”两个层面，后世之君子欲明明德必先诚意，而君子诚意即是君子念前王之“亲贤之德”而自新。君子作为为政者，在念德自新之后所要做的则是“行日新之政教于民”，是一种非常具体的东西，而不是一种虚无的存在。君子念前王之亲贤之德而自新其德，行日新之政教于民，此即是《大学》所说的“亲民”，而这才是孔颖达所理解的《大学》文本“作新民”与“亲民”之间的关系；“作新民”绝不能够直接理解为“亲民”，否则就将“作新民”所强调的有位之君子之类的为政者自新其德、行日新之政教于民的作用忽视了。只是孔颖达“作新民”的这种理解忽视了广大民众的自主性，将广大的民众置于一种被动接受的状态，这也是孔颖达诠释《大学》文本所存在的失误之处。

四　释“新民”：学者自新新民

以朱子为代表的宋代理学家没有承袭汉唐学者“作新民”释“明明德”的传统，而是在其“理学”思想框架下明确提出“作新民”释“新民”。二者之间的主要区别是“新民”背后的行为主体是不同的，其所强调的内容也截然不同。

（一）“作新民”释“新民”

众所周知，朱子承袭了二程的观点，认为“三纲领”中的“亲民”当作“新民”。朱子说：“程子曰：‘亲，当作新。’”① 而这也成为朱子诠释《大学》的核心思想之一。

朱子十分明确地认为，汤之《盘铭》曰“苟日新，日日新，又日新”、《康诰》曰“作新民”、《诗》曰“周虽旧邦，其命惟新”“是故君子无所不用其极”一段传文是用来解释“新民”的，

① （宋）朱熹：《四书章句集注》，第4页。

指出上面一段传文"右传之二章。释新民"。[①] 他认为，汤之《盘铭》以下的传文都是用来诠释"新民"的，因此，他把"作新民"明确诠释为"新民"。

（二）朱子：学者自新新民

如前所述，朱子将"《康诰》曰：'作新民'"注解为"鼓之舞之之谓作，言振起其自新之民也"。[②] 他在对"大学之道，在明明德，在亲民，在止于至善"一句进行注解时说：

> 大学者，大人之学也。明，明之也。明德者，人之所得乎天，而虚灵不昧，以具众理而应万事者也。但为气禀所拘，人欲所蔽，则有时而昏；然其本体之明，则有未尝息者。故学者当因其所发而遂明之，以复其初也。新者，革其旧之谓也，言既自明其明德，又当推以及人，使之亦有以去其旧染之污也。止者，必至于是而不迁之意。至善，则事理当然之极也。言明明德、新民，皆当至于至善之地而不迁。盖必其有以尽夫天理之极，而无一毫人欲之私也。此三者，大学之纲领也。[③]

朱子对"在新民"作诠释时，认为"新"应当理解为"革其旧"，据此"在新民"就应当理解为自明其明德的学者自新其德，然后使民众去其旧染之污，以恢复其明德。在这里，"新民"的行为主体是自新之学者，具体而言是自明其明德的学者，而"民"则是自明其明德的学者所新的对象。

（三）自新之民之积极主动性

作为自新之民，不同于汉唐学者所理解的始终处于被动接受的

① （宋）朱熹：《四书章句集注》，第6页。
② （宋）朱熹：《四书章句集注》，第6页。
③ （宋）朱熹：《四书章句集注》，第4页。

状态，他作为主体有着积极的主动性、创造性，主要表现为自主而新、自愿而新。

《大学或问》载：

> 曰：《康诰》之言“作新民”，何也？曰：武王之封康叔也。以商之余民，染纣污俗而失其本心也，故作《康诰》之书而告之以此，欲其有以鼓舞而作兴之，使之振奋踊跃，以去其恶而迁于善，舍其旧而进乎新也。然此岂声色号令之所及哉？亦自新而已矣。①

需要指出的是，虽然此处朱子仍然将“在新民”作为《大学》三纲领之一，却在注解“民”时将“民”字变更为“人”字，即“言既自明其明德，又当推以及人，使之亦有以去其旧染之污也”②。朱子没有说“当推以及民”，而是说“当推以及人”，这就将前文所提到的“民”所隐含的群体性意义给抹杀掉了。如此一来，“民”在先秦时期所具有的群体性意义便无法显现，它作为一个特定群体被动接受为政者政教施与的含义也就无法彰显。

朱子将汉唐时期君子与小人之间的群体对应关系变成自明其明德的学者与有旧染之污的人，将其所具有的教化关系变为个人之间的道德关系，于是他所说的“自新之民”在本质上就有别于孔颖达的君子念德自新。不过，朱子的“自新之民”凸显的三点意义是孔颖达理解的“新民”所不具备的。一是明明德者主动新之，突出了有德者之模范引领作用，同时降低了为政者所行政教在去民旧染之污中的作用；二是自新之民自觉、主动的求新；三是强调了自新之

① （宋）朱熹撰，朱杰人、严佐之、刘永翔主编：《朱子全书·四书或问·大学或问》，上海古籍出版社、安徽教育出版社2010年版，第518页。

② （宋）朱熹：《四书章句集注》，第4页。

民道德的重要性。应当说，这跟朱子从理学角度阐释“作新民”有着密不可分的关系。

可以看出，郑玄、孔颖达都是从以君子为代表的为政者角度对作新民进行诠释，而朱子则是从有道德的学者角度进行诠释，其行为主体已经发生了巨大的改变，这样君子念德自新就变成了有道德的学者自新其德，然后新民之德，即学者自新新民，学者自新新民成为不可分割的整体。这是“作新民”说的第三次重大意义转变，它深刻体现了《大学》诠释史不同历史阶段的不同特点。

综上所述，“作新民”本义为（康叔）帮助周王兴起新的殷商余民，汉宋学者对“作新民”的诠释视角和强调的重点都是有所不同的。汉唐学者认为“作新民”是用来解释“明明德”的，强调从为政之君子的视角进行阐释，认为“作新民”是指君子念前王之明德而自新；而宋代学者认为“作新民”是用来解释“新民”的，强调从有道德的学者视角进行诠释，认为“作新民”是指有道德的学者自新其德而后新民之德。从《康诰》“（康叔）助王作新民”到汉唐学者“君子念德自新”再到宋代朱子“学者自新新民”所发生的三次意义延伸，实际上体现了《大学》学史不同历史阶段的特征。汉唐时期着重突出君子作为治国的行为主体，强调良好的政教之于民众的重要性，强调居于统治地位的君子的重要作用，民众则处于被动接受的状态；宋代则着重突出能明明德的学者作为唤醒民众明德的行为主体，强调明明德的学者自新其德的重要作用，同时强调了民众的自主而新、自愿而新，而这正是汉唐时期的学者所不具备的。虽然汉唐时期的学者已经明确意识到只有做到保民、全民才能助王宅天命，但是他们强调的是君子如何做到保民、全民，以此来维护其政治统治，而在君子施行政教的过程中则完全没有体现出民众自身应有的作用，这是汉唐学者诠释《大学》最重要的失误点，而这正是以朱子为代表的理学诠释所看重的。重视有道德的学者的道德引领作用、重视民众自发的自主而新、自愿而新的主观能动性，是宋代社会发展进步的重要标志，亦是宋明理学的一大特色，直到今天对于积极推进新时代公民道德建设、培育时代新人不乏重要的启发意义。

结　　语

目前学界对于宋代《大学》学史的研究既有重大的成果，同样也存在着较大的遗憾。对于以朱子为代表的《大学》学及“四书学”的研究比较多，但对于《大学》在两宋时期思想的发展演变研究则存在着较大的空白。除了部分文章会涉及《大学》地位的历史变迁及二程到朱子《大学》学的转变以外，无论是宋代《大学》典籍的整理方面，还是《大学》思想在两宋时期的发展演变及其派别研究方面都较为薄弱，本书是从古籍整理、哲学、历史学等角度进行专题研究和系统阐释。通过对宋代《大学》思想发展演变的历史考察，归纳出《大学》思想在宋代发生演变的过程、派别及历史原因，梳理出宋代《大学》从博学为政到修己治人的理学化、心学化的历史演变过程。

（一）

宋代的《大学》改本以及《大学》著述主要集中在二程、朱子等人身上，目前所能看到的其相关注解都保存在卫湜《礼记集说》的《大学集说》中。因此，我们可以从以下三个方面来研究宋代《大学》著述的情况。

第一，《大学》的改本著作。自二程开始，认为《大学》文本存在着错简问题，因此二程开始对《大学》注疏本做出改正。程颢所改定的《大学》改本名称为“明道先生改正大学”，程颐所改定的《大学》改本称为“伊川先生改正大学”。这两种《大学》改本都对《大学》注疏本中的文字顺序进行了调整。朱子对于《大学》注疏本的改动可以从形式与内容两个方面进行考察。从形式上来看，朱子的《大学章句》区分了经文与传文，将《大学》注疏本从形式上划分为“经文一章，传文十章”。从内容上看，朱子还对“传文十章”中的传文部分顺序进行了调整，并按照己意补写了他所理解的“格物致知”传文，这样一来，《大学》文本中“三纲领”“八条目”，无论是从顺序来看，还是从内容来看都有着明确的阐释。朱子所补的“格物致知”传文可谓是朱子对《大学》文本所做的最大改动，正是对于“格物致知”工夫的诠释，朱子将《大学》的宗旨由郑玄所理解的为政者“博学为政”之学转向了学者的“修己治人”之学，无论是从《大学》的行为主体还是具体的修养工夫都发生了巨大的转变。

第二，《大学》的诠释著作。笔者主要从司马光、二程、朱子、吕大临等人的诠释著作进行了阐释。

首先，将《大学》别出单行并进行研究的是司马光，其对“格物致知”的解释是“格物”诠释史上不可忽略的一种，司马光只是对《大学》文本进行了局部解说。司马光是北宋时期首先将“格物致知”作为一种“正心”基本修养方法提出来的，其开创之功不可磨灭。基于司马光特殊的政治身份和独特的学术影响力，司马光对《大学》的重视和研究阐发，对于二程从理论构建上依托于《大学》产生了一定的影响，对于《四书》体系的构建具有非常重要的促进作用。

在司马光之后，较早研究《大学》文本的便是程颢、程颐二兄弟，而此时对《大学》的研究出现了不同于郑注孔疏的特点，取得了较高的研究成果。程颢首先提出《大学》是作于孔子之手的说法，程颐则继承了程颢的说法，并进一步指出《大学》是圣人之完书。

朱子的核心思想就集中于《大学章句》中，除《大学章句》外，黎靖德所编写的《朱子语类》一书中也有特别多的篇幅记载了朱子弟子和其他学者请教朱子《大学》的相关情况。此外，朱子还有《四书或问》一书，其中的《大学或问》部分也是理解朱子《大学》思想的重要补充材料。

从形式上来看，吕大临《礼记解》中的《大学解》所依据的《大学》版本是汉唐《大学》注疏本。从内容方面来看，吕大临对于《大学》有着自己独特的看法。首先，吕大临认为《大学》是大人之学，是大人穷理尽性的过程。其次，吕大临所理解的“本末终始”与朱子所理解的“本末终始”有着较大的差别。最后，吕大临的《大学解》深受二程思想的影响。

第三，《大学集说》。《大学集说》是卫湜《礼记集说》中的《大学》篇，保存了两宋儒者对《大学》篇的集中阐释，具有无可替代的价值。卫湜撰《大学集说》总共征引了汉唐、两宋诸儒，共三十九家解义。《大学集说》的内容主要包括两个方面：一是对篇名所作的解题，二是对经文所作的解义。其编排体例：一是先列经文，后列解义，二是对诸家解义以时代的先后顺序进行排列。经文解义特点有三：一是所选取的资料来源类型广泛，如专门著作、文集、语录等；二是援引解义数量十分丰富；三是只征引、削减诸家解义，一般不发表自己意见。《大学集说》的学术倾向是汉宋兼采，以宋学为重。《大学集说》的价值主要体现在三个方面：一是保存了两宋学者对《大学》“内圣外王”之道的论述，二是保存了两宋学者对《大学》“格物致知”的论述，三是为两宋时期早已亡佚的《大学》诠释著作的辑佚提供了必需的材料。《大学集说》总共征引了三十九家的解义，包括孔颖达、二程、周敦颐、张载、司马光、吕大临、谢良佐、杨时、胡安国、胡宏、张九成等家。

（二）

从朱子认为《大学》是学者“修己治人”的工夫时起，“修己”与“治人”就变成了《大学》教人最重要的内容。而“修己”的内容又包含格物、致知、诚意、正心、修身这五个方面，由于朱子所补“格物致知”传文的缘故，“格物”可谓是其最重要的内容了。而“治人”则包含齐家、治国、平天下三个方面，与“三纲领”之中的“新民”也是同样的意思。

第一，朱子将《大学》的行为主体视为学者。扩而言之，《大学》《中庸》的行为主体，甚至整个《四书》的行为主体都认为是学者，而且是有道德的学者。《大学》为学者初学入门之书，学者当因其所发而明之以复其最初之明德，格物致知与诚意为学者初学之要。同时，朱子认为《大学》为学者修己治人工夫。《大学》的主旨为古代的大学教育人的方法，《大学》是圣经贤传之指，《大学》为学者修己治人之方。

第二，修己工夫——朱子“格物”说的内涵与工夫。朱子的“格物”说是一套非常严密的思想体系，不仅有着丰富的内涵，而且也是一套系统的工夫。从其内涵来看则包括即物、穷其理、至其极三个方面；从其选择来看，则包括格物对象的难易选择与先后选择；从其目的来看，朱子的“格物”思想，首先在于“明善”。

（三）

陆九渊是南宋时期心学的开创者，其核心思想观念便是将“本心”作为其学说的核心。在陆九渊的认识中，本心是一个人所固有的东西。陆九渊所理解的“格物致知”跟湖湘学派的“格物致知”论非常接近，其所提倡的“存心”“求放心”与胡安国、胡宏的“求放心”论几乎一致。由此可以看出，宋代《大学》“心学化”思想演变的基本轨迹。

第一，陆九渊的“格物致知”论。陆九渊所理解的《大学》最终目的是为了“明明德于天下”或者“平天下”，而其下手处正是格物致知。陆九渊非常重视为学，他曾经数次提到为学。陆九渊明确提出来反对为学中的“支离”，强调为学过程中“本心”作为主宰的重要性，强调为学过程中“贯通”的重要性。其整体性思维比较突出。陆九渊深受孟子思想影响，孟子“求其放心”“求其本心”“反求诸己”的思想深刻影响到了陆九渊对于《大学》思想主旨以及为学路径的理解。陆九渊的确非常重视“心”，但陆九渊所理解的“格物”更多的是“存心”与“求本心”。基于以“心”为本体论的观点，陆九渊在对“格物致知”进行诠释时侧重于从“心”的角度进行诠释而忽略了对外在具体事物的“穷格”。在陆九渊的理解中，“心”才是具有本体的意义，“理”则处于次要地位，而对“格物致知”的理解更多的是从认识论的角度进行诠释，“格物致知”的最终目的是“存心”“求本心”，而不是二程和朱子所说的对于天理、物理、心理的认识。

第二，湖湘学派的“格物致知”论。湖湘学派的主要代表人物有胡安国、胡宏等人，这些学者在建构湖湘学派之时充分利用了《大学》思想，尤其是其中的“格物致知”思想。

胡安国将圣人的学问归结于“穷理尽性”上，而“穷理尽性”的前提则是《大学》文本中所提到的“致知”。在对“穷理”进行诠释的时候，胡安国也对佛教的“息念坐禅”修养方式进行了批评，认为这种修养方式只会导致儒者主体性的心像墙壁一样，其道路既崎岖又阻塞，根本行不通。胡安国的“穷理”说是一种外求的修养方式。正如笔者前面所提到的，胡安国所认为的本体既包括理，又包括心，而其所倡导的“求放心”则是一种向内探求的修养方式。同时也应该看到，虽然胡安国所理解的道德修养道路是二元的，即既主张内求，又主张外求，然而，胡安国对于外求的修养道路更加重视一些。

胡宏与胡安国共同开创了湖湘学派。不同于胡安国所理解的主体性的心本体与客体性的理本体，胡宏将心本体与理本体进行了承袭与综合，提倡要以性为本体。而其所谓的性则包含着两个方面，一方面包含宇宙的本原和万事万物存在的根据，另一方面也是指个人的道德本体。在这种认识之下，胡宏提出了二元认识论。其一，胡宏主张通过《大学》文本中的“致知”来“穷理”，从而认识客观的“性”；其二，胡宏主张通过尽心和反求诸己来认识主体的“性”。

（四）

通过对“汤之《盘铭》”文本中“盘”与“苟”字的含义分析，可以看出，“汤之《盘铭》”的本义就是商汤在其洗手洗面的盘匜上刻着：自己小心告诫（自己）日新，日日新，又日新。即自己小心告诫（自己）日新（其手其面），不断地日新（其手其面）。这句话在“汤之《盘铭》”文本最开始的语境之中只是一句自我警诫的话语。但在汉代郑玄《大学注》的解释中，其意义发生了第一次延伸，变成了“君子日新其德”。到了唐代学者孔颖达在注解时，将“汤之《盘铭》”的注解放在了“明明德”之下的“诚意”中进行注解，强调的是作为为政者的君子应该要尽快地更新自己的道德，使自己的道德能够配得上天，也就是能够承受“天命”；而宋代学者在注解时，将“汤之盘铭”的注解放在了“新民”中进行注解，强调的是作为普通人在自己明明德修身的基础上能够进一步的“新民”，让其他的民众也能够明明德，其重点在于新民，而非自新其德。其行为主体不再是国家的为政者，而是着重于强调有道德的学者的重要性。可以说，这是“汤之盘铭”日新说的第三次意义的转变。笔者认为，这种转变是直接从其本义延伸而来，与郑玄、孔颖达等汉唐学者的看法形成了一种互补，双方具有同等重要的态势。汉宋学者们分别从君子为政与学者道德双重视角来解释《大学》文本，这对于我们理解《大学》文本具有重要的启发意义。从先秦时期历代先王“日新”到汉唐时期为政之君子“日新其德”到宋代有德之学者“自新新民”，反映了汉唐注疏背后行为主体的历史演变，实际上体现了《大学》学史诠释在不同历史阶段的不同特征。

关于《礼记·大学》篇引用的《尚书·康诰》中的“作新民”训诫历来存在不同的诠解，汉、宋学者对“作新民”的诠释视角是不同的，其强调的重点也有所差异。汉唐学者认为“作新民”是用来解释“明明德”的，注重从为政之君子的视角进行阐释，认为“作新民”是指君子念前王之明德而自新；而宋代学者认为“作新民”是用来说明“新民”的，着重于从有道德的学者视角进行诠释，认为“作新民”是指有道德的学者自新其德而后新民之德。详考《礼记·大学》篇所引《康诰》中的“作新民”观念，其中的“新”字本义当理解为“新的”，“民”字之本义当训解为“卫城殷商之余民”，“作新民”本义应解释为（康叔）帮助周王兴起或培养新的殷商余民。围绕“作新民”的诠解，从《康诰》“（康叔）助王作新民”到汉唐郑孔“君子念德自新”再到宋代朱子“学者自新新民”所发生的三次意义转变与延伸，实际上体现了《大学》学史不同历史阶段的特征。汉唐时期着重突出了君子作为治国的行为主体，强调良好的政教之于民众的重要性，而民众处于被动接受的状态；宋代则着重突出了自新其德的学者作为唤醒民众明德的行为主体，强调良好的道德修养之于民众的重要性，并以此凸显了民众自主而新、自愿而新所具有的积极主动性。

附录一

《四库全书总目提要〈礼记正义〉》辨正*

摘　要：《四库全书总目提要〈礼记正义〉》是四库馆臣对《礼记正义》一书的整体看法，包括它的来源、版本、传播、评价等等。从整体上来说，其考证与评价是比较中肯的，但在细节方面有些错误。通过对《四库全书总目提要〈礼记正义〉》详细考证，笔者认为，四库馆臣对桥仁做大鸿胪的时间判断错误；《四库全书总目提要〈礼记正义〉》对《礼记正义》的评价比较中肯，但对卫湜《礼记集说》和陈澔《礼记集说》的评价稍有偏颇之处；《四库全书总目提要〈礼记正义〉》有避讳的字，将“玄”避讳为“元”。

关键词：桥仁；郑玄；卫湜；陈澔；评价；避讳

《四库全书总目提要〈礼记正义〉》的主要内容可以分为三个部分。为了方便对其进行考证，笔者姑且将其分为三段。第一段主要是四库馆臣引《隋书·经籍志》中关于戴圣《小戴记》的相关论述。第二段四库馆臣分别从四个方面论证《隋书·经籍志》中的错误。第三段四库馆臣主要介绍了从元代一直到明代《礼记》学的

---

* 原文发表在《重庆三峡学院学报》（人文社会科学版）2016 年第 6 期。

兴废，重点介绍了孔颖达《礼记正义》，并对其书进行评价。之后以卫湜之书和陈澔之书，与孔颖达《礼记正义》作了一个对比，笔者以为稍有偏颇之处。

一 考证《隋书·经籍志》中的错误

四库馆臣认为，《隋书·经籍志》认为戴圣《小戴记》只有四十六篇而马融增三篇合为四十九篇，这种说法是错误的。《四库全书总目》中关于《隋书·经籍志》的记载："汉郑元注，唐孔颖达疏。《隋书·经籍志》曰：'汉初，河间献王得仲尼弟子及后学者所记一百三十一篇献之，时无传之者。至刘向考校经籍，检得一百三十篇，第而叙之。又得《明堂阴阳记》三十三篇、《孔子三朝记》七篇、《王史氏记》二十一篇、《乐记》二十三篇，凡五种，合二百十四篇。戴德删其烦重，合而记之，为八十五篇，谓之《大戴记》。而戴圣又删大戴之书为四十六篇，谓之《小戴记》。汉末马融，遂传小戴之学。融又益《月令》一篇、《明堂位》一篇、《乐记》一篇，合四十九篇'云云。"[1]168

四库馆臣从四个方面来说明《隋书·经籍志》中的错误，一是"今考《后汉书·桥元传》云：七世祖仁'著《礼记章句》四十九篇，号曰桥君学'。仁即班固所谓小戴授梁人桥季卿者，成帝时尝官大鸿胪，其时已称四十九篇，无四十六篇之说。"[1]168二是认为孔颖达的"疏皆引郑《目录》，郑《目录》之末必云此于刘向《别录》属某门。"[1]168四库馆臣认为三篇皆刘向《别录》所有，这不可能马融所增加的。三是"疏又引元《六艺论》认为戴圣传礼四十九篇，则此《礼记》是也。元为马融弟子，使三篇果融所增，元不容不知，岂有以四十九篇属于戴圣之理?"[1]168四是认为马融所传的是《周礼》，"若小戴之学，一授桥仁，一授杨荣。后传其学者，有刘祐、高诱、郑元、卢植，融绝不预其授受，又何从而增三篇乎？”[1]168关键在于马融是否被传授过《礼记》？下面，从这四个方面考证四库馆臣的观点是否正确。

（一）桥仁其人、其书、其官

四库馆臣认为，桥仁著的《礼记章句》当时已经四十九篇，并没有四十六篇之说，而《隋书·经籍志》认为戴圣《小戴记》只有四十六篇而马融增三篇合为四十九篇，所以，这种说法是错误的。在这个推断当中，有三个问题需要辨正。

（1）桥仁是不是班固所说的小戴授梁人桥季卿者？

桥仁在《汉书》、《后汉书》中都有所涉及。《汉书·儒林传》记载：“孟卿，东海人也。事萧奋，以授后仓、鲁闾丘卿。仓说《礼》数万言，号曰《后氏曲台记》，授沛闻人通汉子方、梁戴德延君、戴圣次君、沛庆普孝公。孝公为东平太傅。德号大戴，为信都太傅；圣号小戴，以博士论石渠，至九江太守。由是《礼》有大戴、小戴、庆氏之学。通汉以太子舍人论石渠，至中山中尉。普授鲁夏侯敬，又传族子咸，为豫章太守。大戴授琅邪徐良斿卿，为博士、州牧、郡守，家世传业。小戴授梁人桥仁季卿、杨荣子孙。仁为大鸿胪，家世传业，荣琅邪太守。由是大戴有徐氏，小戴有桥、杨氏之学。”[2]3615《后汉书·桥玄传》：“桥玄，字公祖，梁国睢阳人也。七世祖仁，从同郡戴德学，著《礼记章句》四十九篇，号曰‘桥君学’，成帝时为大鸿胪。祖父基，广陵太守。父肃，东莱太守。”[3]1695

在《后汉书》桥玄的传记中，“仁”就是班固在《汉书》中所提到的“小戴授梁人桥仁季卿”，桥仁于汉成帝时就曾经当过大鸿胪，而且在当时就已经称四十九篇了，并没有后来的四十六篇之说。

戴德，字延君，就是“二戴”之中的“大戴”，西汉梁人，也就是今河南商丘人。桥玄，字公祖，梁国睢阳人（今河南省商丘市）。可知，戴德与桥仁都是梁郡人。根据《后汉书·儒林传下》的相关记载，戴圣也是梁郡人，并且是戴德兄长的儿子。由此可知，两书里所提到的桥仁当为同一人。

从上面的引述，可作两个推论。第一，《汉书·儒林传》提到戴圣是桥仁的老师，并向桥仁传授《礼》学；按照《后汉书·桥玄传》，桥仁师事戴德。二者的差别在于两者所传授的老师是戴德还是戴圣。《汉书》成书离前汉不远，早于《后汉书》，《汉书》的可信度更高。故黄侃先生认为《后汉书·桥玄传》述桥玄七世祖“从同郡戴德学”，“德”当作“圣”。[4]这个推断是可信的。第二，我们假设《汉书》与《后汉书》所录的都是真实情况，那从理论上看能不能够解释得通呢？《后汉书·桥玄传》说“从同郡戴德学”，认为戴德才是桥玄的老师；《汉书·儒林传》说戴圣才是“传梁人桥仁季卿”的人，从表面上看来，这两者的矛盾不可调和。但是，戴德其实是戴圣的叔叔，戴德的年纪明显要比戴圣大，那么会不会出现桥仁先跟戴德一起学习，但由于戴德年纪太大，还没等桥仁学完就去世了，而此时的桥仁只好转投在戴圣的门下继续《礼》的学习？笔者以为，这种情况是极有可能的。只不过桥仁从戴圣那边学得更多，并有《礼记章句》著录，自成一家，名“桥君学”而已。而桥仁的《礼记章句》我们今天已经看不到了，但是有人在明代学者焦竑主编的《国史经籍志》卷二中发现竟然有署名“汉乔仁”所著的“《大戴礼乔记》八卷”[5]。这是一件多么巧合的事情。“乔”当是“桥”，乔仁、桥仁其实是同一个人。《大戴礼乔记》这本书现在已失传，焦竑是依据哪种史料得出来的结论，现已无从考证。

从这两种推断来看，桥仁向戴圣学习过《小戴记》。可以肯定《四库全书总目提要》认为仁即班固“所谓小戴授梁人桥季卿者”这种说法是可信的。

（2）桥仁的《礼记章句》是四十九篇还是四十六篇？

从上面的考证可以得出，桥仁传授的是《小戴记》。再结合“著《礼记章句》四十九篇”可知四库馆臣据此认为“著《礼记章句》四十九篇”是正确的，而且传的是《小戴记》。四库馆臣认为“其时已称四十九篇，无四十六篇之说”。这种说法整体上是靠得住的。

（3）桥仁是否在成帝时做过大鸿胪？

大鸿胪是秦汉时期一种重要的官职，跟现在的国家统战部部长以及外交部部长的职能基本一致。桥仁是研究《礼记》学的大家，对于各种礼仪制度、外交辞令应该是很擅长的，很有可能做到大鸿胪。

《后汉书·桥玄传》：“桥玄，字公祖，梁国睢阳人也。七世祖仁，从同郡戴德学，著《礼记章句》四十九篇，号曰‘桥君学’。成帝时为大鸿胪。”[3]1695《汉书·儒林传》与《后汉书》都认为桥仁曾经做过朝廷的大鸿胪，与之不同的是，《后汉书》指出桥仁做大鸿胪的时间是在汉成帝的时候。查看《汉书——百官公卿表》发现，在汉成帝在位的时候，曾经有十位官员做过朝廷的大鸿胪，这十个人做大鸿胪的时间基本是能够连续下来的，令人遗憾的是，这里面没有桥仁的相关记载，但是在汉平帝元始二年下却记载“大鸿胪桥仁”……，两年以后即被左咸所代替。由此可见，《汉书·儒林传》与《后汉书》所记载的时间是不一样的，而这正是问题之关键所在。《汉书·平帝纪》云：“元寿二年六月，哀帝崩……新都侯王莽为大司马，领尚书事。秋七月，遣车骑将军王舜，大鸿胪左咸使持节迎中山王。”[2]347这个记载跟《百官公卿表》中汉哀帝元寿二年“复土将军左咸为大鸿胪”是相同的。这说明，桥仁于元始二年做大鸿胪正是接替了左咸留下的位置，同时，左咸在元始五年又重新接替桥仁当上了大鸿胪。从前后的对比看，《汉书》的记载比较可信，而《后汉书》的记载应该是一种错误。故此可知，桥仁为大鸿胪是在平帝时，而四库馆臣认为是在成帝之时，这种说法是错误的。

综合考证上面的三个问题，四库馆臣虽然将桥仁做大鸿胪的时间判断错误，但是关于桥仁传授戴圣的《小戴记》，并且著《礼记章句》四十九篇而非四十六篇这种考证和判断是正确的。

（二）马融未增加三篇文章

四库馆臣认为，孔颖达的疏都引郑玄的《目录》，而郑玄的《目录》在末尾必然说“此于刘向《别录》属某门”。四库馆臣认为，三篇都是刘向《别录》原本所有的，这不可能是马融所增加的。这里有几个问题需要探讨：一是郑玄的《目录》在最后是否都说过此于刘向《别录》属某门？二是《隋书·经籍志》中认为马融所增加的三篇名目是什么？马融所增加的三篇是否就存在于刘向的《别录》当中？

孔颖达《礼记正义》引郑玄《礼记目录》所述刘向《别录》的分类，一共四十九篇，全部都有。限于篇幅的影响，不一一列举。综合《别录》所划分，共九类，其中属“制度”的六篇，属“通论”的十六篇，属“明堂阴阳记”的二篇（按《月令第六》之“明堂阴阳记”与《明堂位第十四》之“明堂阴阳”当属一类，或前者衍一“记”字，或后者脱一“记”字，今已不可考），属“丧服”的十一篇，属“世子法”的一篇，属“祭祀”的四篇，属“子法”的一篇，属“乐记”的一篇，属“吉事”的七篇（按《投壶第十四》之“吉礼”，盖“吉事”之误，故合之于“吉事”类）。故此，四库馆臣认为，郑玄的《目录》在最后都说过此于刘向《别录》属某门是正确的。四库馆臣的判断是正确的。

《隋书·经籍志》云：“汉末马融，遂传小戴之学。融又定《月令》一篇、《明堂位》一篇、《乐记》一篇，合四十九篇。”[6]925

据前面论述可知，郑玄的《目录》在刘向的《别录》中都有记录，比如《月令》，《目录》云："此于《别录》属《明堂阴阳记》。"《明堂位》，《目录》云："此于《别录》属《明堂阴阳记》。"《乐记》，《目录》云："此于《别录》属《乐记》，盖十一篇，今为一篇。"刘向是西汉时期的目录学家、经学家，而马融则是东汉末的人，如果按《隋书·经籍志》的说法，马融增《月令》一篇、《明堂位》一篇、《乐记》一篇以足四十九篇。这种说法是没有根据的，况且这些早在刘向的《别录》中就已出现，不可能是马融所增。故此，四库馆臣认为"则三篇皆刘向《别录》所有，安得以为马融所增?"的观点，笔者以为是可以接受的。

（三）郑玄应知道马融增未增三篇文章

"疏又引元《六艺论》认为戴圣传礼四十九篇，则此《礼记》是也。元为马融弟子，使三篇果融所增，元不容不知，岂有以四十九篇属于戴圣之理?"[1]168这个问题的关键在于郑玄是马融的弟子，马融增未增这三篇文章，郑玄应当知道。郑玄的观点现存于孔颖达的《礼记正义·序》中，孔颖达引郑玄《六艺论》曰："今礼行于世者，戴德、戴圣之学也。……戴德传《记》八十五篇，则《大戴礼》是也；戴圣传《礼》四十九篇，则此《礼记》是也。"[7]4

再看晋代学者陈邵的观点。陆德明《经典释文·叙录》引晋司空长史陈邵《周礼论序》云："戴德删古《礼》二百四篇为八十五篇，谓之《大戴礼》；戴圣删《大戴礼》为四十九篇，是为《小戴礼》。后汉马融、卢植考诸家同异，附戴圣篇章，去其繁重及所叙略而行于世，即今之《礼记》是也。郑玄亦依卢、马之本而注焉。"[8]91

陈邵，字节良，下邳人。西晋泰史（265—274）中为燕王师，撰《周官礼异同评》12 卷，即《周礼论》。陈邵首次明确提出戴德将古《礼》中的数目从二百四篇删减到八十五篇，这八十五篇就被称为《大戴礼》；而戴圣又将戴德的八十五篇《大戴礼》删减成四十九篇的《小戴礼》，这四十九篇《小戴礼》后来又遭到马融、卢植“去其繁重”的修订，而此时的《礼记》四十九篇就变成了郑玄为之作注的依据。这就是陈邵认为“《大戴礼记》、《礼记》是戴德，戴圣据古《礼》所删而成”的观点。

看看孔颖达的观点。孔颖达的观点主要体现在《礼记正义·序》中：“其《礼记》之作，出自孔氏；但正《礼》残缺，无复能明。……至孔子没后，七十二子之徒，共撰所闻，以为此《记》。或录旧礼之义，或录变礼所由，或兼记体、履，或杂序得失，故编而录之，以为《记》也。……《六艺论》云：‘戴德传《记》八十五篇，则《大戴礼》是也；戴圣传礼四十九篇，则此《礼记》是也。’”[7]4

孔颖达认为，《礼记》的成书跟孔子的关系非同一般，大概是孔子的七十二弟子所著，他们有的记录旧礼的意义，有的记录变礼的原因及理由，有的记录各种礼的具体细节，有的记录各种礼的得与失，最后汇编在一起成为《礼记》。这基本上符合《礼记》成书的具体史实。

以上论证可以看出，郑玄与陈邵都认为戴圣所传的《礼记》是四十九篇，从未出现过四十六篇之说。《四库全书总目提要》引孔颖达“疏引郑玄认为戴圣传礼四十九篇，则此《礼记》是也。”认为戴圣传《礼》四十九篇就是我们今天所看到的《礼记》，郑玄是马融弟子，假如这三篇真的是马融自己所增的，郑玄是不可能不知道的，又怎么会认为这四十九篇都是戴圣所传呢？这是不符合情理的。《四库全书总目提要》这个观点是比较中肯的。

（四）马融是否被传授过《礼记》

四库馆臣认为马融所传的是《周礼》，“若小戴之学，一授桥仁，一授杨荣。后传其学者，有刘祐、高诱、郑元、卢植，融绝不预其授受，又何从而增三篇乎?”[1]168 关键在于马融是否被传授过《礼记》?

据《后汉书·马融传》:“注《孝经》《论语》《诗》《易》《三礼》《尚书》《列女传》《老子》《淮南子》《离骚》，所著赋、颂、碑、诔、书、记、表、奏、七言、琴歌、对策、遗令，凡二十一篇。”[2]1972 可知，汉代的马融传过《三礼》，且为之作过注。虽然不知道马融的师承，但马融是有可能被传过大、小戴之《礼记》的，所以《四库全书总目提要》说“融绝不预其授受”，这种说法是不可信的，显得太过武断。但是，即使是马融被传过大、小戴之《礼记》，却同样找不到任何可靠的根据证明马融增加三篇文章在《小戴记》里面。应该说，四库馆臣认为马融未增加三篇文章在《小戴记》里面，这个结论还是比较中肯的。

综上所述，四库馆臣认为“今四十九篇实戴圣之原书，《隋志》误也。”[1]168 这种观点是正确的，其在论证过程之中的大多数论点是可靠的。但是，有些细节方面做得还不够细致。

二　对孔颖达、卫湜、陈澔之书的评价

四库馆臣认为，孔颖达的《礼记正义》以伸张郑玄的注为目的，难免会有附会郑玄注的地方。但同时又认为，《礼记正义》广泛采用前人的研究成果，具有丰富的词汇和博达的道理，认真研究以前古代的注疏，没有不穷尽的。但对宋代卫湜的《礼记集说》及元代陈澔的《礼记集说》评价有失偏颇。

（一）对孔颖达《礼记正义》之赞美

四库馆臣认为孔颖达《礼记正义》“务申郑注，未免有附会之处”[1]169。孔颖达《礼记正义》“务申郑注，未免有附会之处”是否属实?

孔颖达是在唐朝政府的管理下，对《五经正义》进行修订的。

孔颖达本人注解经书比较单一，深受经注影响，坚持“疏不破注”的惯例，有的时候还附会曲解，这其实是南北朝时期北方儒学在唐代的体现。基于此，我们认为四库提要的这个批评也是比较中肯的。后面的赞美也是有其道理的，郑注孔疏可谓是最好、最重要的《礼记》读本。

（二）对卫湜《礼记集说》之低评

首先看下卫湜《礼记集说》的相关文献。《四库全书总目·礼记集说》云：“盖首尾阅三十馀载，故采摭群言，最为赅博，去取亦最为精审。自郑《注》而下，所取凡一百四十四家。其他书之涉于《礼记》者，所采录不在此数焉。今自郑《注》、孔《疏》而外，原书无一存者。朱彝尊《经义考》采摭最为繁富，而不知其书与不知其人者，凡四十九家，皆赖此书以传，亦可云《礼》家之渊海矣。”[1]169

卫湜《礼记集说·序》云：“《礼记》并列六籍，乃独阙焉。诸儒间尝讲明，率散见杂出，而又穷性理者略度数，推度数者遗性理，欲其参考并究，秩然成书，未之有也。予晚学孤陋，滥承绪业，首取郑注、孔义，翦除芜蔓，采摭枢要，继遂博求诸家之说，零篇碎简，收拾略遍。至若说异而理俱通，言详而意有本，抵排孔、郑，援据明白，则亦并录，以俟观者之折衷。其有沿袭陈言，牵合《字说》，于义舛驳，袭置弗取。”[9]据此可以看出，“今自郑《注》、孔《疏》而外，原书无一存者。”《礼记集说》最重要的功绩在于保存了从郑玄以后一直到宋代的《礼记》学家的注，共一百四十四家。很多人的《礼记》学注疏在今天早已不见，唯有从卫湜的《礼记集说》中能够看到一些。

综上所述，卫湜《礼记集说》对于汉宋两派学者注疏的保存起到了非常重要的作用，也是一本不可替代的好书，并不像四库馆臣所说的那样不济，也有其重要的功绩存在。

（三）对陈澔《礼记集说》之中肯

接下来，看下陈澔《礼记集说》的相关文献。清人纳兰性德撰有《礼记陈氏集说补正》，这是对陈澔《礼记集说》相当重要的补充。《四库全书总目·礼记陈氏集说补正》云："是编因陈澔《礼记集说》疏舛太甚，乃为条析而辨之。凡澔所遗者谓之'补'，澔所误者谓之'正'。皆先列《经》文，次列澔说，而援引考证以著其失。其无所补正者，则《经》文与澔说并不载焉。颇采宋元明人之论，于郑《注》、孔《疏》亦时立异同。大抵考训诂名物者十之三四，辨义理是非者十之六七。以澔注多主义理，故随文驳诘者亦多也。凡澔之说皆一一溯其本自何人，颇为详核，而爱博嗜奇，亦往往泛采异说。"[1]173

从上面的引述中可以看出陈澔《礼记集说》"疏舛太甚"，故纳兰性德"乃为条析而辨之"。此外，采用了许多宋元明的论述，尤其是抄袭了宋代卫湜《礼记集说》的许多内容。"大抵考训诂名物者十之三四，辨义理是非者十之六七"。可以看出，陈澔的《集说》重视辨析义理，这大概与陈澔为朱熹的四传弟子有关，其《集说》所集的，应大多出自于朱子，这也可能是陈澔《礼记集说》被确立为明朝科举考试指定书目的原因。总体上来说，此书的价值比照郑注孔疏、卫湜《礼记集说》要差好多，《四库全书总目提要》认为元代陈澔的《礼记集说》与《礼记正义》相比也只能是小草的茎和堂屋前的大柱子一样没法比，对它的评价是比较符合事实的。

三　将"玄"避讳为"元"

在《四库全书总目提要〈礼记正义〉》中，所有的"玄"字都避讳成了"元"字。在我国古代，避讳可谓司空见惯。尤其是在刻书、抄书时特别需要注意。避讳字也分很多形式，比较常见的避讳字多是缺末笔、改字等，这在百衲本、武英殿本中最常见。而在《四库全书总目提要〈礼记正义〉》这篇提要中，最大的避讳是改字。提要中，所有出现“玄”字的地方都被改成了“元”字。比如，汉郑元注、《后汉书·桥元传》、疏又引元《六艺论》、元为马融弟子、郑元，其中的“元”字本应作“玄”，就是为了避清圣祖仁皇帝“玄烨”的名讳。

综上所述，《四库全书总目提要〈礼记正义〉》虽然将桥仁做大鸿胪的时间判断错误，但是认为《隋书·经籍志》认为戴圣《小戴记》只有四十六篇而马融增三篇合为四十九篇，这种说法是错误的，这种考证和判断是正确的。《四库全书总目提要〈礼记正义〉》简单介绍了孔颖达的《礼记正义》，并对其书进行评价，认为孔颖达《礼记正义》虽有附会郑注的内容，但总体上成就很高。之后以卫湜之书和陈澔之书，与孔颖达《礼记正义》作了对比，笔者以为稍有偏颇之处。此外，本篇提要有避讳的字，为了避清圣祖仁皇帝“玄烨”的名讳，凡是文中出现“玄”字的，都将“玄”避讳为“元”。

参考文献

[1]（清）永瑢：《四库全书总目》，中华书局 2008 年版。

[2]（汉）班固：《汉书》，中华书局 1962 年版。

[3]（南北朝）范晔：《后汉书》，中华书局 1965 年版。

[4] 黄侃：《礼学略说》，陈其泰、郭伟川、周少川编《二十世纪中国礼学研究论文集》，学苑出版社 1998 年版。

[5] 焦竑：《国史经籍志》，丛书集成新编：第一册，台北：新丰出版公司 1984 年版。

[6]（唐）魏征：《隋书》，中华书局 1982 年版。

[7]（唐）孔颖达：《礼记正义》，上海古籍出版社 2008 年版。

[8]（唐）陆德明：《经典释文序录疏证》，吴承仕：《疏证》，中华书局2008年版。

[9]（宋）卫湜：《礼记集说》，文渊阁四库全书本。

附录二

“不家食”本义考
——兼论汉宋学者释《易》之不同特点*

摘　要：本文通过分析《易》文本中“家”与“食”字的主要含义，以此推断出“不家食”的本义为不在家中吃饭，认为这是一句占卜之辞。笔者在梳理学术界关于“不家食”六种说法的基础上指出，汉唐学者释《易》时强调从国家政治的核心国君视角进行阐释，而宋代学者释《易》时强调从贤人自身的道德视角进行阐释，从而勾勒出了“不家食”在《易》学史上从《象传》“养贤”到汉唐学者“国君养贤”再到宋代学者“朝廷养贤”所发生的三次意义延伸，这对于我们从政治与道德双重视角来理解《易》文本具有重要的启发意义。

关键词：衍文；不家食；本义；养贤；国君；道德

引　言

关于《易·大畜》卦“不家食吉”一句是否有衍文及其解释，学界一直存有争议。上海博物馆藏楚简《易·大畜》卦卦辞作“不家而飤”，而王弼本、帛书《易经》本皆作“不家食”。学术界目前主要有两种观点，其争论的焦点就在于“而”字是否为衍文。

---

* 原文发表在《周易研究》2017年第1期。

笔者认为，上海博物馆藏楚简“不家而飤”中的“而”不应当看作衍文，因为它体现了《易》文本的演变。学界关于“不家食”的解释归纳起来有“养贤说”、“某日食于外说”、“出外谋生说”、“任用说”、“养牲畜说”、“不耕而获说”等六种说法，这六种说法以“养贤说”最为核心，也是历代以来学者主要认同的观点。这六种说法都是从其延伸意义的角度进行阐释的，很少有学者追寻它的本义。此外，“养贤说”其实是一个比较笼统的说法，从表面上看，汉宋主要学者都赞同“养贤说”，但实际上他们阐释“养贤说”的视角是完全不同的，其侧重点也是截然不同的，但是学界对于汉宋学者释“不家食”之不同竟无人提起，很多时候都是当作同一种说法来用，这不能不令人感到遗憾。本文主要想解决两个问题，第一个问题就是要考证它的本义，通过分析《易》文本中“家”与“食”字的主要含义，以此推断出“不家食”的本义。第二个问题是在其本义的参照下，从汉宋学者对“不家食”注解的仔细研读入手，找出汉宋学者注解《易》时所采用的不同阐释视角，以及汉宋学者“养贤说”的具体区别之所在。通过对上述两个问题的探究，力图勾勒出一幅“不家食”本义及其延伸义的流传演变图，从纵向发展的角度对“不家食”有一个整体而全面的理解。

一　上博简“不家而飤”中“而”字非衍文

上海博物馆藏楚简《易·大畜》卦卦辞作“不家而飤”[①]，而王弼本、帛书《易经》本皆作“不家食”。关于“而”字是否为衍文，主要有以下两种观点：

一种观点是认为上海博物馆藏楚简《周易·大畜》卦卦辞作“不家而飤”中的“而”字是衍文。据廖名春先生考证：《说文·

① 马承源《上海博物馆藏战国楚竹书（三）》，上海古籍出版社2003年版，第166页。

食部》：“飤，粮也。从人、食。”段玉裁《注》：“以食食人物，本作食，俗作飤，或作饲。”“飤”字从人从食，会进食之意。食亦声。“飤”、“食”同源通用。楚简“而”字王弼本、帛书《易经》本皆无。[①] 因此，廖名春先生认为“而”字当为衍文。

廖先生的理论依据是：如果楚简作“不家而食”，“家”与“食”一样，就成了动词。先秦、秦汉文献里的“不家”或“未家”，皆为不成家、不发家之意。如《淮南子．齐俗》：“待西施、毛墙而为配，则终身不家矣。”《礼记·檀弓上》：“吾闻之也：君子不家于丧，请班诸兄弟之贫者。”《逸周书·溢法》：“未家短折曰殇。”《楚辞·离骚》：“及少康之未家兮，留有虞之二姚。”这样，“不家而食”，就是不成家而食了。这与卦义显然不符。因此，从卦义出发，“家”只能作形容词修饰“食”，而不能作动词与“食”相承。简文“而”，只能说是抄手的误增。

另一种观点是吴新楚先生提出来的。吴新楚先生根据上博简“而”字不是衍文，做出如下的推测：

吴新楚先生认为，考虑这个“家”字不宜照本字读，而当读为“稼”。楚简“不家而食”，意指“不稼而食”，与《无妄》卦“不耕而获”寓意相近。此后，吴新楚先生又作了详细的考证。“家”、“稼”声韵相同，例可通假，古籍中不乏例证。“家”字本可表“耕稼、种植”义，与“稼”字义同相通。楚简“不家而食”，意指“不稼而食”，与《无妄》卦“不耕而获”寓意相近。“不家而食”（不耕种却有饭吃），前后意有转折，其中“而”字正合“逆接”之义。楚简“而”字的运用，排除了歧义（“家食”不可再看作偏正结构，不可理解为“在家吃饭”），突显了“家”与“食”

① 廖名春：《楚简〈周易大畜〉卦再释》，《清华大学学报》（哲学社会科学版）2004 年第 3 期，第 34—35 页。

的并列关系，是汉语句法严密化的一种表现。①

笔者以为，上博简“不家而飤”中“而”字不应当归为衍文。“衍文”一般指多出来的字或是词，是在抄写或刊行的过程中存有失误，或者是有人故意加上去的。由于今本《易经》早已经过历代学者的整理，从孔子时代就开始了整理，所以我们今天看到的版本应该是非常经典的、经过精心整理的版本。而新出土的文献则是在流传之中的某个节点的文献，现在它突然出现在我们面前，其实体现了一种文本的演变。

二 “不家食”的六种说法

根据历来的相关文献和近现代学者的论文，我们可以知道，关于“不家食”的解释是很多的，至少有以下八种不同的解释，分别是：

一是不光自家食用，而与贤人等一道分享。《象传》：“‘不家食，吉’，养贤也。”王弼《注》：“有‘大畜’之实，以之‘养贤’，令贤者‘不家食’，乃‘吉’也。”孔颖达《周易正义》：“以在上有‘大畜’之实，养此贤人，故不使贤者在家自食也。”②

二是不自食于家。程颐《易传》：“既道德充积于内，宜在上位，以享天禄，施为于天下，则不独于一身之吉，天下之吉也。若穷处而自食于家，道之否也。故‘不家食’则‘吉’。”③朱熹《周易本义》：“‘不家食’，谓食禄于朝，不食于家也。”④胡炳文说：“‘不家食’，是贤者不畜于家而畜于朝。”⑤

---

① 吴新楚：《楚简〈周易〉“不家而食”新解》，《周易研究》2004年第6期，第15—16页。

② （唐）孔颖达：《周易正义》，《十三经注疏》，中华书局1980年版，第40页。

③ （宋）程颐：《伊川易传》，《文渊阁四库全书经部易类》。

④ （宋）朱熹：《周易本义》，广州出版社1994年版，第87页。

⑤ （元）胡炳文：《周易本义通释》，《文渊阁四库全书经部易类》。

三是某日食于外。高亨先生在卦辞和《象传》中的解释是不一样的。高亨先生曰：“今人往往受术士之指示，某日不食于家，而食于外，以避灾告，古人盖亦有此类事，故曰不家食吉。”高亨先生完全是站在今人占卜的角度去解说卦辞，并以今人的视角去推测古人，完全没有考虑到其义理之所在。十分不可信，故不采用。李镜池先生说：“不家食：不回家食饭。农民在地里劳动，就在田头吃饭。《诗·七月》：‘同我妇子，馌彼南亩。’也反映了同样情况。”李镜池先生的解说更是拿《诗经》来附和自己的推理，认为“农民在地里劳动，就在田头吃饭。”从《易经》的卦辞之中根本看不出来“不家食”的行为主体是农民，怎么能够使人信服这种说法呢？

四是不靠家里吃饭，出外去谋生。周振甫先生说：“‘不家食吉，利涉大川。’不靠家里吃饭，出外去谋生，才能有利。”①

五是指大夫不依靠采邑，就要依赖王者或者诸侯的俸禄。指大夫被王者或诸侯任用。李申等：“食，养育。家，大夫采邑。不家食，大夫不依靠采邑，就要依赖王者或者诸侯的俸禄。指大夫被王者或诸侯任用，所以为吉。”② 陈鼓应先生解释为“不闲居于家而食禄于朝，吉利”。③

六是不家食，言不在家畜养牲畜。张立文先生认为，“大量畜养牲畜，宜于守正道。不在家里畜养则吉祥。”④

七是廖名春先生认为，所谓“不家食”，即不私自食，不自家食，“必以禄贤者”。从“子曰”的引证来看，《象传》的养贤说是正确的。卦辞“大畜，利贞。不家食，吉，利涉大川”，是说为上天所厚待，大得天时之时，利于贞正。什么是贞正？就是“不家食”，上天有好处不自家独享。能够做到不独吞上天给予的好处，

① 周振甫：《周易译注》，中华书局1991年版，第95页。

② 杨庆中：《周易解读》，中国人民大学出版社2010年版，第192—193页。

③ 陈鼓应、赵建伟：《周易今注今译》，商务印书馆2007年版，第245页。

④ 张立文：《帛书周易注译》，中州古籍出版社2008年版，第72页。

“车、马、衣、轻裘，与朋友共”（《论语·公冶长》），养贤与能，就能吉祥，就能利于涉越大江巨流。帛书易传《衷》篇说：“大蓄兑而母言（也）。”所谓“母言（谋）”，也就是“不家食”，养贤禄能。①

八是将“不家食”理解为“不稼而食”、“不耕而获”。是由华南师范大学人文学院的吴新楚先生提出来的。吴先生认为楚简《大畜》卦所见“而”字不是衍文，其中“家”字宜读为“稼”。“不家食”与《无妄》卦“不耕获”结构相类，可理解为“不稼而食”、“不耕而获”。

我们可以对其进行归纳总结一下，一、二两种说法再加上廖名春先生的说法，可以归纳为“养贤说”。三可归纳为“某日食于外说”。四可以归纳为“出外谋生说”。五可以归纳为“任用说”。六可以归纳为“养牲畜说”。八可以归纳为“不耕而获说”。下面我们就来仔细分析一下。

（一）“养贤说”

据笔者前边的分析，一、二说法跟第七种廖名春先生的说法都可以认为是“养贤说”。但他们之间还是有所差别的。

第一种“养贤说”以郑玄、孔颖达为代表。前人解《易》时，一般把“家”看作名词，解释为我们平时所理解的家中、家庭之意。

《礼记·表记》记载：“子曰：‘事君大言入则望大利，小言入则望小利。故君子不以小言受大禄，不以大言受小禄。’”《易》曰：“不家食，吉。”郑玄注：“言君有大畜积，不与家食之而已。必以禄贤者，贤有大小，禄有多少。”孔颖达疏：“此一节广明事君之道，依言大小而受禄”，“‘不家食吉’者，言君有大畜积，不唯

① 廖名春：《楚简〈周易大畜〉卦再释》，《清华大学学报》（哲学社会科学版）2004年第3期，第34—35页。

与家人食之而已，当与贤人食之”，“证君有禄而养贤，贤有大小，故禄亦有多少”。①

在这里，郑玄和孔颖达都认为，“不家食”的行为主体应该是国君，是说国君有“大畜积”，但是却不把这个“大畜积”只用来与国君的家人食用，而是把这个“大畜积”给予贤人食用，即给贤人颁发俸禄。而“养贤”的主体正是国君自己。这正是“养贤说”的表现。

通过郑玄、孔颖达的注疏，我们能看到，这两人都是赞同“养贤说”，都认为施行“养贤”的主体是国君，“不家食”的主体也是国君。故此，此“养贤说”可以概括为“国君养贤说”，且国君“不家食”。

第七种说法即廖名春先生的观点。廖先生认为：所谓“不家食”，即不私自食，不自家食，“必以禄贤者”。从“子曰”（《礼记·表记》记载：“子曰：‘事君大言入则望大利，小言入则望小利。故君子不以小言受大禄，不以大言受小禄’。”）的引证来看，《象传》的“养贤”说是正确的。卦辞“大畜，利贞。不家食，吉，利涉大川”，是说为上天所厚待，大得天时之时，利于贞正。什么是贞正？就是“不家食”，上天有好处不自家独享。能够做到不独吞上天给予的好处，“车、马、衣、轻裘，与朋友共”（《论语·公冶长》），养贤与能，就能吉祥，就能利于涉越大江巨流。帛书易传《衷》篇说：“大蓄兑而母言（也）。”所谓“母言（谋）”，也就是“不家食”，养贤禄能。故此，我们也可以将廖名春先生的观点归为“国君养贤说”，且国君“不家食”。

第二种“养贤说”的代表人物是朱熹、程颐、陈鼓应、高亨等人。

① （唐）孔颖达：《礼记正义》，《十三经注疏》，中华书局1980年版，第1642页。

朱熹《周易本义》曰："'不家食'，谓食禄于朝，不食于家也。'不家食，吉'，养贤也。亦取'尚贤'之象。'大'，阳也。以艮畜乾，又畜大者也。又以内乾刚健，外艮笃实辉光，是以能'日新其德'，而为畜之大也。"① 朱熹的观点是认为，"不家食"就是贤人"食禄于朝，不食于家也"。意思是说，"养贤"的主体是朝廷，"不家食"的主体是贤人。

程颐《周易程氏传》曰：

> 莫大于天，而在山中，艮在上而止乾于下，皆蕴畜至大之象也。在人，为学术道德充积于内，乃所畜之大也。凡所畜积，皆是专言其大者。人之蕴畜，宜得正道，故云利贞。若夫异端偏学，所畜至多，而不正者固有矣。既道德充积于内，宜在上位以享天禄，施为于天下，则不独于一身之吉，天下之吉也。若穷处而自食于家，道之否也，故不家食则吉。大畜之人，所宜施其所畜以济天下，故不食于家则吉，谓居天位享天禄也。国家养贤，贤者得行其道也。"②

程颐在这里的观点是认为，"不家食"就是"不食于家"，其行为主体是"大畜"之人，大畜之人是指"学术道德充积于内"的人，也就是贤人。这样的人，"宜在上位以享天禄"，是"居天位享天禄也"。在这里"居天位"不是指君主之位，而是贤者所居之位，所得的"天禄"也是贤者所应得的俸禄。之所以会"吉"是"因为既道德充积于内，宜在上位以享天禄，施为于天下，则不独于一身之吉，天下之吉也。"这正是"国家养贤，贤者得行其道也。"

---

① （宋）朱熹：《周易本义》，广州出版社 1994 年版，第 87 页。

② （宋）程颐：《周易程氏传》，载《二程集》，中华书局 1981 年版，第 827—828 页。

今人陈鼓应先生同样认为，“利贞，不家食吉：‘不家食’即‘不家而食’，‘家’谓闲居于家。‘食’谓食俸禄于朝廷，在朝为官（《国语·晋语》注：‘食’，禄也’）。筮得此卦，不闲居于家而食俸禄于朝则吉。《损》卦上九‘贞吉，利有攸往，得臣无家’亦与此同。《彖传》释‘不家食’为‘养贤’是正确的。”①

陈先生的这种说法有些牵强，“家”解释为“闲居在家”是没有根据的。我们来看一些《周易》中“家”所出现的地方，没有一处可以解释为“闲居在家”的，最通常的解释是家庭、家中、居所等。“食”在《周易》中也并未出现“食俸禄于朝廷，在朝为官”的解释，更多的是指吃的食物，或者是吃东西，以及它的引申义“享用”。

高亨：“卦辞云‘不家食吉’者，因国君尚贤而能养贤，故贤人不食于家也。”② 也赞同“养贤说”。高亨先生的观点很明确，那就是“国君尚贤而能养贤”，施行“养贤”的主体是国君，“不家食”的主体是贤人。

从上面的叙述中，我们可以看出朱熹、程颐、陈鼓应、高亨都认为“养贤”的主体是朝廷或者国家，“不家食”就是“不食于家”的意思，“不家食”的主体是贤人，而不是国君。因此，此种“养贤说”可概括为“朝廷养贤说”，且贤人“不家食”。

（二）“某日食于外”说

主要代表人物是高亨、李镜池先生。高亨先生在卦辞和《彖》传中的解释是不一样的。高亨先生曰：“今人往往受术士之指示，某日不食于家，而食于外，以避灾告，古人盖亦有此类事，故曰不家食吉。”高亨先生完全是站在今人占卜的角度去解说卦辞，并以今人的视角去推测古人，完全没有考虑到其义理之所在。十分不可信，故不采用。李镜池先生说：“不家食：不回家食饭。农民在地

① 陈鼓应、赵建伟：《周易今注今译》，商务印书馆 2007 年版，第 246 页。

② 高亨：《周易大传今注》，清华大学出版社 2010 年版，第 190 页。

里劳动，就在田头吃饭。《诗·七月》：‘同我妇子，馌彼南亩。’也反映了同样情况。”李镜池先生的解说更是拿《诗经》来附和自己的推理，认为“农民在地里劳动，就在田头吃饭。”从《易经》的卦辞之中根本看不出来“不家食”的行为主体是农民，怎么能够使人信服这种说法呢？

所以，综合高亨、李镜池先生的观点，这种“某日食于外”说可以直接被否定掉，原因之一是以今人的想法揣度古人的想法，原因之二是确实找不到有效的证据来证明自己的观点。

（三）“出外谋生”说

这种观点以周振甫先生为代表。周振甫先生说：“‘不家食吉，利涉大川。’不靠家里吃饭，出外去谋生，才能有利。”我们知道，一般“利涉大川”这几个字的意思是有利于渡涉大的江河。其引申义是可以开始做一些大事情，做一些困难的事情。在古代，“大川”代表的其实是一种大自然给予人类的一种困难，尤其是在交通工具特别贫乏的古代，能顺利渡过一条大河不是一件轻而易举的事情。“不家食”解释为“不靠家里吃饭”，这其实是宋代以后的解释了。因为宋代以后“家食”就变成了一个词，就有“依靠家庭生活，在家中吃饭”之意。后一句将“利涉大川”牵强的解释为“出外去谋生，才能有利”，这种解释更是牵强无证，所以，“出外谋生”说这种观点笔者也不赞同。

（四）“任用说”

这种说法以李申等为代表。李申：“食，养育。家，大夫采邑。不家食，大夫不依靠采邑，就要依赖王者或者诸侯的俸禄。指大夫被王者或诸侯任用，所以为吉。”陈鼓应先生解释为“不闲居于家而食禄于朝，吉利”①。在这里，李申将“家”解释为“大夫采

① 杨庆中：《周易解读》，中国人民大学出版社 2010 年版，第 192—193 页。

邑”，而陈鼓应先生将“家”解释为“闲居于家”，这是二者的不同。但在这里“不家食”的主体却是“大夫”，而不是“贤者”，这是为什么笔者要将这种说法归纳为“任用说”的主要原因。我们从这里可以看出，为“大夫”发放俸禄的是“王者或者诸侯”，其实与“国君养贤说”的行为主体是一样的，而不一样的地方仅在于一个是“贤者”，一个是“大夫”。从卦辞的上下文来看，解释为“贤者”要比“大夫”要好。一般而言，贤者做事会遵循“道”的指导，所以一般都会比较“吉”，比较容易“利涉大川”。而“大夫”则不一定能做好，春秋时期的鲁国“三桓”就是典型的例子。所以，笔者也不同意这种说法。

李申将“家”解释为“大夫采邑”，笔者不同意这种解释。只有《师》卦：上六，大君有命，开国承家，小人勿用。只有“开国承家”中的“家”可以解释为“大夫采邑”，而其余八九处都应解释为家庭、家中、居室等。李申：“不家食，大夫不依靠采邑，就要依赖王者或者诸侯的俸禄。指大夫被王者或诸侯任用，所以为吉。”这里面有一个问题，“家”作为“大夫采邑”是不是大夫自己所有的俸禄呢？这个“采邑”是不是就是王者或者诸侯，甚至天子给予大夫的俸禄呢？还是说作为一个大夫，吃自己采邑里的东西就不吉利了，不但不能享用，反而还要去外面寻求其他的俸禄来养活自己？这显然是一种悖论。

（五）“养牲畜”说

这种说法以张立文先生为代表。张立文先生认为，“大量畜养牲畜，宜于守正道。不在家里畜养则吉祥。”① 张先生的观点是在帛书《易经》中出现的，笔者也不赞同这种说法。按照这种解释，“大量畜养牲畜”则“宜于守正道”，怎么理解都感觉别扭。家畜

① 张立文：《帛书周易注释》，中州古籍出版社2008年版，第72页。

一般都是养在家中的，“不在家里畜养则吉祥”是违背常理的，而且也没有任何的意义。所以，笔者也不赞同这种说法。

（六）“不耕而获”说

吴新楚认为楚简《大畜》卦所见“而”字不是衍文，其中“家”字宜读为“稼”。“不家食”与《无妄》卦“不耕获”结构相类，可理解为“不稼而食”“不耕而获”。①

吴新楚先生的这种说法，如果仅仅是针对单独的这句话，是能够解释清楚的。但是我们不能仅仅解释清楚这一句，假如我们把这一句的解释放到原文之中去，全文的意思就很难解释清楚了，而且前后会有矛盾。依照此种解释法，不耕种却有饭吃，从“大夫”的角度来说是可以的，因为大夫有食邑。但从普通民众的角度来说就不行了。尤其是在生产力水平低下的远古社会，不劳而获基本上是不可能的。而且，这里边还有一个问题，怎么能够确定来占卜的就是“大夫”，而占卜的卦辞却跟农业有关系呢？所以，笔者并不赞同这种说法。

李尚信先生也赞同“不稼而食”的说法。李先生认为：“有其他一技一能者，在当时的社会来说，恐皆为有一定之大能者，故卦辞系为‘不家（稼）而食’似更为妥当。”②

综观李尚信先生解说《大畜》卦，从卦的主题而言，李先生的解说可以说是目前学术界对《大畜》卦解说得最好的。李先生所说的“不家（稼）而食”的意思应当是除去种田这种当时社会普遍都能掌握的获取食物的能力之外，有其他的一技一能的人或者职业，对于周初以后的社会来说，在当时可能都是有一定能耐和本领的人，他们不从事种田就能得到食物。笔者认为李先生的这种“不

① 吴新楚：《楚简〈周易〉“不家而食”新解》，《周易研究》2004年第6期，第15—16页。

② 李尚信《卦序与解卦理路》，巴蜀书社2008年版，第203页。

家（稼）而食”的解释比吴新楚先生的解释更加合理些。

但在这里，笔者有两个小问题。第一个问题，从“一技一能者”的角度来解释“不家（稼）而食”跟《大畜》卦的主旨是否一致？李先生在对《大畜》卦卦爻辞的主题进行解释的时候说“大畜卦主题讲畜物。能畜物者，必先能畜己。所以，大畜卦既能畜己，又能畜物，大畜又为畜之大者。能蓄己、畜物，畜之又大，必有大才能。故大畜卦卦辞及各爻辞皆为大才能者的一种表现。”（《卦序与解卦理路》，第202页）而到了对卦辞“不家（稼）而食”的解释时却变成了“皆为有一定之大能者”，后者比前者多了一个修饰词“有一定”。在李先生的观念中，大才能者可以分为两类人，一类是“食禄于朝之大能”，一类是“其他一技一能者”。那《大畜》卦的卦爻辞究竟是在讲“食禄于朝之大能”，还是“其他一技一能者”呢？如果是讲“食禄于朝之大能”，这就能跟前面李先生所说的“大才能者”前后吻合了。李先生也在前面提到“人们逐渐将有才能者理解为能食朝廷俸禄者”（《卦序与解卦理路》，第203页），可见李先生同样尊重有大才能者食禄于朝这种传统说法，而如果这样解释“不家食”其实就变成了“不在家中吃饭，食禄于朝”了，就不能解释为“不家（稼）而食”了。如果是讲“其他一技一能者”，这就跟《大畜》卦的主题相违背了。因为前面李先生已经讲过了，《大畜》卦是“能畜己、畜物，畜之又大，必有大才能”（《卦序与解卦理路》，第202页）。而“其他一技一能者”只是有技、有能，具备某种特殊的劳动技能，显然不可能是能畜已、能畜物且又畜之又大者，这些人也只能属于“器”的范畴，离“有大才能”还差得远，最多只是跟农业一样，只是具备某种能够活下去的技能而已。第二个问题，一技一能者的社会地位如何？其地位是否有一个从高到低的转化？这里就涉及各种特殊劳动技能者从周初一直到春秋时期，他们的社会地位如何？李先生认为“《周易》古经卦爻辞作于周初以后，已进入农业社会，农业已经成为一种普遍的技能和职业，已不算什么能耐，而其他特殊技能则需要经过专门的训练才能掌握，一旦掌握了某项特殊技能，即属于有一定能耐和本领的人。”（《卦序与解卦理路》，第203页）可以推断，李先生所说的“后来由于其他各种特殊劳动技能进一步普及”的时间最晚当在春秋时期。而从周初一直到春秋时期，“各种特殊劳动技能者”主要是指哪些人呢？根据西周时期社会结构的划分，主要分为天子、诸侯、卿大夫、士、庶人、奴隶等六个社会阶层。而“各种特殊劳动技能者”就属于最底层的奴隶阶层，也就是“百工”，西周时指工奴，泛指手工业工人，各种工匠。这类人的地位在西周时期就属于奴隶阶层，连庶人的地位都不如。李先生说这些人有一定的大能，这个大能可以理解为一定的能耐和本领，也是能够接受的，毕竟是有一技一能之人。但李先生说“这部分职业者在社会中的地位下降”（《卦序与解卦理路》，第203页），这就有欠稳妥了。原因在于这部分人的地位本来就属于最低级的，怎么会在社会中的地位下降？如果下降的话，必然是其以前的地位很高才对，但这类“百工”本来就属于最低级的奴隶阶层，不可能再低，只能往高处走。

从整体上来看，李先生的解释还是非常出色的。李先生从“食禄于朝的大能”与“一技一能者”两种角度对“不家食”进行了解释，但笔者还是更加赞同李先生在《大畜》卦的主题中所作的解释。李先生的用词非常谨慎，在提出从“一技一能者”的角度进行解释的时候，更多的是用“并非一定”“似”“猜测”来说明，并未肯定就应该是从这种角度进行解释。这种谨慎的学术态度还是非常值得笔者学习的。

三 “不家食”本义

以上六种说法的差别就在于对“家”与“食”之意的不同

理解。

下面，我们来看下《易》中出现“家”的地方及其解释，需要指出的是，括号里面的文字是对“家”所在的句子或者单个词组进行的解释，所有的解释都来在于杨庆中先生所著的《周易解读》一书，下文中的“食”也是采用同样的处理原则：

1.《蒙》卦：九二，包蒙，吉，纳妇吉，子克家。（儿子成立家庭）

2.《师》卦：上六，大君有命，开国承家。小人勿用。（《集解》引荀爽：“开国，封诸侯。承家，立大夫也。”《今注》：“开国，被封为诸侯，始有邦国。承，受也。承家，被封为大夫，承受家邑。”）

3.《大畜》卦：利贞，不家食，吉。利涉大川。

4.《家人》卦：利女贞。（《杂卦传》：“家人，内也。”《王注》：“家人之义，以内为本，故先说女也。”《释文》：“人所居称家，《尔雅》：室内谓之家，是也。”）

初九，闲有家，悔亡。（防范，才能保有其家庭）

九三，家人嗃嗃。悔厉吉，妇子嘻嘻，终吝。（家人过于严肃）

六四，富家，大吉。（发家致富）

九五，王假有家。勿恤，吉。（《集解》引陆绩：“假，大也。”君王大有臣民）

5.《损》卦：上九，弗损益之，无咎，贞吉，利有攸往，得臣无家。（会得到没有主人的奴仆）

6.《丰》卦：上六，丰其屋，蔀其家，窥其户，阒其无人，三岁不觌，凶。（遮住了居室）

通过以上的举例，我们可以看出，“家”一词，主要有三种解释：一处解释为“大夫的封地，家邑”；一处解释为“臣民”；其余的全都可以解释为家庭、人所居住的地方、家中、室内。

下面我们再来看下，《周易》中“食”出现的地方及其解释：

1.《需》卦：九五，需于酒食，贞吉。(《本义》：“酒食，宴乐之具，言安以待之。”)

2.《讼》卦：六三，食旧德，贞，厉终吉。或从王事，无成。(李申等“享用由于过去的功德而获得的利益，如职位、俸禄等等。”)

3.《泰》卦：九三，无平不陂，无往不复，艰贞无咎，勿恤，其孚于食，有福。(孚于食，谓不空食也。自食其力，有福。)

4.《剥》卦：上九，硕果不食。君子得舆，小人剥庐。

(《绎传》：“食，本作‘蚀’，上九一阳，安处众阴之上，莫之能伤，故硕果不食。”上九，丰硕的果实未被蚀败，君子得到，便是载人之车；小人占有，便会彻底败坏。)

5.《大畜》卦：利贞，不家食，吉。利涉大川。

6.《明夷》卦：初九，明夷于飞，垂其翼，君子于行，三日不食。有攸往，主人有言。(君子奔走于旅途，三天不吃东西。)

7.《困》卦：九二，困于酒食。朱绂方来，利用亨祀。征凶，无咎。(困在酒食之中)

8.《井》卦：

初六，井泥不食，旧井无禽。(水井荒废了不能饮用)

九三，井渫不食，为我心恻，可用汲，王明并受其福。(井掏净了却不饮用)

九五，井洌，寒泉食。(井水清澈，像寒泉一样，可以饮用。)

9.《鼎》卦：九三，鼎耳革，其行塞，雉膏不食。方雨亏悔，终吉。(无法食用美味)

10.《渐》卦：六二，鸿渐于磐，饮食衎衎，吉。(饮食安然)

从上面的举例可以看出，在《周易》中，“食”的意思主要有以下三种：一是名词，可以解释为食物、粮食、吃的东西；二是动词，可以解释为吃东西，饮用，食用，其引申意为“享用”；这两种解释居多。只有一处为通假，作“蚀”，蚀败。可以看作是一个孤例。明白了“家”与“食”的主要意思，那我们把它们连接起来解释“家食”，就是家中吃饭，“不家食”就是不在家中吃饭。这才是“不家食”的本义。“不家食”后面还有一个“吉”字，从《周易》整部书的特点来看，“不家食”就是一句占卜之辞，后面的“吉”字是对前面占卜之辞吉凶的判断，连在一起解释就是“不在家中吃饭，吉祥”。

前文提到，“而”字非衍文，那么“不家而食”该如何解释呢？关键在于对“而”字的解释。从本句看，“而”字只能当作连词来解释。作为连词的“而”主要有三种用法：一是表示前后两个词或词组之间的并列、转折、相承等关系；二是连接状语和中心语；三是连接主语和谓语，含有“如果”或“却”的意思。①

吴新楚先生认为：从句法结构上看，今本《大畜》“家食”有两种可能的语法关系：一是偏正式，谓语动词是“食”，“家”是名词作状语，“家食”意即“在家吃饭”；一是联合式，“家”与

① 王力：《古汉语常用字字典》，商务印书馆2006年版，第94页。

"食"是并列关系的动词组合，是联合词组作谓语。①

根据我们前面的举例可以看出，"食"字有两种意思：一是名词，意为食物、吃的东西；二是动词，意为吃东西、食用。而在"不家食"或"不家而食"中"食"字只能当作动词来理解，即吃饭、吃东西之意。"家"字为家庭、家中之意，是名词，而不能解释为动词。所以，作为并列关系的动词组合可以排除，只能解释为偏正式的语法关系，即"而"字当作连词来解释，连接状语和中心语，并没有实际的意义。其意思与"不家食"一样，即不在家中吃饭。

为什么说不在家中吃饭就能够得"吉"呢？李尚信先生提出"根据卜筮的论域性特点，指出卦爻辞的编纂都是有其中心主题的。"同时，李先生认为："大畜卦主题讲畜物。能畜物者，必先能畜己。所以，大畜卦既能畜己，又能畜物。大畜又为畜之大者。能畜己、畜物，畜之又大，必有大才能。故大畜卦卦辞及各爻辞皆为大才能者的一种表现。"（《卦序与解卦理路》，第 202 页）笔者深以为是。

《大畜》卦的主题是说有大才能、有大本领的人，这样的人宜于守贞。有大本领、大才能的人依靠国家提供的俸禄吃饭，这是吉祥的。宜于从事困难的事情，宜于克服困难的事情。有大才能者不在家中吃饭，为什么会是吉祥的？笔者认为，不在家中吃饭体现了有大才能者高尚的德行以及优秀的从政能力，是对有大才能者德行与能力的肯定。前文提到，"不家食"就是不在家中吃饭，我们也可以理解为依靠国家提供的俸禄吃饭，这就是它的引申义了。所以，问题可以转化为，为什么依靠国家提供的俸禄吃饭，就是吉祥的？《大畜》卦讲的是有大才能者的一种表现。有大才能者的人能够修养自己，同时能够畜物，有大本领，还能够坚持守贞，在这样

① 吴新楚：《楚简（周易）"不家而食"新解》，载《周易研究》200 年第 6 期，第 15 页。

的情况下，依靠国家的俸禄吃饭，可以一心一意为国家办事，才会是吉祥的，所以才能够从事困难的事情，并且坚守正道，将这些困难顺利克服，最终成功。所以，下文中《象传》才会说“养贤也”。中国历史上有“三过家门而不入”的故事，讲大禹治水时发生的事情。大禹可以称得上是有大才能者，其在治水的三十年中数次路过家门而不进去，不管是大禹担心一旦治水失败又重蹈其父鲧的覆辙而“不敢入”，还是大禹以天下为怀而“不入”，都体现出大禹高尚的德行和处理政事的优秀能力，以及其中的责任心与献身精神。这样一来，《大畜》卦的卦辞就能解释得比较清楚了。

四　汉宋学者释《易》之不同

“不家食”就是不在家中吃饭，与它对应的其实是“公食”，我们也可以理解为“依靠国家提供的俸禄吃饭”。这就是它的引申义了。而在《象传》中就明确提出了“养贤也”，可以说是其“不在家中吃饭”的第一次意义延伸。

前面提到，通过郑玄、孔颖达的注疏，我们能看到，这两人都是赞同“养贤说”，都认为施行“养贤”的主体是国君，“不家食”的主体也是国君。

需要指出的是，孔颖达在《周易正义》与《礼记正义》中的解释稍有不同。在《礼记正义》中，孔颖达明确按照郑注的意思进行注释，明确提出“国君养贤说”，且国君“不家食”。而在《周易正义》中，孔颖达却是这样解释的：“以在上有‘大畜’之实，养此贤人，故不使贤者在家自食也。”① “不使贤者在家自食”与“不唯与家人食之而已，当与贤人食之”② 说法是相反的，《周易正义》中“不家食”的主体是“贤人”，而《礼记正义》

① （唐）孔颖达：《周易正义》，《十三经注疏》，中华书局1980年版，第40页。
② （唐）孔颖达：《礼记正义》，《十三经注疏》，第1642页。

中“不家食”的主体则是“国君”，这是二者不一样的地方。但是，在这两个不同的解释中，它们的前提是一样的，都认为是国君有“大畜积”，国君能为贤人提供俸禄，其本质还是从国君的角度去阐述，贤人始终处于被动状态。笔者以为，对于“不家食”的主体，孔颖达在注解这段话的时候，估计连自己都不会发现自己自相矛盾的地方。但是，这两者的阐释角度还是一样的，都认为是国君有“大畜积”，其出发点还是从国君的角度来看待这个问题的。

故此，此“养贤说”可以概括为“国君养贤说”，且国君“不家食”。可以看出，“国君养贤说”其实是在《象传》“养贤也”意义延伸上的又一次延伸。仅从字面意思来看，我们是无法读出“国君养贤”的，这是郑玄在《象传》“养贤也”基础上的进一步发挥，而孔颖达在郑玄的基础上则进一步发挥“国君养贤说”。这种解释特色与汉唐经学的特点有关系，汉唐经学的一个特点就是经学是为政治服务的，经学的解释也必须要围绕政治服务进行。在郑玄的经学思想中，国家政治的核心就是“君明臣贤”，将“不家食”解释为“国君养贤”是要体现出国君对于贤人的重视，重用贤人，以期贤人能够更好地治理国家。这其实也体现在郑玄对“畜”的解释上。郑玄认为“畜”是国君有“大畜积”，孔颖达基本上延续了这种说法。国君有“大畜积”是说国君积累了很多的财富，但并没有将这些财富占为己有，也没有将这些财富仅仅与自己的家人分享，而是将其拿出来供养贤人，国君提供贤人相应的职位，共同治理国家。这体现的是汉唐经学中以国家政治为核心的经学解读，主要是从国家政治的核心——国君的视角进行阐释的，贤人只属于配角。

而到了宋代，时代发生了变化，经学的特点也随之发生了变化，经学家对经典的解释也从政治角度更多地转向了对个人道德的要求。而对“畜”的诠解就成为宋代释《易》不同特点的开始，程颐认为“畜”是“学术道德充积于内，乃所畜之大也”①，朱熹同样认为“畜”是积累的道德，其行为主体只能是贤人。其着眼点在于，贤人首先要积累自己的道德到一定的境界，能够称得上是“贤人”了，才有可能被朝廷招纳使用。而郑玄、孔颖达的解释则是说“畜”乃是国君的“大畜积”，是指国君拥有很多的财物，与程朱这里的“畜”指“道德充积”完全是不同的两回事。可以看出，程颐与朱熹都是从贤人道德角度去看待“不家食”的，而郑玄与孔颖达等人则是从国君财物角度去看待问题的，其出发点就已截然不同。这样，“不家食”就变成了朝廷养贤，贤人食禄于朝廷，不在自己家中吃饭。可以说，这是“不家食”“养贤”说的第三次意义转变，变成了“朝廷养贤，贤人不在家中吃饭”。

结束语

综上所述，通过对《易》文本中“家”与“食”字含义的分析，我们可以确定，“不家食”在《易经》本义中就是不在家中吃饭，这句话在《易》文本最开始的语境中只是一句占卜之辞。但在《象传》的解释中，其意义发生了第一次延伸，变成了“养贤”，可以说是《象传》根据卦象的意义自己推断出来的一种“尚贤”、“养贤”的思想倾向。而到了郑玄、孔颖达等人则在“养贤”的基础上进一步发挥，变成了国君养贤，且国君不家食，这是第二次意义的延伸。到了程颐、朱熹等人对“不家食”的解释就变成了朝廷养贤，贤人食禄于朝廷，不在自己家中吃饭。可以说，这是“不家食”“养贤说”的第三次意义的转变。笔者认为，这种转变是直接从第一种意义的延伸而来，与郑玄、孔颖达等人的看法形成了一个

① （宋）程颐：《周易程氏传》，载《二程集》，第82页。

互补，双方具有同等重要的态势。汉宋学者们分别从政治与道德双重视角来解释《易》文本，这对于我们理解《易》文本具有重要的启发意义。这种不同角度的阐释，其实反映的是时代思想的变迁，它们都是《易经》学史上重要的组成部分。

附录三

君明臣贤政治理想的现代反思*

郑玄强调君臣之“德”的同时，严重忽略了对“君臣”权力的监督与限制。虽然郑玄所突出的君臣之“仁义”是从政治的角度进行阐发的，但是必然会出现君臣不仁不义的情况，这会导致民众生活于水深火热之中，国家也有走向灭亡的危险。郑玄对于桀纣之失天下并未提出建设性的意见，只是说桀纣为恶而导致民怨神怒以失天下。而这正是“为政者”的权力不受监督与限制的体现，也是儒家“人治”思想最大的不足之处。

一个国家能够正常运转，必须要有“为政者”。“为政者”所涉及的核心人物是国君、大臣。郑玄在注解《大学》时，对君主与大臣之德都有明确的要求，最核心的便是“君明臣贤”。

一 明君之德

郑玄认为，殷王帝乙之前的君主，没有失去民众的支持，那个时候殷王之“德”还是能够与天相配，也就是说“上天”还在享受殷王的祭祀，并保佑殷商。等到了商纣王的时代，纣王无恶不作，引起了民众的怨恨与“上天”的愤怒，“上天”不再享用殷王的祭祀，也不再保佑殷王。郑玄解释说，百姓都是以君主的行为作

---

* 原文发表在《中国社会科学报》2017 年 5 月 9 日版。

为自己行动的准则，因此，君主必须谨慎地对待自己的行为和政策，否则一旦“邪辟失道”就会丧身失国。这是“天聪明，自我民聪明；天明畏，自我民明威”最真实的体现，也是“敬天”要求的表现。在这里，郑玄强调“以德配天”也是对东汉末年政局动荡不安的谴责，警告统治者如果再不“敬天”“保民”，那么上天对于东汉的保佑也会随之消失。总之，郑玄认为，上天所赋予的统治人民的“天命”不是永远不变的，统治者一定要“保民”“全民”，如此才能长久地得到“天命”，否则就会失去“天命”。

要治理好国家，其前提和基础是要任用贤人。郑玄亲身经历了东汉末年贤愚不分的政治现实，出于儒家救世的情怀，郑玄认为一个国家最宝贵的财富就是贤人。一个国家的“全民”“保民”工作都是由具体的大臣去做的，因此，贤人在政治管理、民众管理方面可以决定一个国家的繁荣发展。郑玄明确指出，君主要“任贤”。与“任贤”相对应的就是“放恶”，即远离小人。放恶的目的也是为了“保民”“全民”。因为恶人、娼嫉之人只会让民众的生命、财产受到严重威胁。放逐恶人、娼嫉之人正是“仁人”“圣人”智慧与才能的体现，也只有这些人才能够真正做到这一点。

对于君王，除了“敬天保民”“亲贤臣，远小人”外，还要“亲仁”“轻利”。“亲仁”对于君主的要求是要行仁道，郑玄指出，“言君行仁道，则其臣必义。以义举事无不成者。其为诚然，如己府库之时为己有也”；“轻利”对于君主的要求就是要做到“惠民”。财物是民众赖以生存的基础，国君要将财物分散于民众，使民众的生活能够得到保证。郑玄认为，“仁人”施财于人民，是“保民”“全民”的表现，而“不仁者”即如纣王那样，从人民身上聚敛财富，是“害民”“残民”的表现。

二　贤臣之德

作为一个臣子，最重要的是辅佐君王治理好国家，而治理国家不能仅仅依靠几个臣子，必须要有一个良好的大臣群体。在这种情况下，勇于举荐贤人，使之加入到大臣群体之中，并使其获得足够施展才能的机会，就是贤臣很重要的一项职能。也就是说，贤臣也要举贤。而且如果自己举荐的贤人不能够在君王眼中“先于”自己，就是轻慢于所举的贤人。

郑玄明确提出“君行仁道，其臣必义”的观点。“国君”是国家的代表。国君好仁，在下位的“大臣”必然是“好义”的。国君“好仁”的重要体现是施财于民众，在下位的大臣只有积极执行国君“施财”的政策，施恩惠于百姓，才是“好义”的表现。只有好义的“贤臣”才能辅佐君主达到财用充足，也才能更好地“保民”“全民”。其君好仁，其臣好义，都是“保民”“全民”必需的一种保证。

反过来说，如果在下位的大臣执着于为国君“聚敛”财物，那就是“损义”的表现了。《大学》引用孟子的话来证明“以义为利”的重要性，郑玄的解释可谓是一针见血，盗臣损失的只是一些财富，而聚敛之臣损失的是“义”。“损义”的另外一层含义是聚敛之臣“害民”，这会直接影响国家的正常运转，更是与“保民”“全民”背道而驰。同时，郑玄指出，这种聚敛之臣，必然会忘义，是小人。要想治理国家就不能任用小人，一旦任用小人，即使国君想用仁义来完善自己的政事，也是不可能的。

三　忽视人民的作用

郑玄强调君臣之“德”的同时，严重忽略了对“君臣”权力的监督与限制。虽然郑玄所突出的君臣之“仁义”是从政治的角度进行阐发的，但是必然会出现君臣不仁不义的情况，这会导致民众生活于水深火热之中，国家也有走向灭亡的危险。郑玄对于桀纣之失天下并未提出建设性的意见，只是说桀纣为恶而导致民怨神怒以失天下，而这正是“为政者”的权力不受监督与限制的体现，也是儒家“人治”思想最大的不足之处。当“人治”处于“君明臣贤”之时，国家治理自然会比较好，但政治治理更多的时候是“君不明、臣不贤”“君不仁、臣不义”。面对这种情况，郑玄并未涉及相关的政治制度的阐释，尤其是关于对“君臣”权力的监督与限制，这不能不说是一个遗憾。

郑玄的“君明臣贤”思想中还有一个重要的缺陷是忽视广大民众在国家治理之中的重要作用。在郑玄的理解中，国家的治理好像只是君主与大臣的事情，民众从始至终都处于一种被动接受的状态，这就忽略了广大民众在历史发展中的巨大作用，显然是不可取的。

综上所述，笔者认为，郑玄的《大学注》是以“君明臣贤”为核心的“为政”思想解读。郑玄《大学注》所体现出的“为政”观主要是从明君与贤臣两个角度进行阐发的，对明君的要求是能够以德配天、求贤放恶、亲仁轻利，对贤臣的要求是保民全民、举贤好义。这两个角度的阐释集中体现了郑玄“君明臣贤”的政治理想。但是，作为局限于特定历史阶段的思考，郑玄对“君明臣贤”的解读也有其明显的不足之处，一方面忽视了对“君臣”权力的监督与限制；另一方面忽视广大民众在国家治理之中的重要作用，这些都需要受到批判反思。

附录四

《大学集说》所征引诸家

1. 郑氏：郑玄（公元 127—200 年），字康成，北海高密（今山东高密）人。
2. 孔氏：孔颖达（公元 574—648 年），字仲达，冀州衡水人。
3. 河南程氏：程颢（公元 1032—1085 年），字伯淳，河南洛阳人，学者称明道先生。
4. 程颐（公元 1033—1107 年），字正叔，出生于湖北黄陂，河南洛阳人，世称伊川先生。
5. 蓝田吕氏：吕大临（公元 1040—1092 年），字与叔，后移居京兆蓝田（今陕西蓝田）。
6. 延平杨氏：杨时（公元 1044—1130 年），字中立，号龟山，祖籍弘农华阴（今陕西华阴东）。
7. 涑水司马氏：司马光（公元 1019—1086 年），字君实，号迂叟，陕州夏县（今山西夏县）涑水乡人，世称涑水先生。
8. 新安朱氏：朱熹（公元 1130—1200 年），字符晦，晚称晦翁，世称朱文公。
9. 象山陆氏：陆九渊（公元 1139—1193 年），字子静，号象山，世人称存斋先生。
10. 广汉张氏：张栻（公元 1133—1180 年），字敬夫，一字钦夫，又字乐斋，号南轩，世称南轩先生，南宋汉州绵竹（今四川绵竹市）人。

11. 龙泉叶氏：叶适（公元1150—1223年），字正则，号水心居士，因晚年讲学于水心村，故世称水心先生。

12. 范阳张氏：张九成（公元1092—1159年），字子韶，其先开封人，海盐（今嘉兴海盐）人。

13. 山阴陆氏：陆佃（公元1042—1102年），字农师，号陶山，越州山阴人。

14. 建安真氏：真德秀（公元1178—1235年），字景元，后更为希元，福建浦城（今浦城县仙阳镇人）。

15. 雲川倪氏：倪思（公元1147—1220年），字正甫，湖州归安（今浙江省湖州市菱湖镇射中村）人。

16. 新定邵氏：邵甲，字仁仲。

17. 金华邵氏：邵渊，字万宗。

18. 濂溪周氏：周敦颐（公元1017—1073年），原名敦实，别称濂溪先生，字茂叔，号濂溪。

19. 横渠张氏：张载（公元1020—1078年），又称张子，字子厚，汉族，祖籍大梁（今开封），徙家凤翔郿县（今宝鸡眉县）横渠镇，人称横渠先生。

20. 上蔡谢氏：谢良佐（公元1050—1103年），字显道，蔡州上蔡（河南上蔡）人，人称上蔡先生或谢上蔡。

21. 武夷胡氏：胡安国（公元1074—1138年），又名胡迪，字康侯，号青山，谥号文定，学者称武夷先生，后世称胡文定公。

22. 五峰胡氏：胡宏（公元1102—1161年），字仁仲，号五峰，人称五峰先生，崇安（今福建崇安）人。胡安国子，湖湘学派创立者。

23. 新定顾氏：顾元常，字平甫。

24. 新定钱氏：钱时（公元1175—1244年），字子是，号融堂，宋新安（今安徽歙县）人，一说淳安县蜀阜人。

25. 卢陵胡氏：

26. 钱塘吴氏：吴知愚，字子发。

27. 严陵方氏：方悫（生卒年不详），字性夫，祖籍芦茨白云源，自幼随父迁居于县治西湾（今桐庐君街柯家湾）。

28. 延平周氏：周胥，字希圣。

29. 石林叶氏：叶梦得（公元 1077—1148 年），字少蕴。宋代词人。苏州吴县人。

30. 莆阳林氏：林光朝（公元 1114—1178 年），字谦之，兴化军莆田人。

31. 永嘉薛氏：薛季宣（公元 1134—1173 年），字士隆，或士龙，号艮斋，学者称常州先生，永嘉（今浙江温州）人。

32. 清江刘氏。

33. 马氏：马希孟（公元 1055—？年），字彦醇，江西吉州（今吉州区）人。

34. 四明李氏：李元白。

35. 江陵项氏：项安世（公元？—1208 年），字平甫，其先括苍人，后家江陵。

36. 范氏：范祖禹（公元 1041—1098 年），字淳甫（淳，或作醇、纯，甫或作父），一字梦得，成都华阳人。

37. 延平黄氏：黄裳（公元 1044—1130 年），字勉仲，延平（今福建南平）人。

38. 钱塘于氏：于有成，字君锡。

39. 晋陵喻氏：喻樗（公元？—1177 年），字子才，号湍石，严州（今浙江省建德东北，含今桐庐、建德、淳安）人。

40. 长乐陈氏：陈祥道（公元 1042—1093 年），字用之，一字祐之，福建闽清宜政漈上（今福州市闽清县云龙乡际上村）人。

参考文献

（一）古典文献

（汉）班固：《汉书》，中华书局1962年版。

（宋）程颢、程颐著，王孝鱼点校：《二程集》，中华书局1981年版。

（清）陈确：《陈确集》，中华书局1979年版。

（南北朝）范晔：《后汉书》，中华书局1965年版。

（清）郭嵩焘：《郭嵩焘诗文集》，岳麓书社1984年版。

（宋）胡宏著，吴仁华点校：《胡宏集》，中华书局1987年。

（明）黄宗羲：《宋元学案》，中华书局1974年版。

（明）黄宗羲：《明儒学案》，中华书局2008年版。

（清）惠士奇：《大学说》续修四库全书，上海古籍出版社1995版。

（唐）贾公彦：《周礼注疏》，中华书局1998年版。

（明）焦竑：《国史经籍志》，新丰出版公司1984年版。

（唐）孔颖达：《周易正义》，中华书局1980年版。

（唐）陆德明著，吴承仕疏证：《经典释文序录疏证》，中华书局2008年版。

（宋）陆九渊著，钟哲点校：《陆九渊集》，中华书局1980年版。

（宋）黎靖德编：《朱子语类》，中华书局1986年版。

（清）李塨：《大学辨业》续修四库全书，上海古籍出版社 1995 年版。

（清）皮锡瑞：《经学历史》，中华书局 2008 年版。

（清）皮锡瑞：《经学通论》，中华书局 2008 年版。

（清）钱泳：《履园丛话》卷三《考索·苟》，《续修四库全书》，上海古籍出版社 1995 年版。

（清）阮元：《古掔经室集》，中华书局 1993 年版。

（清）阮元：《十三经注疏》，中华书局 1980 年版。

（汉）司马迁：《史记》，中华书局 1982 年版。

（宋）司马光：《司马文正公传家集》，商务印书馆 1937 年版。

（清）孙希旦：《礼记集解》，中华书局 1989 年版。

（清）孙诒让：《墨子间诂·新编诸子集成》，中华书局 2001 年版。

（唐）魏征：《隋书》，中华书局 1982 年版。

（宋）王柏：《鲁斋集》，中华书局 1985 年版。

（宋）卫湜：《礼记集说》，清文渊阁四库全书本。

（明）王阳明：《王阳明全集》，上海古籍出版社 1992 年版。

（明）王艮：《王心斋全集》，江苏教育出版社 2001 年版。

（明）王夫之：《礼记章句》，《续修四库全书》，上海古籍出版社 1995 年版。

（清）魏源：《魏源集》，中华书局 1976 年版。

（清）王聘珍撰，王文锦点校：《大戴礼记解诂》，中华书局 1983 年版。

（汉）许慎撰，徐铉校定：《说文解字》，中华书局 2005 年版。

（清）杨亶骅：《大学古本辑解》丛书集成新编，新文丰出版公司 1986 年版。

（清）俞樾撰：《四书辨疑辨一卷·汤之盘铭》，《一七〇·经部·四书类》，《续修四库全书》，上海古籍出版社 1995 年版。

（清）永瑢：《四库全书总目》，中华书局 2008 年版。
（汉）郑玄注，（唐）孔颖达疏：《礼记正义》，上海古籍出版社 2008 年版。
（宋）朱熹：《周易本义》，广州出版社 1994 年版。
（宋）朱熹：《四书集注》，中华书局 1983 年版。
（宋）朱熹撰，朱杰人、严佐之、刘永翔主编：《朱子全书（修订本）》，上海古籍出版社，安徽教育出版社 2010 年版。
（宋）张栻著，邓洪波点校：《张栻集》，岳麓书社 2010 年版。
（宋）赵顺孙：《大学纂疏》，华东师范大学出版社 1992 年版。
（清）朱彝尊：《经义考》，中华书局 1998 年版。

（二）今人著述

陈来：《有无之境——王阳明哲学的精神》，北京大学出版社 2002 年版。
陈来：《朱子哲学研究》，生活·读书·新知三联书店 2010 年版。
陈来：《竹简〈五行〉与简帛研究》，生活·读书·新知三联书店 2009 年版。
陈来：《中国近世思想史研究》，商务印书馆 2003 年版。
陈成国：《四书校注》，岳麓书社 2004 年版。
陈荣捷：《近思录详注集评》，华东师范大学出版社 2007 年版。
陈逢源：《朱熹与四书章句集注》，里仁书局 2006 年版。
陈俊民：《蓝田吕氏遗著辑校》，中华书局 2012 年版。
陈鼓应、赵建伟：《周易今注今译》，商务印书馆 2007 年版。
邓球柏：《〈大学〉〈中庸〉通说》，湖南人民出版社 2008 年版。
杜泽逊主编：《尚书注疏汇校》，中华书局 2018 年版。
冯友兰：《三松堂学术文集》，北京大学出版社 1984 年版。
郭沂：《郭店竹简与先秦学术思想》，上海教育出版社 2001 年版。

侯外庐等：《宋明理学史》，人民出版社 1997 年版。
干春松：《制度化儒家及其解体》，中国人民大学出版社 2003 年版。
高小方，蒋来娣：《汉语史语料学》，高等教育出版社 2005 年版。
高亨：《周易大传今注》，清华大学出版社 2010 年版。
郭沫若：《〈汤盘〉〈孔鼎〉之扬榷》，载《金文丛考》，人民出版社 1954 年版。
顾颉刚、刘起釪：《尚书校释译论》，中华书局 2018 年版。
洪汉鼎主编：《理解与解释——诠释学经典文选》，东方出版社 2001 年版。
黄俊杰：《中国孟学诠释史论》，社会科学文献出版社 2004 年版。
黄寿祺：《群经要略》，华东师范大学出版社 2000 年版。
黄开国：《清代今文经学的兴起》，四川出版集团巴蜀书社 2008 年版。
韩星：《〈大学〉〈中庸〉解读》，中国社会科学出版社 2018 年版。
蒋伯潜、蒋祖怡：《经与经学》，世界书局 1941 年版。
蒋伯潜：《诸子通考》，浙江古籍出版社 1985 年版。
梁启超：《中国近三百年学术史》，中国书店 1985 年版。
梁涛：《郭店楚简与思孟学派》，中国人民大学出版社 2008 年版。
梁涛主编：《中国思想史前沿——经典、诠释、方法》，陕西师范大学出版社 2008 年版。
李纪祥：《两宋以来大学改本之研究》，学生书局 1988 年版。
柳岳生：《大学阐微》，学生书局 1979 年版。
刘星：《东传科学与康有为今文经学的嬗变》，中国社会科学出版社 2018 年版。
李民、王健撰：《尚书译注》，上海古籍出版社 2004 年版。
马宗霍：《中国经学史》，上海书店出版社 1984 年版。
马承源：《上海博物馆藏战国楚竹书（三）》，上海古籍出版社 2003

年版。
牟宗三：《心体与性体》，上海古籍出版社 1999 年版。
牟宗三：《中国哲学十九讲》，上海古籍出版社 1997 年版。
彭永捷：《朱陆之辩：朱熹陆九渊思想比较研究》，人民出版社 2004 年版。
彭国翔：《良知学的展开》，三联书店 2007 年版。
钱穆：《中国学术思想史论丛》，生活·读书·新知，三联书店 2009 年版。
钱穆：《论语新解》，生活·读书·新知三联书店 2002 年版。
钱穆：《论语新解》，九州出版社 2011 年版。
钱钟书、朱维铮主编：《中国近代学术名著〈汉学师承记〉（外二种）》，三联出版社 1998 年版。
邱汉生：《四书集注简论》，中国社会科学出版社 1980 年版。
饶宗颐：《固庵文录》，辽宁教育出版社 2000 年版。
束景南：《朱熹年谱长编》，华东师范大学出版社 2001 年版。
唐文治：《国学大师说儒学》，云南人民出版社 2009 年版。
唐文编著：《郑玄辞典》，语文出版社 2004 年版。
王文锦：《大学中庸译注》，中华书局 2013 年版。
王力：《古汉语常用字字典》，商务印书馆 2006 年版。
王世舜、王翠叶译注：《尚书》，中华书局 2012 年版。
徐复观：《中国思想史论集》，上海书店出版社 2004 年版。
徐复观：《中国人性论史·先秦卷》，生活·读书·新知三联书店 2001 年版。
杨伯峻：《论语译注》，中华书局 1981 年版。
杨伯峻：《春秋左传注》（修订本），中华书局 1990 年版。
杨天宇：《礼记译注》，上海古籍出版社 2004 年版。
杨逢彬：《论语新注新译》，北京大学出版社 2016 年版。

杨庆中：《周易解读》，中国人民大学出版社 2010 年版。

余英时：《宋明理学与政治文化》，广西师范大学出版社 2006 年版。

余英时：《朱熹的历史世界》，生活·读书·新知三联书店 2004 年版。

乐爱国：《朱子格物致知论研究》，岳麓书社 2010 年版。

尤韶华：《归善斋〈尚书〉十诰章句集解》，中国社会科学出版社 2017 年版。

章太炎：《章太炎国学讲演录》，中华书局 2013 年版。

张立文：《中国哲学逻辑结构论》，中国社会科学出版社 1989 年版。

张立文：《宋明理学研究》，人民出版社 2002 年版。

张立文：《帛书周易注译》，中州古籍出版社 2008 年版。

朱汉民、肖永明：《宋代〈四书学〉与理学》，中华书局 2009 年版。

朱汉民：《湖湘学派史论》，湖南大学出版社 2004 年版。

张兴：《经学视野下的〈大学〉学史研究》，中国社会科学出版社 2019 年版。

周振甫：《周易译注》，中华书局 1991 年版。

赵泽厚：《大学研究》，台湾中华书局 1972 年版。

（三）期刊文献

蔡方鹿：《朱熹经典诠释学之我见》，《文史哲》2003 年第 2 期。

陈来：《道学视野下的船山心性学——以〈读四书大全说〉的大学部分为中心》，《中国哲学史》2002 年第 3 期。

陈来：《论朱熹〈大学章句〉的解释特点》，《文史哲》2007 年第 2 期。

陈立胜：《儒学经传的怀疑与否定中的论说方式——以王阳明、陈确的〈大学〉辨正为例》，《中国哲学史》2002 年第 2 期。

陈志伟：《先秦初期儒家认识论初探——以〈论语〉、〈大学〉和〈中庸〉为中心》，《内蒙古社会科学（汉文版）》2007 年第 4 期。

戴兆国：《论中国传统哲学经典诠释之方法——以〈大学〉文本诠释为中心》，《华东师范大学学报（哲学社会科学版）》2006 年第 6 期。

丁为祥：《〈大学〉今古本辨正》，《陕西师范大学学报（哲学社会科学版）》2011 年第 4 期。

丁原明：《〈易〉〈庸〉〈学〉与道家》，《孔子研究》1996 年第 1 期。

金建州：《〈大学〉研究综述》，《文教资料》2008 年第 4 期。

金景芳：《论〈中庸〉的"中"与"和"及〈大学〉的"格物"与"致知"》，《学术月刊》2000 年第 6 期。

贾艳红：《〈大学〉主旨及对后世的影响》，《山东师范大学学报（人文社会科学版）》2002 年第 5 期。

贾艳红、姜亦刚：《〈大学〉的著述时代考》，《山东师大学报（社会科学版）》1998 年第 3 期。

姜亦刚：《〈大学〉简论》，《大同高专学报》1996 年第 2 期。

姜广辉：《论宋明理学与经学的关系》，《湖南大学学报》2004 年第 5 期。

胡治洪：《论〈大学〉的作者时代及思想承传》，《陕西师范大学学报（哲学社会科学版）》2008 年第 5 期。

黄宛峰：《〈大学〉的双重影响与当代价值》，《南都学坛（哲学社会科学版）》2001 年第 5 期。

黄怀信：《〈大学、中庸章句〉献疑》，《中国典籍与文化》2011 年第 3 期。

黄芸：《"〈大学〉早出新证"献疑》，《中国哲学史》2006 年第 1 期。

郭沂：《子思书再探讨—兼论〈大学〉作于子思》，《中国哲学史》2003 年第 4 期。

梁涛：《〈大学〉早出新证》，《中国哲学史》2000 年第 3 期。

罗华文：《〈大学〉成书时代新考》，《孔子研究》1996 年第 1 期。

罗新慧：《曾子与〈大学〉》，《济南大学学报（社会科学版）》1999 年第 6 期。

李锦全：《伍庸伯和他的〈礼记·大学篇解说〉》，《岭南文史》2001 年第 1 期。

罗华文、胡国芳：《〈大学〉的版本流传简述》，《河南图书馆学刊》2010 年第 1 期。

林庆彰：《明末清初经学研究的回归原典运动》，《孔子研究》1989 年第 2 期。

刘宝才：《〈大学〉〈中庸〉的道德政治论》，《人文杂志》1990 年第 5 期。

廖名春：《〈大学〉篇"汤之盘铭"新释》，《国学学刊》2015 年第 2 期。

廖名春：《楚简〈周易大畜〉卦再释》，《清华大学学报（哲学社会科学版）》2004 年第 3 期。

叶秀山：《试读〈大学〉》，《中国哲学史》2000 年第 1 期。

喻剑庚：《〈大学管窥〉〈中庸管窥〉考述》，《南昌大学学报（人社版）》2000 年第 3 期。

杨儒宾：《〈大学〉与"全体大用"之学》，《杭州师范大学学报（社会科学版）》2012 年第 5 期。

余翔林：《〈大学〉中的政治智慧》，《教育与现代化》1996 年第 2 期。

任蜜林：《〈大学〉本义试探》，《哲学研究》2011 年第 8 期。

孙实明：《〈礼运〉和〈大学〉的社会伦理观》，《学术交流》1993

年第6期。

苏树华：《〈大学〉"三纲""八条"的心学阐释》，《江西社会科学》2001年第10期。

孙以楷：《〈大学〉与道家》，《华夏文化》1998年第2期。

思维：《大同世界与大学、中庸之道》，《孔子研究》1999年第3期。

涂耀威：《反思与重建——学术史视野下的王船山〈大学〉研究》，《船山学刊》2009年第1期。

唐雄山：《〈大学〉人性思想及其德治资源》，《江西社会科学》2002年第5期。

王建宏：《〈大学〉本义——礼制文明精神的总结》，《西北大学学报（哲学社会科学版）》2008年第6期。

王建宏、朱丹琼：《论朱熹的〈大学〉观》，《西北大学学报（哲学社会科学版）》2002年第2期。

王宗昱：《评梁漱溟论〈大学〉及其对朱王的批评》，《北京大学学报（哲学社会科学版）》1990年第6期。

王立志，冯秀军：《过程哲学与大学之道》，《河北学刊》2006年第3期。

吴新楚：《楚简〈周易〉"不家而食"新解》，《周易研究》2004年第6期。

朱翔飞：《〈大学〉"格物"解平议》，《孔子研究》2003年第1期。

朱彦民：《"苟日新，日日新，又日新"新解——〈汤盘铭〉郭说补正》，《殷都学刊》2018年第1期。

周继旨：《"大同"之道与"大学"之道—论先秦儒家对人生的"终极关怀"与"具体设定"》，《孔子研究》1992年第2期。

周之翔、朱汉民：《朱子对"为己之学"的诠释与建构》，《湖南大学学报（社会科学版）》2011年第1期。

朱汉民、周之翔：《朱熹〈大学〉“明明德”诠释的理学意蕴》，《哲学研究》2012 年第 7 期。

赵法生：《〈大学〉“亲民”与“新民”辨说》，《中国哲学史》2011 年第 1 期。

赵玉兰：《“以天统人”与“以人统天”——从对〈大学〉的重解看朱熹、王阳明的天人合一》，《船山学刊》2004 年第 3 期。

曾军：《“四书之〈大学〉〈中庸〉非〈礼记〉之〈大学〉〈中庸〉”考释》，《重庆邮电大学学报（社会科学版）》2008 年第 3 期。

张伟：《阐释〈大学〉的二重向度——从朱子与阳明不同的哲学进路看〈大学〉》，《浙江社会科学》2002 年第 4 期。

张学智：《熊十力与牟宗三关于〈大学〉释义的辩争———以〈读经示要〉为中心》，《北京大学学报（哲学社会科学版）》2005 年第 6 期。

张萍：《“苟”、“茍”之辨》，《语文学刊》2007 年第 11 期。

张志哲：《中国经学史分期意见述评》，《史学月刊》1988 年第 3 期。

章启辉：《王夫之与程朱陆王格致论比较》，《船山学刊》2002 年第 4 期。

邹晓东：《〈大学章句〉中的“出发点丧失”问题》，《周易研究》2011 年第 5 期。

（四）学位论文

包敏：《〈大学章句〉中道德语言的意象图式分析》，硕士学位论文，温州大学，2013 年。

陈美容：《朱熹〈大学〉思想研究——从解释学的角度出发》，硕士学位论文，福建师范大学，2011 年。

杜敏姮：《颜元〈大学〉观探微》，硕士学位论文，陕西师范大学，2013 年。

冯晴：《〈大学〉、〈中庸〉之郑注、孔疏与朱子〈集注〉训诂术语比较研究》，硕士学位论文，曲阜师范大学，2009 年。

辜桃：《〈大学〉在近三十年中国大陆的阐释》，硕士学位论文，中南大学，2009 年。

金建州：《〈大学〉研究考论》，硕士学位论文，南京师范大学，2008 年。

纪文晶：《〈大学〉成书公案与流传》，硕士学位论文，曲阜师范大学，2008 年。

李炯：《〈大学〉新论：人性根基与大学之道》，硕士学位论文，郑州大学，2009 年。

陆建猷：《〈四书集注〉与南宋四书学》，博士学位论文，西北大学，1995 年。

李剑虹：《王阳明哲学对〈大学〉的继承与发展》，硕士学位论文，安徽大学，2003 年。

李月华：《〈大学衍义补〉中的天、君、臣、民观》，硕士学位论文，东北师范大学，2004 年。

刘依平：《船山〈大学〉诠释之研究》，硕士学位论文，湘潭大学，2006 年。

李双双：《〈大学〉的教育思想及其现代意义探讨》，硕士学位论文，武汉理工大学，2006 年。

刘登鼎：《论郑玄、孔颖达、朱子、阳明对〈大学〉之诠释》，硕士学位论文，湘潭大学，2011 年。

李思远：《论朱熹的〈大学〉研究》，硕士学位论文，西北大学，2013 年。

孟威龙：《〈大学〉郑玄本与朱熹本之异同考》，硕士学位论文，山东大学，2005 年。

潘斌：《宋代〈礼记〉学研究》，博士学位论文，四川大学，2009 年。

申淑华：《王阳明〈大学问〉研究》，硕士学位论文，吉林大学，2005 年。

屠建达：《〈大学〉的张力——经典与诠释之学理探索》，硕士学位论文，北京大学，2007 年。

王建宏：《从内圣外王到心性论——〈大学〉流变初探》，硕士学位论文，西北大学，2002 年。

吴菲：《朱熹与王阳明哲学基本路向之比较——从对〈大学〉的不同诠释来看》，硕士学位论文，苏州大学，2007 年。

熊兰花：《王阳明〈大学问〉研究》，硕士学位论文，南昌大学，2012 年。

杨杨：《〈大学〉与宋明理学——“格物致知”在宋明理学发展中的意义》，硕士学位论文，天津大学，2008 年。

杨柳：《王夫之〈大学训义〉对朱熹〈大学章句〉的继承与发展》，硕士学位论文，中南民族大学，2013 年。

杨利俊：《朱熹〈大学章句〉德育思想对中学德育的启示》，硕士学位论文，苏州大学，2012 年。

张向华：《〈大学〉文本探微》，硕士学位论文，福建师范大学，2006 年。

曾军雄：《〈大学〉“道”论及其对儒者价值的承载——在理学范围内以主要思想家为例》，硕士学位论文，湖南师范大学，2007 年。

周春健：《元代四书学研究》，博士学位论文，华中师范大学，2007 年。

邹晓东：《〈大学〉：其问题意识与文本解读》，硕士学位论文，山东大学，2009 年。

张颖：《王阳明〈大学〉思想研究》，硕士学位论文，河南大学，2010 年。

周之翔：《朱子〈大学〉经解研究》，博士学位论文，岳麓书院，2012 年。

张伟：《朱熹“四书学”思想研究》，博士学位论文，河北大学，2013 年。